KB161476

아무도 의심하지 않는 일곱 가지 교육 미신

SEVEN MYTHS ABOUT EDUCATION

아무도 의심하지 않는 일곱 가지 교육 미신

학생 주도의 수업이
효과적이다?
NO! 창의교육이
창의력 망친다

데이지 크리스토둘루 지음
김승호 옮김

페이퍼로드
paperroad

차례

이 책이 대서양에서 미국으로 부는 신선한 바람처럼 처음 나왔을 때, 나는 『허핑턴포스트』에 기고한 글에서 "미국 교육에 관한 2013년 최고의 책"으로 선정될 정도로 가치가 있다고 소개했다. 이 책을 통해 미국과 영국 두 나라의 지배적인 교육관이 거의 동일하다는 점과 이 교육관이 명확하게 미신으로 표현될 수 있다는 점을 발견했다. 데이지 크리스토둘루가 미신이라고 지적한 것은 반지식주의와 (무의식적인) 반평등주의다. 반지식주의는 객관적 사실과 지식을 폄하함으로써 전반적인 학업성취도 저하를 초래하였고, 이는 나아가 가난한 집단과 부유한 집단 간의 격차를 확대시켰다.

미국의 사회과학 연구 결과는 소득 수준과 어휘력 수준이 변함없이 상관관계가 깊은 것으로 나타났다. 유아 시기부터 부모가 책 읽어주는 것을 들으면서 자랐고, 수업 시간에 선생님의 설명을 이해할 수 있는 학생들은 학교에 다니면서 지속적으로 지식과 어휘력을 향상시킨다. 반면에 덜 부유한 가정에서 태어나, 나중에 학력 향상에 중요한 역할을 하는 어휘력과 지식수준이 뒤쳐진 상태로 학교에 입학한 학생들은 계속하여 부유한 가정 출신 아동들을 따라잡지 못한다.

이러한 격차가 점점 더 벌어지지 않도록 하려면 학교에서 체계적으로 지식을 배양시켜 주어야 한다. 이것이 가능하다는 것은 지난 25년 동안 핵심지식 교육과정Core Knowledge Curriculum을 적용한 학교들의 사례에서 확인할 수 있다. 그러나 일관성 없는 교육과정을 적용하는 학교에서는, 그리고 반지식적인 미신을 신봉하는 교사들에 의해서는 이러한 바람직한 결과가 나올 수 없다.

지난해 이 책이 전자책 형태로 먼저 출간되었을 당시, 대서양을 사이에 둔 미국과 영국의 교육 전문가들은 자신들의 논리를 고수하면서 꾸며 낸 이야기로 교육계를 혼란스럽게 한다고 격렬하게 반박했다. 교사들도 자신들이 옳다고 믿고 있는 관점에 대해 매우 애매한 입장을 취할 수밖에 없게 되었다. 그들은 따로따로 분리된 사실적 지식은 역량 개발에 방해요소가 되고, 교사 주도로 수업을 하게 되면 학생들은 수동적이 된다고 배웠기에 학생 주도 방식으로 가르쳤기 때문이다. 또한 반지식적 관점을 지속시킨 근거가 되는 주장들은 지난 100여 년의 기간을 거쳐 더욱 정밀하게 정리되었고 교육현장에서 검증되었다고 믿었기 때문이다. 한편, 기존의 논리를 고수하던 사람들이 크리스토둘루의 주장을 비현실적인 이야기라고 반박하는 과정에서 미묘한 수사학적인 조정이 나타나기 시작했다. 그들은 아무도 사실적 지식이 역량 개발에 방해가 된다고 주장하지 않았다고 말했다. 사실 그때까지 어느 누구도 직설적으로 그렇게 말한 사람은 없었다. 역량을 높이는 것이 사실적 지식을 기억하는 것보다 훨씬 더 중요하다는 원칙적인 말을 지속적으로 강조했는데, 이러한 표현에 반지식적 관점이 내포된 것으로 받아들였을 것이라는 견해를 제시하기도 했다.

이 책의 강점은 바로 이러한 언어적 속임수를 노출시키는 방식에 있다. 저자는 교실 수업의 실제를 면밀하게 분석함으로써 반지식적 관점이 수업에 미치는 영향을 밝혔다. 어떤 수사법으로 표현하더라도 교육기관에서 대부분의 사람들은 사실적 지식을 경시했고, 사실적 지식 지도를 최소화해야 한다고 여겼다.

크리스토둘루가 말한 바와 같이, 그녀는 허수아비와 같은 가상의 대상이나 표현을 비판하거나 공격하지 않고, 공식적으로 '우수 수업 사례'로 평가받은 자료에서 비판 대상을 찾아 근거로 제시했다. 저자는 광범위한 자료들을 상세하게 분석하여 각 미신의 근거를 객관적이고 명료하게 제시했다. 특히, 자신의 주관적인 용어가 아니라 권위 있는 기관인 교육기준청에서 작성한 내용을 원문 그대로 발췌하여 인용했다. 저자는 각 미신적 관점이 어떤 방식으로 교육 실제에 적용되는지를 분석했고, 미신적 요소를 완벽하게 밝힌 인지심리학 관련 연구 결과를 근거로 제시했다. 저자는 교사로서 직접 교실 수업을 담당했고, 당시 교육현장을 지배했던 관점으로 가르쳐 비참할 정도로 수업에 실패한 경험을 갖고 있었다. 그래서 저자는 전체적으로 글과 논리를 명료하게, 정성껏 그리고 이해하기 쉽게 전개하고 있다.

여기에 제시된 교육 미신들은 한 가지 심각한 단점을 갖고 있다. 검토된 미신들이 실증적으로 부정확하다는 점이다. 그것들은 또한 심리학 연구 결과와도 일치하지 않는다. 그것들은 거의 100년 동안 교사들의 마음을 얻었을 정도로 매력적으로 느껴지고 또한 진실처럼 보일 뿐이다. 이것을 지적한 책이기에 나는 이 책의 중요성을 인정하고 싶다. 한 사람의 교사가 힘들게 썼고 연구 방법 면에서도 수준 높은 이 책이 다른 동료 교사들은 물론 일반 독자들을 설득할 수 있을 것으로 믿는다. 현대 사회에서 우리는 반지식적 미신처럼 그럴듯하게 보이지만 개념적으로 중대한 결함이 있는 논리에 오도되어 더 이상 비효과적이고 비평등주의적인 교육을 해서는 안 된다.

에릭 허시 Eric D. Hirsch
미국 버지니아대학교 명예교수, 핵심지식재단 설립자

지난 10여 년간 모든 정치인과 정책입안자들은 학생들의 학습 증진 효과를 높이기 위해 교육이 철저하게 과학적 연구에 기반을 두어야 한다는 입장을 견지했다. 이는 우리가 의술처럼 교육할 수 있다면 그 효과가 매우 좋을 것이라고 보는 관점이다. 이러한 관점에는 두 가지 문제점이 대두된다. 첫째로, 의학은 대부분의 사람들이 생각하는 것보다 훨씬 미흡한 연구 기반인 것이 사실이다. 의학은 오히려 실천 기반으로서 오래전부터 전해져 온 관행, 그리고 건강에 좋은 것이면 정확도나 객관성이 떨어져도 괜찮게 여기는 결함 연구에 근거하고 있다. 둘째로, 의학은 교육과 대조적으로 연구 사례들이 대부분 선택적이라는 점이다. 소아마비나 천연두 같은 질병 치료에 대해서는 의학적으로 크게 성공했지만 사람들이 생존하는 데 도움이 되는 약물 처방을 준수하게 하는 방법 같은 문제에 대해서는 알려진 것이 거의 없다.

교육연구와 학교교육 실제의 관계에서 매우 역설적인 측면을 발견할 수 있다. 즉, 학습이 이뤄질 때 나타나는 현상에 대해서 그리고 학교에서 어떤 경험을 제공하면 학생들의 성적이 향상되는가에 대해 현재 엄청난 지식이 축적되어 있지만 이러한 연구 결과들이 교실 수업에 거의 적용되지 않고 있다. 많은 대학의 교육학부에 단 한 명의 심리학자도 없는 경우가 있고, 대부분의 교사양성과정 교육 프로그램에 교육심리학이 개설되지 않거나 극히 일부만 편성되어 있다. 그 결과 교사로 근무하더라도 인지심리학 분야의 최신 지식을 소유하지 못하고 있는 실정이다.

예를 들어, 최근 학생들이 스스로 문제를 인식하고 해결하는 탐구 학습방법이 교사가 학생들에게 의도한 학습목표를 성취할 수 있도록 직접 지도하는 방법에 비해 효과가 낮다는 증거가 많이 제시되고 있다. 이것은 학생들이 지식을 수동적으로 받아들여야 한다는 의미가 아니다. 학습이란 수동적이 아니라 능동적인 과정이라는 사실은 50여 년 전에 이미 밝혀졌다. 여기서 학생들의 활동 자체가 학습목표와 다르다는 점을 고려해야 한다. 너무 많은 교실에서 교사들은 학생들이 생각하도록 만드는 일보다 적극적으로 활동하게 만드는 일에 더 관심을 두고 있다. 더욱이 학생들이 생각하게 만드는 일에 관심을 두는 경우에도 생각의 대상, 즉 내용에 대해 거의 관심이 없는 경우도 있다.

우리는 교사가 말을 적게 하고 대신 학생들이 토론 등을 하면서 말을 더 많이 하게 하면 학습 향상 효과가 더 떨어진다는 것을 알고 있다. 예를 들어, 국제 수학과학 성취도 평가연구TIMSS에서 중학생 수학 수업을 촬영한 비디오를 보면 영국과 무척 비슷한 상황이라고 여겨지는데, 미국 교실에서 교사는 학생 한 명당 8개 단어를 사용한다. 일본의 교실에서는 교사가 사용한 단어수가 13개, 그리고 홍콩에서는 16개다. TIMSS 순위가 높은 일본과 홍콩에서 순위가 낮은 미국에 비해 교사들이 훨씬 말을 많이 한다는 것을 알 수 있다.

나는 수년 동안 인지과학이 학습에 대해 밝혀낸 결과와 교실에서 실제 일어나고 있는 교육상황 사이의 단절에 대해 불안감을 점점 더 느끼고 있었는데, 때마침 우연히 데이지 크리스토둘루의 훌륭한 저서를 발견하게 되었다. 사실은 이 책을 궤변이라고 여긴 어떤 지인으로부터 의견 제시를 요구받고 일요일 아침에 인터넷 아마존 서점에서 전자책으로 다운받아 읽기 시작했다.

책을 읽기 전에 나는 특별한 기대를 갖지 않았다. 무엇인가에 대해 미신적 요소가 있다는 것을 밝히려고 시도한 저서들이 정곡을 비판하지 못하면서 아무도 믿지 않는 주장을 한다거나 일반성이 결여된 특수성을 주장한다는 것과 같은 가상의 허수아비를 세워놓고 그것만 부수는 것으로 끝나는 경우가 너무나 많기 때문이다. 그런데 이 책『아무도 의심하지 않는 일곱 가지 교육 미신』은 이와 관련하여 매우 신선하게 처리하고 있다. 학교교육에 그 미신들이 광범위하게 적용되고 있으며, 더욱이 최고 권위를 가진 정부기관인 교육기준청에서 보증한 자료를 세밀하게 조사한 후 미신적인 증거들을 찾아 제시하고 있는 것이다. 나아가 저자는 탁월한 분석력을 동원하여 각 미신들이 틀린 것이라는 사실을 입증할 수 있는 엄밀한 과학적 증거들을 제시하고 있다. 그 모든 이야기가 이 한 권의 책에 잘 정리되어 있다.

나는 이 책이 교육 10년사에 가장 중요한 저서라고 해도 무리가 없으리라 생각한다. 모든 교원연수 과정에서 필독서로 지정될 필요가 있다고 본다. 그리고 청소년들의 삶을 변화시킬 수 있는 교육의 힘을 발휘하기를 진정으로 희망하는 학교에서는 선생님들께 한 권씩 구입해 줄 필요가 있다고 여겨진다. 이제까지 서평을 한 번도 쓴 적이 없는 나로서는 서평을 남기는 것이 이 책이 처음이다. 그 정도로『아무도 의심하지 않는 일곱 가지 교육 미신』이 훌륭한 책이라고 생각한다.

딜런 윌리엄 *Dylan William*

영국 런던대학교 명예교수, 교육평가 전문가

감사의 글

이 책이 나오기까지 큰 도움을 주신 분들께 감사드린다. 캐롤라인 내시는 귀중한 조언과 지원 그리고 격려를 해 주었고, 교육과정센터의 담당 업무를 쉬면서 책 작업에 매진할 수 있게 도와주었다. 조 색스턴, 에너스타시아 왈, 마리아 에건, 미셸 메이어, 조 커비는 초안을 읽고 중요한 제안과 아이디어를 제시해 주었다. 시드 에건은 4장에서 크리켓과 야구를 비교하여 설명해 주었다. 소니아 커틀러는 원고를 편집하고 교정해 주었다.

어떤 실수라도 남아 있다면, 물론 그것은 나의 책임임을 밝힌다.

나의 어머니와 아버지는 무척 지적이시다. 두 분은 런던의 동부 지역에서 성장하셨고, 일찍 학교를 그만두셨기 때문에 공식 학력은 매우 짧다. 행복하고 보람 있는 삶을 사셨지만, 나는 두 분이 만약 학교에 다니면서 억지로 공부했더라면 인생의 여러 지점에서 무슨 일을 하셨을까 하고 생각해 본다. 뉴스를 볼 때마다 부모님 연배의 사람들이 부모님보다 본질적으로 더 지적이지 않다는 것을 발견한다. 두 분이 조금 더 부유한 가정에서 자라나 교육을 더 많이 받았다면 인생에서 더 많은 기회를 얻었을 것이라고 생각한다. 교육은 중요하다. 모든 통계 결과에 따르면 현대 영국 사회에서 교육기회 분배의 공정성은 부모님이 자라온 시대에 비해 더 떨어진다. 예를 들어, 평등과 인권위원회가 2010년에 발표한 보고서는 "학업성취도는 여전히 사회경제적 배경과 밀접한 관련이 있다."고 언급했다. 그 보고서는 또한 "중등학교 졸업자격 시험GCSE에서 무료급식 대상 학생들이 우수한 등급을 받는 비율은 일반 비급식 대상 학생 비율의 절반에 지나지 않는다." "사회경제적 배경이 하위인 학생들의 대학 진학률은 전문직 가정 출신 학생들의 진학률에 비해 매우 낮다."는 결과도 제시했다.[1]

교육연구기관인 서튼 트러스트Sutton Trust에서 수행한 연구 결과도 앞에 제시된 교육 불평등 현상을 보여 준다. 이 연구는 교육 불평등이 취학 전 단계에서부터 시작되고, 학교에 다닐 때 그 격차가 더 벌어진다고 밝혔다. 11세 때 상위 20퍼센트에 해당하는 무료급식 대상 학생들 가운데 3분의 2는 중등학교 졸업자격 시험에서 상위 20퍼센트에 들지 못하고, 대학에 진학하지 못한 학생들도 50퍼센트 수준에 이르는 것으로 나타났다.[2] 1960년대 이래 대학 진학자 수가 급격하게 증가했지만, 확대된 대학 진학의 기회가 부자들에게 불균형적으로 유리하게 작용했다는 연구 결과도 있다. 블란댄과 매친은 2003년에 발표한 연구에서 대학교육의 확대로 대학 진학 기회 면에서 빈부 격차가 현저히 벌어졌다고 주장했다.[3]

부모님과 마찬가지로 나 역시 런던 동부 지역에서 자랐고, 지역에 있는 초등학교를 다녔다. 11세 때는 장학금 수혜 대상자로 선정되었다. 성적이 우수하지만 집안 형편이 어려운 학생들이 사립학교에 진학할 수 있는 수업료를 정부가 지원해 주는 장학금이었다. 그로부터 7년이 지난 18세에 워릭대학교 영문과에 진학했다. 정부 장학금을 받은 것이 얼마나 큰 행운이고 특권인지, 나는 잘 알고 있다. 대학 졸업 후 내가 교사양성과정에 진학한 이유 중의 하나는 어렸을 때 받았던 행운과 특권을 나누어 주고 싶다는 생각에서였다. 2007년, 나는 대도시 지역 중등학교에서 학습부진 학생들을 가르칠 교사를 양성하는 과정인 티치 퍼스트Teach First 프로그램을 수료한 후 곧바로 런던의 중등학교에 발령받았다.

그곳에서 3년간 무척 즐겁게 학생들을 가르쳤다. 그러나 시간이 지남에 따라 학생들의 기초적인 지식과 기능이 너무나 낮은 수준이라는 것을 점차 실감하게 되었고, 실제 그러한 증거들을 직면하면서 놀라지 않을 수 없었다.

다른 학교에 근무하는 교사들과 이야기하면서 그들도 비슷한 경험을 하고 있다는 것을 알았다. 나와 함께 경험을 나누었던 교사들은 학력 수준이 특히 더 낮은 학교에서 가르쳤기 때문에 우리의 경험이 전적으로 대표성을 지닌다고 생각하지는 않았다. 그러나 이후에 나는 직접 조사하고 연구한 결과를 통해 우리의 경험이 예외적인 경우가 아니라는 것을 알게 되었다. 기본 교과에 관하여 셰필드대학교에서 연구한 결과를 보면, 고등학교 단계인 16~19세 학생들의 22퍼센트가 수리력에서, 그리고 17퍼센트가 국어인 영어 문해력에서 심각하게 뒤쳐진 수준으로 조사되었다.[4] 수학 교육 측면에서 이 수준에 해당하는 성인들의 수리력은 가장 기초적인 수준으로 산술 계산과 약간의 수학적 정보 이해력을 갖는 것에 국한된다.[5] 이 연구에 제시된 몇 가지 예시 문항들 중에서 다음과 같은 문제는 이 수준에 해당하는 성인들이 풀기 어렵다.

- 5에서 1.78을 빼시오.
- 5에서 2.43을 빼시오.
- 사과 한 상자에 72개가 들어 있는데 6명에게 나눠 주면 한 명당 차지하는 개수는?
- 700의 15%를 계산하시오.
- 7900명의 어린이 집단에서 10%는 몇 명인가?
- 300의 6분의 5는?[6]

셰필드대 보고서는 문해력에 있어서 이렇게 낮은 수준을 구체적으로 '이 수준의 사람들은 혼동을 야기하는 정보가 섞이지 않은 단순하고 직설적인 질문만 풀 수 있다.'라고 설명했다.[7] 셰필드대학교의 연구 보고서는 이러한 문해력 수준을 가진 사람들이 수행할 수 없는 과제가 어떤 것인지를 구체적인 사례로 제시하지 않았다. 그래서 내가 사례를 찾아 제시하고자 한다. 나는 중등학교 졸업자격 시험을 주관하는 공인

기관 중의 하나인 웨일스 공동 교육재단에서 2009년에 출제 및 시행한 영어 문제를 몇 개 학급을 대상으로 실시했다.[8] 이것은 독해력 문제로 영국왕립인명구조협회RNLI: Royal National Lifeboat Institution에서 제작한 전단지 내용을 활용한 것이다.(그림 1 참조)

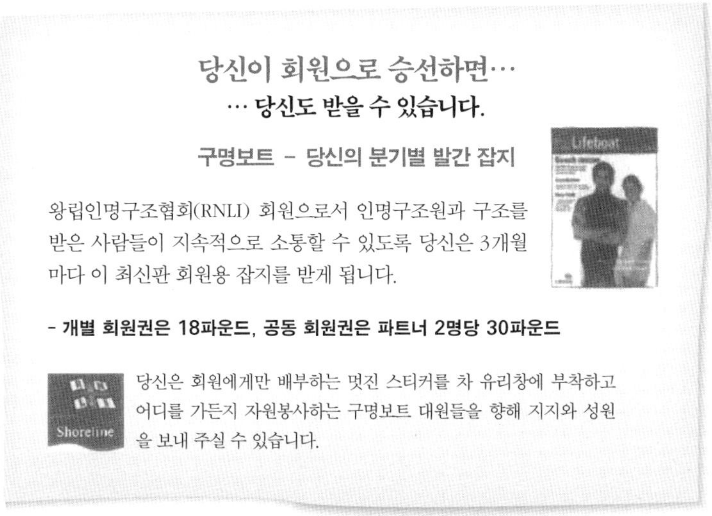
당신이 회원으로 승선하면…
… 당신도 받을 수 있습니다.
구명보트 – 당신의 분기별 발간 잡지
왕립인명구조협회(RNLI) 회원으로서 인명구조원과 구조를 받은 사람들이 지속적으로 소통할 수 있도록 당신은 3개월마다 이 최신판 회원용 잡지를 받게 됩니다.
Lifeboat
- 개별 회원권은 18파운드, 공동 회원권은 파트너 2명당 30파운드
Shoreline
당신은 회원에게만 배부하는 멋진 스티커를 차 유리창에 부착하고 어디를 가든지 자원봉사하는 구명보트 대원들을 향해 지지와 성원을 보내 주실 수 있습니다.

[그림 1] 왕립인명구조협회 홍보 전단지에서 발췌
(2009년 웨일스 공동 교육재단 주관 GCSE 영어 문제로 활용됨)

문항 중의 하나는 다음과 같다. "RNLI 회원으로 가입하면 받게 되는 물건 두 가지를 쓰시오." 문제를 풀었던 학생들 중 몇 명은 '구명보트'라고 답했다. 이것은 실제 중등학교 졸업학교 시험의 평가 문항이었다. 이 문항을 채점한 평가자들이 발간한 문항분석 보고서를 통해 '구명보트'라고 잘못 기록한 학생들이 내가 담당한 학생들만은 아니었다는 것을 확인할 수 있었다. 문항분석 보고서에는 '다수의 응답자들이 RNLI 회원이 되면 구명보트를 받을 것이라고 응답했다.'라는 분석이 제시되었다.[9] 나는 앞에서 논의한 셰필드대학교 연구 보고서에서 가장

낮은 수준의 문해력을 가진 사람들이 풀 수 있는 문제를 '혼동을 야기하는 정보가 섞이지 않은 단순하고 직설적인 질문'과 같은 것으로 생각한다.[10]

　내가 아는 한, 학교 졸업자가 어떤 종류의 지식을 확보하였거나 또는 확보하지 못했는지를 철저하게 조사한 연구는 아직 없다. 분명한 것은 입증되지 않은 나의 관점과 상반되는 어떤 증거도 없다는 사실이며, 철저하게 연구된 것은 아니지만 몇몇 증거들은 나의 관점과 일치한다. 나의 관점과 특히 일치하는 것으로 카디프대학교 역사학과 데릭 매튜스 교수가 대학 재학생들에게 비공식적으로 조사한 결과를 들 수 있다.[11] 조사 대상 학생들은 내가 가르쳤던 학력 부진 학생들과는 차원이 다른, 우수한 학생들이었다. 조사 결과 89퍼센트는 19세기의 영국 총리 스무 명 중 단 한 명의 성명도 지칭하지 못했고, 70퍼센트는 보어 전쟁이 어디에서 일어났는지를 알지 못했다. 영국 내 150개 종합대학교 중 상위 24개 대학으로 구성된 러셀 그룹 소속 대학의 학부생이 이 정도 수준밖에 되지 않는다면, 우리는 중등학교 졸업자격 시험의 다섯 개 과목에서 최고 수준인 A*부터 C 수준까지의 성적을 받지 못한 중등학교 졸업자들이 알고 있는 것이 무엇인지 예측할 수 있을까? 나와 동료들의 경험으로 본다면 그들은 아는 게 거의 없을 것이다.

　이 문제를 설명하기 위해 학생들이 모르는 것에 대한 몇 가지 사례를 제시하고자 한다. 내가 이러한 사례들을 들춰내는 목적이 이 부진한 학생들을 조롱하거나 모욕하려는 것은 아니다. 그럴 마음은 전혀 없을뿐더러 오히려 그 반대다. 이 책의 주된 목적은 이 학생들이 이토록 지식과 기술이 빈약한 원인이 그들에게 중요한 지식과 기술을 우리가 제대로 가르치지 못했기 때문임을 밝혀 보려는 것이다. 나는 교사가 되기 전에 고등학교 졸업자들의 몇 퍼센트 정도는 책을 읽지 못하거나 읽어도 이해할 줄 모른다는 보고서를 보았고, 이를 안타깝게 여겨 혀를 차고서는 다음 페이지로 넘어간 적이 있었다. 몇 가지 사례들에 대한 설명에 더하여 이러한 통계가 실제 현실로 어떻게 나타나고 있는지 설명해 보겠다. 내가 가르친 학생들 중에는 영국 지도에서 자신이 살고 있는 도시인 런던이나 주거지역을 지정하지 못하는 학생도 있었다. 중요한 역사적 사건의 발생 연대를 모르는 학생들이 많았다. 국가나 대륙의 차이를 이해하지 못하기도 했고, 아프리카를 국가라고 아는 학생들도 많았다. 다수의 학생들이 잉글랜드와 영국의 차이를 모르고, 영연방을 구성하는 네 개 지방의 명칭을 몰랐다. 학생들은 먼 과거에 자동차나 비행기, 컴퓨터나 전화가 존재하지 않았다는 것을 막연하게 알고 있었으나, 그것들이 발명되기 전에 어떻게 여행하고 서로 연락했는지 거의 알지 못했다. 미국이나 호주라는 국명을 대부분 들어봤다고 했는데, 많은 학생들이 그곳에 영어를 사용하지 않은 사람들이 살았다는 것을 알지 못했다. 많은 학생들이 우유, 빵이나 감자와 같은 기본적인 음식들의 기원에 대해 모르고 있었다. 이러한 것들을 모르는 학생들은 다른 학생들에 비해 불리한 처지에 있다고 봐야 한다.

한 가지 분명히 말하자면, 나는 과거에 영국 교육의 황금기가 있었다고 보지는 않는다. 지금도 완벽하지 않을 수 있지만, 나는 기본적인 지식을 갖추지 못한 상태로 학교를 졸업했던 그들이 과거에 교육받았기 때문이라고 주장할 생각은 추호도 없다. 이 책의 주된 목적은 현대의 과학 발전에 기초하여 교육을 어떻게 바꿀 것인가를 밝히는 것이다. 내가 예로 들고자 하는 사례들은 50년 전 과거의 영국에서 찾지 않고 오늘날 높은 성취를 보이는 국가들에서 찾고자 한다. 교직을 처음 시작할 때 나는 부모님들을 실패자로 만든 당시의 교육체제가 매우 잘못된 것이었다는 것을 잘 알고 있었다. 그러면서 그 이후에 교육체제가 엄청나게 발전했을 것이라고 순진하게 예상했다. 1948년부터 영국 중등학생들의 문해력과 수리력 성취수준을 지속적으로 분석한 셰필드대학교의 연구 결과는 기초적인 문해력과 수리력이 낙제 수준인 학생들의 비율이 수십 년 동안 크게 변하지 않았다는 것을 보여 주었다. 마이클 셰이어의 연구도 마찬가지 결과를 보여 주는데, 학생들의 문제 해결력은 지난 수십 년 동안 정체되거나 심지어 퇴보했다고 밝혔다.[12]

나는 교직을 시작한 첫해 내내 앞으로도 그렇게 열심히 할 수 있을지 자신이 없을 정도로 일생에서 가장 열심히 일했다. 모든 나의 동료들도 역시 끊임없이 잘 가르치기 위해 노력했다. 어떤 정치가들은 우리 교사들이 게으르고 또 학생들의 성취에 대한 기대수준이 낮다고 비판했지만, 나는 우리 교사들의 노력이 부족하지도 의지가 낮지도 않았다는 것을 알고 있었다. 그러나 여전히 너무 많은 학생들이 제대로 읽고 쓰지 못한 채, 앞에서 내가 설명한 것과 같이 무지한 상태로 우리 교사들 앞에 남겨져 있었다. 우리가 잘못한 게 도대체 뭐란 말인가?

여기서 나는 그 문제를 교육 구조가 아니라 교육 내용의 문제로 여기면서 이 관점에 관심을 갖기를 제안하고 싶다. 교육 내용에 대한 문제제기는 인기를 끌 수 없다. 정치적으로 우파 진영이나 좌파 진영 모두 교육 문제를 구조적으로 해결하고 싶어 한다. 우파 진영은 교사들의 교수 노력 분발과 성적 중심 입시제도 복원을 주장하고, 좌파 진영은 무시험 통합학교 진학 제도와 학교 예산 증대를 요청하고 있다. 지난 10년 동안 영국에서 가장 큰 학교 개혁은 학교 운영 및 관리 방안에 관한 것이었다. 노동당 집권 시기인 2000년부터 정부 예산을 받지만 지방정부의 통제를 받지 않고 위탁받은 공공 및 사설단체가 운영하는 학교인 아카데미 제도를 도입했고, 현재의 연합정권은 아카데미 인가를 확대하면서 학부모와 교육자가 설립한 자유학교 제도를 도입했다. 이러한 개혁들은 의심의 여지없이 중요하며, 이에 대해 사회적 논쟁과 세밀한 검토가 필요하다. 그러나 이러한 개혁들은 교육개혁의 매우 작은 일부 측면에 관한 것이며, 학교 구조에 대해서만 논쟁이 가열될 때 다른 중요한 교육 관련 주제들이 사라질 수 있다. 특히, 우리는 무엇을 어떻게 가르칠 것인가와 같은 실제 교과 내용에 대한 관심이 너무 부족했다. 교육 내용이 바로 궁극적인 교육적 논의 대상이다. 어느 누구라도 학교 체제를 바꾸고자 하는 사람은 체제 개선이 실제 교육 내용을 향상시키기 위한 하나의 수단이라는 점을 알아야 한다. 어쩌하든지 체제 개선이 실제 교실에서 이뤄지고 있는 교육을 더 향상시키기 위한 하나의 수단에 지나지 않는다. 그러나 학교 체제에 관한 모든 논쟁에서 이러한 학교 체제 변화 자체를 목적으로 간주하고 있으니 안타까울 따름이다. 이 책에서 나는 교실에서 실제 일어나고 있는 내용에 초점을 맞추고 싶다.

내가 주장하는 요지는 교사들이 교육에 대해 배운 것들 가운데 많은 부분이 틀린 것이며, 또한 효과적이지 않은 교수 방법을 배운다는 점이다. 나는 3년 동안 학생들을 가르친 후에 공부를 더 하려고 1년간 휴직했다. 그때 교육 이론과 과학적 연구의 전반적인 분야를 공부하면서 큰 충격을 받았다. 왜냐하면 새로 배운 내용이 이전에 교사양성과정에서, 그리고 교사로 재직하면서 배웠던 이론들과 상당히 상반된다는 사실을 발견한 것이다. 틀리게 배웠다는 것을 깨달았을 때 나는 무척화가 났다. 나는 3년 동안 수백 시간의 수업을 위해 정말 열심히 노력했다. 그렇지만 교직 3년간 나의 삶을 훨씬 편하게 만들어 주면서 내 수업을 받은 학생들에게 크게 도움을 줄 수 있었을 많은 교육 관련 정보들을 전혀 배울 수 없었다. 더 나쁜 것은 잘못된 수업의 이론적 배경이 되었던 근거 없는 관점들을 의문의 여지없는 원칙으로 배워야 했다. 미국 카네기멜론대학교 심리학과 교수인 허버트 사이먼은 내가 즐겨 읽는 작가들 중의 한 사람이다. 그는 의사결정에 대한 연구로 1978년 노벨상을 수상했다. 그는 다른 두 명의 인지과학자들과 함께 미국 교육계에서 널리 인정받고 있는 다수의 관점들을 비판하는 논문을 썼다.

> 새로운 교육 이론들이 (실험적으로 시도한다는 단서도 없이) 확실한 경험적 증거는 없이 철학적으로 그럴듯한 근거와 상식적으로 그럴듯한 제목을 갖고 매일 학교에 도입되고 있다.[13]

사이먼 교수가 미국 학교에서 보았던 많은 실험적 시도들과 근거 없는 이론들이 불행하게 영국의 교육 시스템에도 존재하고 있다.

이 책에서 나는 명확한 근거 없이 도입된 이론들 중에서 가장 큰 피해를 주고 있는 일곱 가지의 미신들을 추려서 설명하고자 한다. 개별 미신에 대해 하나의 장으로 구성하여 논의한다. 각 장에서 나는 이 특별한 미신이 교육, 엄밀히 말하면 학교에서 광범위하게 퍼져 있다는 것을 증명하기 위해 최선을 다해 자료들을 수집했다. 이렇게 철저한 준비가 필요했던 이유는 이 주제들과 관련된 학교의 실제 상황을 이야기하면 많은 사람들은 내 말을 믿을 수 없다고 간단히 거부했기 때문이다. 가장 흔하게 겪었던 반대 의견은 내가 일부 바람직하지 않은 사례들을 부각시켜 전체가 잘못된 것처럼 일반화시키는 오류를 범하고 있다는 지적, 또는 다른 말로 표현하면 내가 비판하기 쉬운 특정 사례를 찾아 집중 공격하는 허수아비 공격하기 논쟁을 하고 있다는 지적이었다. 전혀 사실이 아니다. 이 책에서 내가 비판하는 교육 관행들은 다수의 교육당국이 우수한 것으로 인정하는 방식이다. 나는 각 미신들이 영국 전역의 교실 수업에 영향을 미친 구체적이고 확실한 사례들을 찾았다. 그제야 비로소 나는 왜 그것들이 미신이고 위험한지를 보여 주고자 했다.

이러한 미신들이 존재하고, 또 상당한 영향력을 미치고 있다는 것을 증명하기 위해 두 가지 주요 증거 범주를 검토했다. 첫째는 이론적 증거다. 나는 이러한 미신들의 철학적 근원을 찾고자 노력했다. 일부 장에서는 수십 년 또는 수세기 전의 자료들을 찾았고, 다른 일부 장에서는 현존하는 학자들의 이론을 검토했다. 둘째는 실제적인 증거다. 검토했던 실제 자료는 최근의 정부 간행물에서 교사들에게 권고한 사항, 널리 보급된 교사연수 매뉴얼, 교육관련 언론 기사들이다. 이 중에서 정부기관인 교육기준청Ofsted: Office for Standards in Education, Children's Services and Skills 에서 발간하여 공개한 교과별 수업평가 보고서를 중점적으로 분석하여 자료로 활용했다. 2장에서 교육기준청 보고서를 참고한 이유를 상세하게 설명한다. 간단히 소개하면 이 보고서들은 전국적인 수업장학 활동을 정리한 것으로 교실 수업의 실제 상황을 구체적으로 기술한 자료들을 담고 있다. 교육기준청 이외의 다른 다양한 출처에서도 유사한 교실 상황에 대하여 비슷하게 기술하고 있다는 것을 발견하기는 어렵지 않다. 실제로 다른 출처에서 찾은 수업 사례 몇 개를 이 책에서 자료로 사용했는데, 그것들은 교육기준청의 평가 자료만큼 권위가 인정되지는 않는다. 관행적으로 실천되고 있는 수업 형태에 대해 내 자신의 주관적인 설명을 추가하는 경우도 있다.

많은 사람들이 오로지 실제 경험적인 증거만을 중요하게 여긴다. 그러나 나는 이에 동의하지 않는다. 사람들의 실제 행동을 이해하기 위해서는 그들의 행동 밑바탕에 깔려 있는 철학적 근거를 분석할 필요가 있다고 생각한다. 이 점에서 나는 경제학자 존 메이너드 케인스의 유명한 말인 이론의 힘에 많은 영향을 받았다.

경제학자와 정치철학자 들의 이론은, 그것이 옳을 때든 틀릴 때든, 일
반적으로 생각되고 있는 것보다 더 강력하다. 사실 세계를 지배하는
것은 이것뿐이다. 자신은 어떤 지적인 영향에서도 완전히 해방되어 있
다고 믿는 실무자들도, 이미 죽은 어떤 경제학자의 노예인 것이 보통
이다.[14]

나는 어떤 이론에 대해 유래를 추적하기를 좋아하지만 이론가의
이름을 인용하는 데는 별로 관심이 없다. 사람들은 이름도 전혀 들어
본 적이 없는 사람의 이론에 크게 영향을 받기도 한다. 내가 만났던 교
육기준청 장학사들은 자신을 매우 실제적이고 실용주의적인 사람이
라고 소개했다. 그들 중 대부분은 파울로 프레이리와 같은 이론가들의
책을 읽어 보거나, 더욱이 이름조차 알지 못할 수 있다. 그럼에도 불구
하고 나는 그들이 현존하지 않은 이러한 이론가들로부터 크게 영향을
받았다고 확신한다. 이 책에서 나는 현재 실천되고 있는 것과 그 바탕
이 되는 이론이 어떻게 연계되어 있는지를 추적한다. 각 장의 첫 부분
에 제시된 이론적 배경을 읽다 보면, 그 이론이 표면적으로 그럴 듯하
게 보일 정도로 설득력이 있다는 것을 확인할 수 있을 것이다. 내가 교
직에 들어오기 전에 구글과 관련된 모호한 이론들을 많이 읽은 적이
있다. 구글이 우리의 사고방식을 바꾼다는 내용이었는데 당시엔 매우
설득력 있게 여겨졌다. 그렇지만 그 구글 관련 이론의 실제적인 영향을
크게 고려해야 할 상황이 나에게 일어나지는 않았다. 하나의 이론이
초래하는 결과에 대해 고찰하는 것이 중요한 다른 이유는 이론을 통해
특정 문제에 대한 논쟁을 명료화할 수 있다는 것이다. 이론들은 의도

적으로 모호하고 불분명한 용어로 표현되는 경우도 있다. 그 이론들이 의미하는 바가 무엇인지 아무리 봐도 명료하지 않을 수도 있다. 미국 역사학자 리처드 호프스태터는『미국의 반지성주의』에서 이론의 모호 성에 관하여 다음과 같이 존 듀이의 사례를 들고 있다.

> 듀이가 오해를 받고 있었다는 것은 널리 알려진 사실이며, 결국에는 자신의 이름으로 실행된 몇몇 교육적 실천에 항의해야만 했다는 것도 거듭 지적되었다. 듀이의 의도는 폭넓게, 더욱이 반복적으로 곡해되기 도 했지만 여전히 그의 저작은 읽기도 힘들고 해석하기도 어려웠다. 문장이 무척 모호하고 달리 해석될 여지도 있었고 (중략) 문장의 난해 함은 듀이의 가장 중요한 교육관련 저작들에서 특히 두드러지는데, 그 가 교육의 대변자로서 큰 영향력을 발휘할 수 있었던 것도 어느 정도 는 그의 진의가 제대로 파악되지 않았기 때문인지도 모른다. (중략) 문 체상의 심각한 결함이 '단순한' 문체의 문제인 경우는 설령 있다 하더 라도 드물다. 그런 결함은 개념상의 실제적인 난해함이 그렇게 나타날 뿐이다. 듀이의 저작으로 나타난 해석상의 미해결 문제는, 아둔하고 열 광적인 추종자들에 의해 그의 사상이 부당하게 왜곡되었기 때문이라 고 생각하기보다는 그의 사상에 모호함과 공백이 남아 있기 때문이라 고 생각하는 것이 훨씬 더 적절할 것이다.[15]

나는 이론의 모호성 문제가 듀이뿐 아니라 다수의 현대 교육자들 에게도 적용되는 것이 사실임을 알게 되었다. 때때로 사실적 지식과 사실적 지식의 학습에 대하여 전적으로 비판적인 입장을 제시하다가 마무리 부분에서 '물론 나도 사실적 지식을 가르치지 않아야 한다고 생각하지 않는다.'와 같은 별로 관심에도 없는 문구를 덧붙이는 글을 가끔 읽은 적이 있다. 그런데 그들이 실제로 권장하는 수업 방안은 사실적 지식을 가르치지 않아야 한다는 내용이라는 것을 발견했다. 이와 관련하여 나는 이 이론과 이론가들이 실제로 어떤 수업 실천을 권장하고 있는지를 분석하여 논쟁과 토론 기반을 확보하고자 한다.

내가 확인한 일곱 가지 미신은 다음과 같다.

1. 지식보다 역량이 더 중요하다.
2. 학생 주도의 수업이 효과적이다.
3. 21세기는 새로운 교육을 요구한다.
4. 인터넷에서 모든 것을 찾을 수 있다.
5. 전이 가능한 역량을 가르쳐야 한다.
6. 프로젝트와 체험 활동이 최고의 학습법이다.
7. 지식을 가르치는 것은 의식화 교육이다.

종합적으로, 어떤 사람들은 이 미신들이 진보주의 교육의 사례라고 말한다. 그러나 나는 그렇게 생각하지 않는다. 첫째, 미신에는 진보적인 특성이 없다. 둘째, 7장에서 논의되겠지만 진보주의자들은 이러한 이론에 대해 결코 만장일치로 동의하지 않는다. 셋째, 진보적이라는 단어는 새로움과 독창성을 함축하고 있다. 그러나 이 미신들은 전혀 새로운 것이 아니다. 이런 미신들은 수십 년 전, 또는 그보다 더 오래된 이론들이다. 인간이 어떻게 학습하는지에 대해 발견한 결과는 이러한 미신들을 신뢰하지 않는다.

이러한 미신들의 배경이 되는 지식 이론을 한마디로 요약할 수 있는 단어나 구절을 찾는다면 교육적 형식주의라고 할 수 있다. 왜냐하면 대부분의 미신들이 내용보다는 형식이 더 중요하다는 가정에서 작동하기 때문이다. 또한 이 미신들을 뒷받침하는 지적 조류는 진보주의가 아닌 포스트모더니즘이라고 여겨진다. 왜냐하면 포스트모더니즘은 진리나 지식의 가치에 회의적이며, 이와 마찬가지로 대부분의 미신들은 본질적으로 지식의 가치에 대해 강한 회의감을 표시한다. 이 때문에 나는 첫 번째 미신(지식보다 역량이 더 중요하다)과 두 번째 미신(학생 주도의 수업이 효과적이다)을 먼저 다룬다. 이 두 가지 미신들이 이 책에서 논의하는 다른 미신들의 기초라고 볼 수 있다. 첫 번째와 두 번째 미신은 오랜 역사를 갖고 있으며, 학교에서 일어나고 있는 현상의 이론적 정당성을 제공해 준다. 다음으로 세 번째와 네 번째 미신, 즉 21세기는 새로운 교육을 요구한다는 것과 인터넷에서 무엇이든지 찾아볼 수 있다는 것은 첫 번째 미신을 현대 상황에 적용한 것이다. 다섯 번째 미신인, 전이 가능한 역량을 가르치라는 것은 지식을 가르치지 말라는 것을 다르게 표현한 말이다. 여섯 번째 미신은 교수법에 관한 것이며, 지식 전수를 줄이는 방식으로 수업을 구성하는 방법에 관한 것이다. 마지막 일곱 번째 미신은 지식의 정치적 측면에 관한 것으로 지식을 가르치는 것을 교화시키는 것으로 보는 것이다. 종합적으로 일곱 가지 미신들이 현재 우리 학생들의 교육을 해치고 있다.

첫 번째 미신

지식보다 역량이 더 중요하다

사람들은 왜 '지식보다 역량이 더 중요하다.'라고 생각할까?

이러한 관점이 교육정책과 교실 실제에 어떤 영향을 끼쳤을까?

1. 이론적 배경

지식을 배운다고 해서 그것을 진정으로 이해할 수는 없다고 최초로 말한 사람은 아마도 18세기 스위스의 철학자 루소일 것이다. 루소는 『에밀』에서 학생에게 구두로 가르치지 말고, 경험을 통해 스스로 배울 수 있도록 해야 한다고 주장했다.[1] 그 이유는 사실적 지식을 배우는 것은 효과가 없다고 보기 때문이다. 즉, 학생들에게 아무 의미도 없는 일련의 기호들을 그들의 두뇌에 새기는 것은 쓸모없는 일이라고 본 것이다.[2] 학생들은 교사가 말한 것을 정확히 반복할 수는 있지만 다음과 같이 그들이 들었던 사실적 지식을 활용하지 못하거나, 그 사실적 지식들이 다른 방식으로 어떻게 전개되는지도 이해할 수 없다고 했다.

어린이들이 기하학의 기초 지식을 조금 이해하게 되었다는 점을 내세워 당신의 주장이 옳다는 것을 입증한 것으로 생각하겠지만, 그것은 내 생각이 옳다는 것을 입증할 뿐이다. 어린이들은 논리적으로 사고할 수 없고, 또한 다른 사람들의 논리도 수용할 수 없다. 기하학을 이해하고 있다는 아이들을 관찰해 보면 그들은 단지 도형의 형태에 대한 인상과 증명에 관한 용어들만 외우고 있다는 것을 알 수 있다. 그들은 대상을 약간만 새로 바꿔도 이해하지 못한다. 도형이 거꾸로 있으면 뭐

가 뭔지 아무것도 모른다.[3]

　루소는 다음에 제시한 글과 같이 사실적 지식의 학습은 비효과적일 뿐만 아니라 비교육적이라고 보았다. 학생을 수동적인 존재로 만들게 되면 학생들은 배우려는 의지는 물론 어린 시절의 모든 즐거움과 감격까지도 빼앗기게 될 것이라고 여겼다.

　　어린이가 어떤 종류의 인상도 수용할 수 있는 두뇌의 가소성을 천부적으로 갖고 있기는 하지만 역대 왕의 이름과 재위 연도, 휘장에 쓰인 특수 용어, 지구와 지리 등 어린이가 생활하는 데 의미가 없거나 미래에 사용하지도 않을 단어들을 암기하도록 해서는 안 된다. 그래서 어린이가 단어의 홍수에 압도되어 슬프고도 삭막한 어린 시절을 보내게 해서는 안 된다.[4]

　19세기 후반 교육자 존 듀이는 경험을 강조하면서 체험을 통한 학습이 중요하다고 했다. 어린이는 오로지 경험을 통해서만 배울 수 있도록 해야 한다는 루소의 사상은 체험을 통한 학습이라는 듀이의 사상과 일맥상통한다. 듀이는 다음과 같이 당시 많은 학교에서 학생들이 활동에 소극적인 것을 문제점으로 지적했다.

　　어린이에게 억지로 수동적이고 수용적인 태도를 갖도록 한다. 이러한 조건에서 어린이의 천부적인 자발성은 허용되지 않으며, 그 결과 갈등과 낭비만 남는다.[5]

　이 관점을 간단히 정리해 보자. 사실적 지식을 가르치면 학생은 수동적이 된다. 학생을 수동적으로 만든다는 것은 그들의 자연스러운 성향을 무시하는 것을 의미한다. 그들의 자연적 성향을 무시하면 그들은 불행하게 되고, 그것은 또한 그들의 배움에 도움을 주지 못한다. 듀이가 지적한 사실적 지식 교육의 문제를 다시 정리하면 다음과 같다.

> 우리는 어린이에게 임의의 기호들을 제시한다. 기호들은 정신발달에 필수적인 요소이지만 노력을 절약하기 위한 도구일 뿐이다. 기호들로만 제시된 것은 외부로부터 강요된 무의미하고 임의적인 재료들을 모아 놓은 것과 같다.[6]

브라질 출신 파울로 프레이리는 듀이만큼 영향력이 큰 교육자다. 그의 대표적인 저서는 1970년 발간된 『페다고지: 억눌린 자를 위한 교육』으로 전 세계적으로 100만 부 이상 팔렸다.[7] 이 책은 판매 전성기인 1970년대는 물론 이후에도 계속 영향력을 유지하고 있다. 2007년 교육방송에서 가장 영감을 주는 교육관련 도서에 관한 설문조사 결과 이 책이 10위에 올라, 이 같은 사실을 증명해 준다.[8] 프레이리는 사실적 지식이 학생들로 하여금 자신 주변의 현실에 대한 참된 이해를 방해한다고 다음과 같이 비판한다.

> 교사는 학생들의 실제 경험과 완전히 동떨어진 주제를 설명한다. 교사의 임무는 학생들에게 자기가 설명하고 있는 내용을 '주입'하는 데 있다. 그러나 그 내용은 현실과 무관하며, 그 내용을 생성하고 그것에 의미를 부여하는 총체성과도 분리되어 있다.[9]

프레이리는 사실적 지식이 이해를 방해하는 방식을 예시하는 것으로 그의 유명한 은행 예금식 교육이라는 개념을 개발했다.

이렇게 교육이란 저축행위이며, 학생은 예금계좌이고 교사는 예탁자와 같다. 교사와 학생은 서로 대화하는 관계가 아니다. 교사가 말하면, 즉 입금을 하면 학생은 참을성 있게 그것을 받아 저장하고, 암기하며, 복습한다. 이것이 은행 예금식 교육 개념이다. 여기서 학생들에게 허용되는 행위는 예금을 수령하고, 계속 축적하여 보관하는 것에 한정된다. 사실 학생들이 할 수 있는 것은 저장할 것들을 보관하고 목록을 정리하는 일뿐이다.

결국 이러한 오도된 시스템에서 사람들은 창의성 제한, 변화 의지 약화, 지식의 부족에 빠지게 된다.[10]

앞에서 몇몇 학자들의 교육에 관한 비유들을 살펴보았는데 유명한 또 다른 작가로 찰스 디킨스를 들 수 있다. 디킨스는 교육자가 아닌 소설가로서 그의 작품과 등장인물들은 여기서 언급할 가치가 있을 만큼 매우 유명하다. 그의 소설 『어려운 시절』의 첫 장면, 주인공 토머스 그래드그라인드가 교장으로 재직하는 학교에 대해 다음과 같이 묘사하는 부분은 문학적 걸작이다.

자, 내가 원하는 것은 사실, 바로 사실적 지식입니다. 학생들에게 오직 사실적 지식만을 가르치십시오. 살아가면서 필요한 것은 오직 사실적 지식입니다. 사실적 지식만 학생들 머리에 심어 주시고 그 외의 다른 모든 것들은 뽑아 없애 주십시오. 우리는 오로지 사실적 지식에 근거해서 생각하는 동물인 인간의 심성을 키울 수 있습니다. 사실적 지식이외의 어떤 것도 학생들에게 도움이 되지 않습니다. 이것이 내가 내 자식들을 교육하는 원칙이고, 이것이 우리 학생들을 교육하는 원칙입니다. 사실적 지식에 충실하세요, 선생님!

이렇게 말한 사람과 남 선생님, 그리고 그 자리에 참석한 또 다른 어른은 뒤로 살짝 물러나며 아이들을 쭉 둘러보았다. 아이들은 나란히 앉아서 사실적 지식을 온몸에 넘치도록 받아들이려고 준비했다.[11]

이 소설에서 사용된 비유는 루소, 프레이리, 듀이가 사용한 비유와 공통점이 많다. 디킨스는 어린이들을 사실적 지식으로 채워질 수동적인 그릇으로 보는 사람들을 비판한다. 소설의 나머지 부분은 그래드그라인드의 방식대로 교육받은 어린이들에게 어떤 일이 일어나는지를 분명하게 보여 준다. 그들은 그래드그라인드의 딸 루이자처럼 정서적으로 파괴된 어른이 되거나, 똑똑한 어린이였던 비쩌와 같이 인간적인 공감이라고는 없는 비정한 밀고자로 성장한 것이다. 참고로 『어려운 시절』은 앞에서 제시했던 교육방송에서 실시한 여론조사에서 영감을 주는 교육 관련 도서로 7위에 오르기도 했다. 또한 교육에 관한 진지한 토론에서 주인공 그래드그라인드의 이름이 자주 대두되는 것도 주목해야 한다. 최근 시사 프로그램인 〈뉴스 나이트〉는 시험제도 개혁을 특집으로 방영했는데 TV 시리즈에 나오는 그래드그라인드 관련 부분들을 상당히 길게 발췌하여 활용했다.[12] 어떤 교사나 교육 관련 인사도 그래드그라인드와 비교되는 것을 모욕이라고 여긴다. 왜냐하면 그는 정서적으로 비정한 사람이고 또한 학생들에게 심각한 정서적 해악을 끼치는 사람의 전형으로 인식되고 있기 때문이다.

앞에서 언급한 네 명의 저자들에게는 하나의 공통된 글쓰기 스타일인 수사비유[troupe]가 있다. 그들은 모두 사실적 지식과 그 이외의 것을 정반대의 측면으로 상정한다. 사실적 지식은 나쁜 것이고 그 이외의 것은 좋은 것으로 상대화 시킨다. 사실적 지식은 의미, 이해, 추론, 의의 등과 반대되는 개념이며, 디킨스의 작품에서는 상상력이나 창의력과 정반대인 개념이다. 만약 학생들에게 어떤 것의 참된 의미를 깨닫게 한다거나 논리적이고 창의적으로 이해시키고자 할 때 사실적 지식은 그러한 목표를 달성하기 위한 방법에 해당하지 않는다.

한편 이들 이론가들이 사실적 지식 자체에 대해 적대시하는 것이 아니라 학습방법이 규범적이고 인위적인 점을 비판한다는 주장도 있다. 2장에서 나는 이러한 논쟁에 관하여 구체적으로 논의하고, 이들 이론가들이 사실적 지식 대신 장려하는 활동들에 대해서도 보다 자세히 검토해 보겠다. 여기서는 우선 사실적 지식 자체에 대한 이론가들의 관점을 검토해 보고자 한다. 이들 이론가들의 주장과 표현하는 용어를 검토해 본 결과 나는 그들이 사실적 지식 자체에 대하여 무척 꺼림칙하게 여긴다고 생각한다.

2. 적용 사례

언뜻 보면 루소 등의 관점이 현대의 교육 시스템과는 관련이 먼 것처럼 보일 수 있다. 그런데 우리가 자주 듣는 다음과 같은 질문들을 보면 그렇지 않다. 우리 영국의 학생들이 얼마나 스트레스를 많이 받고 있는가? 얼마나 많은 시험을 치러야 하는가? 어린이들의 생활이 얼마나 끔찍하고 재미없는가? 이 질문은 분명히 루소와 다른 작가들이 진단했던 그 문제점에 대한 것, 즉 너무 많은 사실적 지식을 문제점으로 삼은 것과 완전히 동일하다. 유엔 산하기관인 유니세프의 조사 결과에서도 영국 어린이들은 선진국들 중에서 가장 불행하다고 느낀다는 것을 보면 현재도 여전히 그때와 같은 시대라고 볼 수 있다.[13] 그러나 어린이들이 겪는 문제는 사실적 지식이 너무 부담스럽게 많아서 생긴 것이 아니라 실제로는 현재의 교육 활동이 앞에서 논의한 관점들에 따라 전개되고 있기 때문이라고 여겨진다.

그러한 관점들이 끼친 영향을 확인할 수 있는 방법으로 교육과정과 교수법 두 가지를 들 수 있다. 알다시피 교육과정은 교사들이 습득하여 전달해야 하는 내용에 관한 것이고, 교수법은 교사들이 훈련을 받아 활용해야 하는 기법에 관한 것이다. 영국의 국가교육과정NC: National Curriculum 보고서와 관련 공문서들은 공식적으로 신뢰할 수 있는 자료로서 우리는 이를 통해 교사들이 법규에 따라 전달해야 할 교육과정을 확인할 수 있다. 교수법에 대해서도 명료하게 제시할 수 있다. 영국의 학교에서 적용되고 있는 교수법에 관한 신뢰할 만한 자료들은 학교 장학기관인 교육기준청Ofsted의 정규 보고서와 발간물 등을 통해 확인할 수 있다. 1장에서는 국가교육과정만을 검토하고, 2장부터는 교육기준청 보고서들을 분석하고자 한다.

첫째, 먼저 누구나 쉽게 확인할 수 있는 분석 자료인 국가교육과정의 신뢰성과 중요성을 검토하고자 한다. 영국의 국가교육과정은 1988년 도입되었으며, 공립학교는 의무적으로 이 교육과정에 따라 가르쳐야 한다. 따라서 교육과정에서 의무적으로 시행하도록 규정되어 있거나 금지한 것이 무엇인지를 아는 것이 중요하다.

1999년에 최종적으로 개정된 초등학교(1~6학년) 교육과정과 2007년에 최종 개정된 중등학교 저학년(7~9학년) 교육과정에서 교과 내용을 계획적으로 감축하거나 부분적으로 삭제했다. 이러한 개정은 교사들이 가르칠 내용을 보다 자유롭게 선택할 수 있도록 해 주려는 의도에서 추진된 것으로 여겨지기도 했다. 그러나 사실은 전혀 그렇지 않다. 개정 교육과정에서 교과 내용에 대한 규정이 상당히 완화되었지만 여전히 규정을 엄격하게 적용했다. 교육과정 개정의 주요 사항은 교과 내용에 대한 것보다 역량, 경험 그리고 교수방법에 관련된 것이었다. 2007년 개정된 중등학교 저학년 교육과정의 역사 과목을 다음과 같이 예로 들어 보면 교육과정에서 규정하고 있는 것은 지식이 아니라 역량 목록이다.

역사학적 탐구

학생들은 다음의 활동을 할 수 있어야 한다:

a. 개별적으로 또는 팀의 일원으로 특정 역사적 문제나 논쟁점을 확인하고 탐구하면서 가설을 세우고 검증한다.

b. 역사적 문제나 논쟁에 대하여 비판적으로 사고한다.

근거 자료 활용

학생들은 다음의 활동을 할 수 있어야 한다:

a. 문서, 시각 및 구술 자료, 유물과 유적을 포함한 광범위한 역사적 자료들을 확인하여 선택하고 활용한다.

b. 결론을 추론할 때 사용된 자료들을 평가한다.

과거 사건에 대해 의사소통하기

학생들은 다음의 활동을 할 수 있어야 한다:

a. 연대기적 관습이나 역사학 용어를 사용하여 일관되고 체계적이며 실제 발생한 과거 사건에 대한 원인과 배경을 제시하고 구조화 한다.

b. 연대기적 관습이나 역사학 용어를 통해 역사에 대한 지식과 이
   해를 넓히고 다양한 방법으로 의사소통한다.[14]

2007년 개정된 대부분의 교과 교육과정도 위와 마찬가지다. 예를
들어, 다음에 제시하는 과학과 교육과정의 핵심 역량과 지도 방법은
역사과와 거의 완벽할 정도로 유사하다.

체험과 탐구 역량

학생들은 다음의 활동을 할 수 있어야 한다:

a. 아이디어와 해설을 만들고 이를 검증하기 위해 다양한 과학적
   방법과 기법을 사용한다.
b. 실험실, 야외 및 실습실에서 위험요소를 평가하고 안전하게 과
   제를 수행한다.
c. 개별적으로나 팀 단위로 실제로 조사하는 활동을 계획하고 실행
   한다.

근거에 대한 비판적인 이해

학생들은 다음의 활동을 할 수 있어야 한다:

a. 과학적인 해설을 제시하기 위해 인터넷을 포함한 다양한 1차 및
   2차 자료를 통해 데이터를 수집, 기록 및 분석하여 얻은 결과를
   활용한다.
b. 과학적 증거 자료와 과제 실행 방법을 평가한다.

의사소통

학생들은 다음의 활동을 할 수 있어야 한다:

a. 과학 정보를 전달하고 과학 이슈에 대한 발표나 토론에 참여하기 위하여 인터넷을 비롯한 적절한 방법들을 활용한다.[15]

대부분의 교과에서 사용된 핵심개념들은 사회과와 과학과 교육과정에서 확인한 바와 같이 탐구, 근거, 의사소통이라는 유사한 형태로 제시되어 있다. 교육과정에 따른 지침에는 '교과 세부내용 서술완화'와 '각 교과의 핵심개념과 지도과정 강화'로 완화할 영역과 강화할 영역이 명시되어 있다.[16] 여기서 우리는 듀이, 루소, 프레이리가 비판한 것을 확인할 수 있다. 그들은 사실적 지식과 이해를 비판했는데 교육과정에서도 교과 내용과 교과 개념을 비판하고 있다. 듀이, 루소, 프레이리와 완전히 동일하게 국가교육과정 문서의 논조에서도 객관적 사실과 지식을 의도적으로 경시하고 있다. 교육과정 적용을 통해 얻고자 하는 결과에 대한 설명에서 지식knowledge이나 사실적 지식facts이라는 단어가 전혀 언급되지 않았다는 점을 다음 사례에서 볼 수 있다.

초등학교 교육의 경험을 토대로 11세에서 19세까지의 일관된 중등학교 교육과정이 추구하는 목표는 모든 청소년들을 성공적인 학습자, 자신감 있는 개인 및 책임감 있는 시민으로 성장시키는 것이다. 중등학교 교육과정에서 청소년들을 특별히 돕고자 하는 것은 다음과 같다.

• 높은 학업성취를 달성하고 더욱 향상되도록 한다.
• 학생들 간의 학업성취도 격차를 좁히고, 11세 때는 11세 학생들이 성취하기를 기대하는 수준에 도달하지 못한 학생들이 동년배 학생들의 수준에 도달할 수 있도록 보충 지도한다.
• 높은 수준의 개인적 역량, 학습 능력 및 사고력을 갖추어 자기주도

학습자가 되도록 한다.

- 필수 기본 역량인 문해력, 수리능력 및 ICT 능력을 높은 수준으로 갖추고 활용할 수 있도록 한다.
- 잠재능력을 최대한 발휘할 수 있도록 한다.
- 19세가 될 때까지 그리고 그 이후에도 계속하여 학습의 즐거움을 알고 적극적으로 학습에 참여할 수 있도록 한다.[17]

국가교육과정 제정을 주도한 믹 워터스 교수는 국가교육과정 서문에서 다음과 같이 말했다.

교육과정은 소중하게 다뤄져야 한다. 우리는 국가가 젊은이들에게 제시한 학습learning인 교육과정에 자부심을 가져야 한다.[18]

국가교육과정에 대한 이러한 설명에서 조금 생소한 점이 드러나 있다. 학습learning이라는 동명사를 사용한 점이다. 어떤 사람에게 학습을 제시하는 것은 다소 부자연스러운 것이며, 학습의 대상인 지식을 제시해 주는 것이 보다 더 논리적일 것이다. 나는 이러한 표현은 국가교육과정 초안 작성을 담당했던 워터스 교수와 다른 학자들의 지식에 대한 부정적인 인식을 나타낸 것이라고 생각한다.

믹 워터스는 2005년부터 2009년까지 영국 교육부의 자격인증 및 교육과정국Qualifications and Curriculum Authority에서 교육과정 분과 책임자였다. 영국의 일간신문 『가디언』의 교육 칼럼니스트인 피터 윌비는 워터스 교수가 지난 20년 동안 영국의 중등학교 교육을 어느 누구보다도 중대하게 변화시켰다고 주장한다.[19] 윌비는 그렇게 주장하는 주된 근거로 2007 개정 교육과정 개혁 과정에서 워터스가 담당한 역할을 들고 있다. 워터스 교수가 지식과 사실적 지식의 학습에 대해 어떤 관점을 가졌는가는 그의 역할을 고려할 때 국가교육과정 초안 작성에 상당한 영향력을 끼쳤을 것이다. 그는 교사 및 강사 노조ᴬᵀᴸ에서 발간한 보고서 「교과의 변천」의 서문을 통해 교사 및 강사 노조의 교육과정 관련 주장을 적극 옹호하고 있다. 교사 및 강사 노조의 교육과정은 다음과 같이 듀이의 교육철학을 따른다. 학생들은 밀알을 심기 위하여 이동하면서, 흙을 파고 직접 심으면서 수업을 받아야 한다. 또한 사실적 지식을 암기하는 학습은 이제 근본적으로 전이 가능한 역량의 교육으로 바뀌어야 한다.[20] 워터스는 2012년 3월 교사 및 강사 노조와의 인터뷰에서 '교육이 끝없는 지식 전수가 되어서는 안 된다'고 밝혔다.[21]

2007년 개정된 중등학교 저학년 교육과정과는 달리 초등학교 교육과정은 1999년 이후 개정이 없었다. 그러나 초등 교육과정에서도 중등 교육과정과 유사하게 교과별 역량과 교수법에 대해서는 엄격하게 규정하고 있는 반면에 객관적 사실과 지식에 대해서는 교사가 수업에서 선택 가능한 것으로 보았다. 지식에 대한 서술도 상당히 광범위하고 애매한 용어로 표현했다. 그러므로 현재의 국가교육과정에서 사실적 지식과 개념적 이해의 관계는 서로 상충되는 것으로, 그리고 사실적 지식의 가치가 경시된 것으로 보인다.

국가교육과정에 내포된 역량의 위계는 유명한 학습 이론인 '블룸Bloom'의 인지능력 분류학의 체계와 매우 유사하다. 1956년에 발표된 블룸의 분류학은 학생들에게 개발해 주어야 할 역량 목표들을 제시하고 있다. 지식이 기본 바탕에 있고, 그 위에 적용, 분석, 비교, 평가와 같은 상위의 역량들이 위계를 이룬다.[22]

국가교육과정에서 교과 내용을 일부 삭제한 것이 교사가 교과 내용 중 삭제한 부분을 가르치지 않아야 한다는 것을 의미하지는 않는다고 주장하지만 이에 대해 논란이 있을 수 있고, 실제로 이에 대한 논쟁이 지속적으로 대두되었다. 교과 내용을 삭제하거나 감축한 이유는 단순히 교사가 가르칠 내용을 보다 자유롭게 선택할 수 있도록 한 것이라고 주장한다. 그렇지만 나는 이와 같은 주장을 인정하지 않는다. 앞에서 제시한 몇 가지 사례를 통해 교육과정에서 교과 내용을 삭제한 목적이 내용을 줄여 적게 가르치도록 한 것임을 확인할 수 있다. 국가교육과정의 주된 의도는 지식 전수를 축소하고 개념적 이해를 확대하기 위해 활동과 학습경험을 권장하는 것이다. 새로운 국가교육과정은 지식 전수가 지식의 이해에 방해가 된다는 관점을 내포하고 있다.

3. 왜 미신인가?

이 장에서 나는 결코 진정한 개념 이해, 순수한 의미 인식 또는 고차원적 역량 개발을 비판할 의도가 없다. 이 모든 것은 진정한 교육의 목표다. 내가 주장하는 것은 사실적 지식과 교과 내용이 이러한 교육의 목표와 대치되지 않으며, 사실적 지식과 교과 내용도 교육목표의 일부라는 점이다. 루소, 듀이, 프레이리가 사실적 지식과 이해 두 측면을 적대적인 관계로 파악한 것은 틀린 논리다. 지난 반세기 동안 이뤄진 모든 과학적 연구가 그것이 틀린 것임을 증명해 주고 있다. 이러한 루소 등의 이론이 틀린 것이라는 증거들이 발견된 시대에 살고 있으면서도 틀린 이론에 기초하여 교육정책을 수립하고 교육실제에 적용하고 있는 현대의 정부 관료들이나 교육자들 역시 잘못하고 있다는 것에 변명의 여지가 없다. 루소는 18세기에, 듀이는 20세기 진입 직후에, 프레이리는 1970년대에 관련 저서와 이론을 발표했다. 20세기 후반기에 나온 연구 결과는 사실적 지식의 학습에 대한 루소 등의 분석이 근본적으로 틀린 전제에 기반을 두고 있음을 밝히고 있다.

최근 인공 지능에 대한 연구는 인간의 지능에 관한 연구를 활성화 시켰고 동시에 많은 정보를 제공해 주었다. 과학자들이 생각할 수 있는 기계를 만들기 위해서는 인간이 실제로 어떻게 생각하는지에 대하여 더 깊이 이해할 필요가 생겼다.[23] 이 분야의 초기 개척자인 허버트 사이먼은 자신이 직접 생각하는 기계를 만들어 보려고 시도하는 과정에서 인간이 어떻게 생각하는가에 대하여 많은 새로운 사실들을 알아냈다.[24] 그때부터 시작하여 1960년대와 1970년대에 연구자들은 보다 체계적이고 심도 있게 정리된 하나의 기본 인지구조 모델에 대하여 공감하게 되었다.[25] 이 모델에 따르면 우리가 장기기억에 저장한 사실적 지식은 인지에 매우 중요한 역할을 한다. 네덜란드의 교육심리학자인 폴 커슈너와 그의 동료들은 이에 대해 다음과 같이 기술하고 있다.

인간의 인지에서 장기기억의 역할에 대한 관점은 지난 수십 년 동안 엄청나게 바뀌었다. 이제 장기기억은 우리가 배운 것을 그대로 반복하는 것만을 한정하여 허용해 주고, 별개로 분리된 정보 조각들을 수동적으로 받아 저장하는 장소로 간주되지 않는다. 뿐만 아니라 장기기억에 대해 문제 해결과 같은 복잡한 인지 과정에서 단지 부차적인 영향밖에 미치지 못하는 인간 인지구조의 극히 일부 구성요소라고 여기지도 않는다. 이제 장기기억은 인간 인지의 핵심 구조로 간주된다. 우리가 보고, 듣고, 생각하는 모든 것은 장기기억에 의해서 완전히 다르게 받아들여지고 또한 영향을 받는다.[26]

뇌가 어떻게 작용하는지를 이해함으로써 우리는 장기기억을 제대로 파악할 수 있다. 또한 장기기억을 파악하기 위해서는 커슈너와 그의 동료들이 인간 인지구조human cognitive structure로 부르는 것에 대해서도 이해해야 한다. 어떤 문제에 부닥치면 우리는 그 문제를 해결하기 위해 작업기억과 장기기억을 활용한다. 여기서 작업기억은 단기기억이라고도 불린다. '작업기억은 의식consciousness과 동일한 것으로 볼 수 있다. 인간은 작업기억에 있는 내용만을 지각하게 되고 확인할 수 있다. 모든 다른 인지 작용은 작업기억에 존재하지 않거나 작업기억으로 옮겨지기 전까지는 나타나지 않는다.'[27] 따라서 우리가 어떤 문제를 풀고자 할 때 우리는 그 문제와 관련된 모든 정보를 작업기억에 두게 된다. 그런데 불행하게도 작업기억은 대단히 제한된 공간이다. 작업기억의 용량이 정확하게 어느 정도 되는가에 대해서는 학문적으로 논쟁이 적지 않지만, 최근의 몇몇 연구들에서는 3개 또는 4개 항목 정도를 한계로 제시하고 있다.[28] 즉, 우리는 한 번에 3~4개의 항목만을 작업기억에 보관할 수 있다. 작업기억의 작은 용량은 문제 해결 능력을 심각하게 제한한다. 곱셈 문제에서 계산 범위를 늘릴 경우에 이러한 제한점을 쉽게 확인할 수 있다. 곱셈 46×7을 암산으로 풀이하는 문제가 제시되면 작업기억에서 한 번에 많은 새로운 정보를 필요로 하지 않기 때문에 성공적으로 해결할 수 있다. 그러나 몇 가지를 기억하기 위해 작업기억을 사용해야 하기 때문에 오류를 범할 가능성이 전혀 없지는 않다. 두 가지 정도의 방법으로 이 문제를 풀 수 있는데, 다음은 가장 일반적인 방법이다.

1) $7 \times 6 = 42$

2) 2를 남겨 두고 4를 올린다.

3) $7 \times 4 = 28$

4) 4를 28에 더하면 = 32

5) 2를 남겨 두었던 것을 기억하여 = 322

또는

1) 7 × 40 = 280

2) 7 × 6 = 42

3) 280 + 42 = 322

두 가지 계산 방법 중 어떤 것을 사용하더라도 다음 정보를 처리하는 동안 작업기억 속에는 한 개의 정보가 보관되어 있다. 기억하고 있는 첫 번째 정보를 이용하여 다른 작업을 한 후에 두 번째 정보와 통합한다. 이러한 문제를 해결하면서 마지막 계산을 끝낼 때쯤이면 첫 번째 계산을 망각하는 것이 일반적이다. 세 자리 숫자에 한 자리 숫자를 곱셈하면서 작업기억을 좀 더 시험해 볼 수 있다.

만약 23,322 곱하기 42를 암산으로 정답을 내라고 하면 대부분의 사람들은 성공할 수 없다. 사람들이 문제 해결 방법을 몰라서 풀지 못하는 것이 아니라 이 문제를 풀려면 작업기억에 한꺼번에 매우 많은 새로운 정보를 저장해야 하는데 그것이 어렵기 때문이다.

작업기억 용량은 제한되어 있지만 그 한계를 벗어날 수 있는 방법도 있다. 우리의 장기기억은 작업기억보다 훨씬 큰 용량을 갖고 있다. 장기기억은 수천 개의 정보를 저장할 수 있다. 우리는 장기기억에 저장된 정보를 인지적 부담 없이 작업기억으로 불러들일 수 있다. 다양한 방법으로 장기기억에 보관된 정보를 불러온다면 작업기억의 한계를 벗어날 수 있다. 예를 들어, 우리는 장기기억에 저장된 지식을 덩어리 단위로 사용할 수 있다. 만약 여러분에게 다음의 열여섯 자리 숫자를 5초 동안 보고 난 후에 기억해 내 보라고 하면 여러분은 아마도 실패할 것이다.

4871947503858604

그러나 다음의 열여섯 개 글자를 5초 동안 보고 재생하라고 하면 여러분은 거의 정확하게 기억해 낼 수 있을 것이다.

The cat is on the mat.[29]

고양이가 매트 위에 있다.

두 번째 것을 재생할 수 있는 이유는 열여섯 개 글자를 개별적이고 의미 있는 단어 덩어리로 만들어 하나의 구절이나 문장으로 분류했기 때문이다. 그러한 덩어리로 만드는 것은 장기기억에 저장되어 있는 배경지식, 즉 글자들이 합하여 만들어진 단어, 각각의 개별 단어의 의미 그리고 전형적인 문장 구조에 대한 배경지식에 따른 결과다.

우리는 장기기억에 법칙이나 절차도 저장할 수 있다. 이것들이 우리가 어떻게 문제를 해결해야 하는지를 알려 준다. 우리가 46×7을 암산으로 풀이할 수 있는 유일한 이유는 기억 속에 우리가 그 문제를 풀 수 있도록 도와주는 특정 지식이 저장되어 있기 때문이다. 우리는 두 자리 수와 한 자리 수를 곱셈하는 과정에는 복수의 단위 곱하기, 10단위 숫자 올리기 그리고 10을 곱하기가 포함된다는 것을 알고 있는 것이다. 또한 우리는 7×3=21과 7×2=14도 알고 있다. 이 문제는 세 가지를 훨씬 초과하는 정보를 포함하고 있다. 그러나 대부분의 사람들은 장기기억에 문제와 관련된 지식을 이미 저장해 두었기 때문에 그것을 이용하여 문제를 풀 수 있다. 만약 장기기억에 관련 지식이 저장되어 있지 않다면 그 문제를 풀기가 훨씬 어려워진다. 구구단을 장기기억에 보관하고 있지 않은 학생은 개념적으로 곱셈을 어떤 절차로 풀이하는 지를 이해하더라도 이러한 암산 문제를 풀 수 없다.

따라서 우리가 사실적 지식들을 장기기억에 저장해 놓을 때 그것들이 실제적인 사고 장치의 일부가 되어 우리 인간 인지의 가장 큰 한계 중의 하나인 작업기억의 능력을 확대할 수 있다. 이에 대해 미국 카네기멜론대학교 심리학과 교수인 존 앤더슨은 다음과 같이 언급하고 있다.

> 지능은 단지 복잡한 인지를 총체적으로 생성하는 지식의 조그만 단위들을 단순히 증식하고 조정한 것이다. 전체는 각 부분의 합계에 불과하지만, 전체는 수많은 부분들을 갖고 있다.[30]

장기기억에 엄청나게 많이 저장할 수 있다는 것은 과장이 아니다. 장기기억은 수천 개의 사실적 지식을 저장할 수 있는데, 우리가 특정 주제에 대한 사실적 지식 수천 개를 기억하고 있다면 그 사실적 지식들은 결합하여 하나의 정리된 인지 도식인 스키마^{schema}를 형성한다. 우리가 어떤 주제에 대하여 생각할 때 우리는 그 주제 관련 스키마를 사용한다. 우리가 어떤 주제에 관한 새로운 사실적 지식을 접하게 되면, 우리는 그것을 기존의 스키마에 동화시킨다. 그래서 우리가 이미 특정 스키마에 많은 사실적 지식을 확보하고 있다면, 그 주제에 관한 새로운 사실적 지식을 훨씬 쉽게 학습할 수 있게 된다.[31]

사실적 지식의 학습을 비판하는 사람들은 종종 완전히 무작위적인 사실을 예로 들면서 다음과 같이 말한다. 즉, 워털루 전투가 언제 일어 났는지를 아는 것이 왜 중요한가라고 묻곤 한다. 사실 이러한 종류의 사실 하나만을 기억했다가 재생한다는 것은 거의 중요하지 않다. 그러 나 사실적 지식을 학습하는 목적은 단지 하나의 사실만을 배우는 것이 아니라, 세상을 이해하는 데 도움이 될 수 있는 스키마를 형성할 때 결 합되는 수백 개의 사실들을 배우는 것이다. 이렇게 보면 워털루 전투 발발 연대만 학습해서는 그 지식을 사용하는 데 한계가 있다. 그러나 기원전 3000년 시기부터 현재까지 중요한 역사적 사건 150개 정도를 배우고, 각 사건들이 왜 중요한지 관련된 주요 사실 두어 가지 정도를 알고 있다면 그 지식들은 매우 유용할 것이다. 왜냐하면 그 지식이 전 체 역사를 이해하는 기초가 되는 주요 연대순 스키마를 형성할 것이기 때문이다. 마찬가지로 단지 4 곱하기 4는 16이라는 한 가지 사실만 안 다면 그 용도는 매우 제한적이다. 그러나 12단 곱셈을 완벽하게 암기 하고 있다면 이는 수학적 이해의 기반이 된다. 만약 가르치는 사람으 로서 학생들이 개념적으로 잘 이해하기를 원한다면 그들이 사실적 지 식을 더 적게 필요로 하는 것이 아니라 보다 더 많이 필요로 한다는 것 을 알아야 한다.

루소, 듀이, 프레이리 그리고 국가교육과정 작성자들은 사실적 지 식을 그들이 개발하고 싶어 하는 종류의 사고력이나 역량 등과 대척 된 것으로 여긴 것 같다. 그들은 의미 없는 사실적 지식을 가르치는 것 이 학습에 도움을 주지 못하는 것으로 파악하고 있다. 그러나 실제는 그렇지 않다. 사실적 지식은 창의성, 문제 해결력 및 분석력, 또는 의미 이해력에 대척되는 것이 아니다. 사실적 지식은 이러한 중요한 역량들 과 밀접하게 통합되어 있다. 이러한 역량들이 발휘되기 위해서는 사실 적 지식이 필요하다. 어떤 의미에서 이 중요한 역량들은 기억에 확실하게 저장되어 있는 광범위한 지식들이 작용한 결과다.

교사는 학생들이 분석하고 평가할 수 있는 능력을 갖추려면 그들이 분석 및 평가의 대상이 되는 현상이나 사실에 대해 알고 있어야 한다는 점을 이해해야 한다. 이에 대해 미국 버지니아대학교 교수이며 인지심리학자인 대니얼 윌링햄은 다음과 같이 기술하고 있다.

> 지난 30년 동안 축적된 과학적 연구에서 나온 분명한 결론은 현상이나 사실에 대해 알고 있어야 잘 생각할 수 있다는 것이다. 현상이나 사실에 대해 알고 있어야 하는 이유는 단지 생각거리가 필요해서만은 아니다. 교사가 가장 관심을 갖고 있는 추론이나 문제 해결과 같은 비판적 사고 과정은 (주위 환경 관찰을 통해 들어온 정보만이 아니라) 장기기억에 저장된 사실적 지식과 밀접하게 연결된다.[32]

우리가 알다시피 블룸의 인지능력 분류학에서 지식은 하위역량으로, 분석과 평가는 상위역량으로 표현하고 있다. 하위역량과 상위역량으로 나누어 은유적으로 대조한 표현은 결과적으로 두 가지 오류를 야기한다. 첫째, 역량과 지식의 분리를 암시한다. 둘째, 지식은 덜 중요하다는 것을 암시한다. 하위와 상위라는 대조적인 표현 대신에 지식과 역량의 관계를 보다 적절하게 표현한 사람들이 있다. 에릭 허시는 지식과 역량의 관계를 스크램블과 같이 보았다.[33] 계란에 버터 등 여러 가지 재료를 휘저어 만든 계란 스크램블을 다시 분리할 수 없듯이 지식과 역량도 분리할 수 없다는 의미다. 나는 지식과 역량의 관계를 이중나선 구조라고 한 동료 조 커비의 표현을 좋아한다. 그는 지식과 역량이 짝을 이뤄 표층학습surface learning에서부터 심층학습deep learning까지 나란히 발전한다고 본다. 우리는 수동적인 사실적 지식의 학습을 표층학습으로, 능동적인 역량의 연습을 심층학습으로 구분하기보다는 지식과 역량은 서로 얽혀 있고, 축적된 지식을 바탕으로 역량이 향상된다는 것을 이해해야 한다.

지식과 역량이 연결되어 어떻게 작동하는지에 대하여 두 가지 실제적인 사례를 들어 보겠다. 먼저 매우 기본적인 수준의 사례로 알파벳 글자와 알파벳 소리의 학습을 들 수 있다. 알파벳 글자는 어떤 의미에서 완전히 임의적으로 만들어진 것이다. 모음의 음소인 꼬부라진 'a'에 대해 우리 모두가 동일한 소리를 연상하게 되는데 왜 그렇게 된 것인지 정확하게 그 이유를 알 수 없다. 그렇지만 우리는 학생들에게 글자를 이용하여 의미를 생성하는 것을 배우기 전단계로 먼저 임의적으로 만들어진 꼬부라진 글자와 음성의 관계를 배우도록 지도해야 한다. 하나의 글자나 소리와 같은 사실적 지식을 배우는 것이 의미 이해를 방해하지 않고, 오히려 그렇게 배웠기에 의미를 전달할 수 있다. 학생들은 이러한 사실적 지식을 기억에 저장함으로써 그들의 장기기억을 확장할 수 있고, 의사소통 능력을 증진할 수 있으며, 나아가 더 정교한 인지 장치를 발전시킬 수 있다.

보다 복잡한 사례로 특출하게 창의적인 극작가로 인정받고 있는 셰익스피어가 학교에서 받은 교육을 들 수 있다.

> 셰익스피어는 학교교육을 통해 재능을 키울 수 있다는 것을 보여 주는 좋은 모델이다. 셰익스피어는 스트레트포드 어펀 아본 문법학교에서 받은 교육을 통해 언어 및 고전 작가에 대한 기초를 철저히 다졌다. 오늘날의 시각으로 보면 그가 받은 학교교육은 (남학생들이 100개 이상의 수사학적 표현 기법을 암기해야 할 정도로) 공부의 폭이 좁고 엄격한 것이었지만, 그것은 미래 극작가에게는 훌륭한 자료였다. 그는 학교에

서 배운 것을 그의 작품에서 다양한 방식으로 사용했다. 먼저, 그는 학교에서 배운 언어 규칙에 관한 지식을 응용했다. 초기 작품들에서 사용된 패턴은 매우 분명했고, 리듬은 정확하고 규칙적이었다. 그러한 원칙들을 터득한 후에 그는 기본 원칙들을 파괴하거나 변형시킬 수 있었다. 즉,『타이터스 앤드로니커스』와『베로나의 두 신사』에서『햄릿』과『태풍』에 이르기까지 다양한 작품을 썼다. 이러한 증거에서 셰익스피어가 받은 학교교육은 암기학습, 끊임없는 연습, 엄격한 규칙 준수의 가치를 찬성하는 논거로 여겨져 왔다. 다른 말로 표현하면 1937년 노벨생리의학상을 수상한 알베르트 센트죄르지의 '발견은 준비된 사람이 맞닥뜨린 우연이다.'와 같은 의미다. 셰익스피어의 초기 작품들도 후기에 나온 유명한 4대 비극과 같은 수준의 훌륭한 글 솜씨를 보여주었다. 셰익스피어는 그가 학교에서 배운 지식을 통해서 실제 살아 있는 것 같은 등장인물들의 극적인 연기를 구현했다. 그의 극적인 상상력의 근원은 사실 요즈음엔 부정적으로 여겨지고 있는 반복적인 기억술 연습과 끊임없는 훈련이었다. 기계적인 학습이 유창한 언어로 바뀌었고, 그것이 흥미진진한 연극을 만들었던 것이다.[34]

물론, 셰익스피어가 받았던 학교교육에 참여한 모든 사람들이 그와 같이 훌륭한 작품을 쓸 수 있었던 것은 아니다. 셰익스피어의 창의적인 천재성은 그가 배운 지식을 사용하는 과정에서 발현되었다. 그러나 셰익스피어의 사례에서 분명하게 분석할 수 있는 것은 사실적 지식 중심의 교육이 그의 천재성을 전혀 방해하지 않았다는 것이다. 오히려 반대로 그가 받은 학교교육이 그의 천재성을 충분히 발휘할 수 있도록 해 주었다.

지식 축적에 집중하는 것을 무시해야 개념 이해력 증진에 집중할 수 있다고 가정함으로써 국가교육과정은 학생들의 지식이 기억에 저장될 수 없도록 할뿐만 아니라 개념 이해력에 명확하게 집중하지도 못하고 개념 이해력을 개발하지도 못하게 만든다. 학생들이 사실적 지식을 배우지 않고도 역사의 흐름 속에서 역사적 사건을 파악할 수 있는 연대 의식을 개발할 수 있다거나, 창의적으로 글을 쓸 수 있고 또한 과학자처럼 사고할 수 있다고 가정하여 가르치게 된다면, 우리는 학생들에게 그러한 역량들 가운데 어떤 것도 개발시켜 주지 못할 수 있다.

대니얼 윌링햄이 다음과 같이 수업을 참관한 후 하고자 한 말이 무엇인지 생각해 보자. 그는 학생들에게 상위 인지 역량을 활용하기를 요구하려면 먼저 그들에게 지적 기반이 이미 갖춰져 있는지 확인할 것을 권장한다.

언젠가 4학년 교실에서 교사가 열대 우림에 살면 어떨지 생각해 보라고 안내했다. 학생들은 이틀에 걸쳐서 열대 우림에 관해 토론했지만 배경지식이 없는 탓에 "비가 많이 오겠죠."라는 정도의 피상적인 답변밖에 내놓지 못했다. 그러나 한 단원이 끝날 무렵 같은 질문을 다시 하자 이번에는 다양한 대답들이 나왔다. 열대 우림에서 살고 싶지 않다고 단언한 학생도 있었는데, 토질이 나쁘고 흐린 날만 이어지는 곳이라 채식주의자인 자신도 하는 수 없이 고기를 먹어야 한다는 이유를 들었다.[35]

윌링햄이 제시한 위의 사례는 지식을 갖고 있을 때 복잡하고 고차원적인 답변을 할 수 있다는 것을 보여 주는 좋은 사례다. 한 학생이 나중에 정확하게 답변할 수 있었던 이유는 그 학생이 열대 우림 지역의 토질이 나쁘고 계속 그늘져 있다는 사실을 알게 되었고, 또한 이 때문에 그 지역에서는 농작물 재배가 어렵다는 것을 알고 있었기 때문이다.

배경지식이 갖춰지지 않은 학생들은 주제에 대해 이해하는 것 자체에 곤란을 겪는다. 나는 가끔 새로운 주제로 수업을 시작할 때 그림과 고차원적인 질문을 함께 제시한다. 예를 들어, 셰익스피어에 대한 단원의 수업을 시작할 때 셰익스피어가 그려진 그림 한 장을 보여 주면서 "이 그림에서 여러분은 무엇을 찾아낼 수 있나요?"라고 질문한 적이 있다. 나는 전쟁 주제의 시에 관한 단원을 시작할 때 제1차 세계 대전 당시의 참호 그림을 제시하면서 "여기서 생활하는 것을 어떻게 생각하나요?"라고 질문하기도 했다. 그러면 학생들은 언제나 매우 단순하고 수준 낮은 답변을 했다. 두 번째 질문에 대해서는 가끔 "끔찍하다."고 말하는 학생들도 있었다. 바로 그때 나는 더 구체적으로 답변해 보라고 했는데 학생들은 "참으로 끔찍하다."고 답변했다. 그러고 나서 왜 끔찍하게 생각하느냐고 물었을 때 그들은 "진흙을 좋아하지 않는데 진흙이 많이 있기 때문에"라고 답변했다. 가끔 엉뚱한 대답을 하는 학생들이 있었는데 한 학생은 자신이 전쟁을 좋아하고 특히 제2차 세계 대전을 소재로 다룬 비디오 게임 '콜 오브 듀티'를 좋아하기 때문에 거기에 살고 싶다고 대답했다. 때때로 이러한 질문들은 하지 않은 것보다 못한 더 큰 문제들을 야기하는 경우도 있었다. 예를 들어, 언젠가 한 학생이 셰익스피어가 그려진 그림을 보고서는 같은 학습 분단의 학생들에게 그가 영화 〈올리버 트위스트〉 대본을 쓴 유명한 작가라고 말하자 다른 학생들 모두가 그렇게 기록했다. 내가 교실을 순회하면서 그 분단에 도착하기 전까지 그 학생들은 책에 잘못된 답변을 충실히 기록해 두었다. 과거에 생존했던 어떤 남자의 그림을 제시하면 공통적으로 그를 부자나 멋쟁이라고 표현하거나 심지어 동성애자를 뜻하는 게이라고 대답하기도 했다. 나는 언젠가 한번 학생들에게 왜 그렇게 결론을 내렸는지를 묻고, '왜냐하면'을 넣어 답변하도록 요청한 적이 있다. 내가 교사연수를 받을 때 수업에서 사용해 보라고 소개받은 방법이었다. 그러고는 '왜냐하면'이라는 단어가 학생들에게 분석적인 답변을 하게 만들 수 있을 것으로 기대했다. 그런데 답변은 "그의 재킷이 웃기게 보여서" "이상한 옷을 입고 있어서" 등과 같은 것들이었다. '왜냐하면이라는 단어를 시도해 보는 것'과 같은 일반적인 전략으로는 지식의 부족을 보완할 수 없다. '왜냐하면'이라는 단어를 사용하면서 분석적 답변을 기대하지만 학생들에게 '왜냐하면'이라는 단어를 사용하더라도 분석적인 답변을 확실하게 할 수 없었다. 좋은 분석적 답변은 '왜냐하면'과 같은 특정 단어를 사용하도록 하는 추상적 요청이 아닌 지식 체제의 확보 여부에 달려 있다. 학생들에게 특정 단어를 사용하도록 강요해도 학생들에게 분석적 사고를 할 수 있는 지식을 제공해 주지 못한다는 것은 분명하다.

이 시점에서 나의 수업방법에 문제가 있다고 지적할 수도 있다. 사실적 지식이 중요하다는 주장에는 동의하지만, 내가 가르치는 방법이 서툴렀다는 지적이다. 지적에 대해 기꺼이 인정한다. 이러한 질문 방법이 제대로 효과를 거두지 못한 이유, 그리고 사실적 지식을 정확하게 배울 수 있도록 만들지 못한 이유가 나의 수업기술이나 질문 기법이 미흡하였기 때문일 수 있다. 나보다 더 유능한 교사라면 이 방법을 통해 가르치는 학생들에게 중요한 사실적 지식을 확실하게 가르칠 수 있었을 것이며, 학생들은 단지 사실적 지식을 교사로부터 전수받는 방법보다 훨씬 더 효과적으로 사실적 지식을 학습할 수 있었을 것이다.

나는 이 방법들에 대해 특별히 숙련되지 않았다는 것을 이의 없이 인정하지만 이 주장이 완전히 공정한 것이라고는 생각하지 않는다. 루소 등의 이론가들과 국가교육과정에서 주장하는 논리는 사실적 지식이 중요하지 않다고 보고 있다. 또한 사실적 지식을 효과적으로 가르치는 기법보다 개념 이해력에 대해 심사숙고하는 것이 더 바람직하다고 여긴다. 이 장에서 내가 소개한 루소 등의 이론가들과 교육기준청 등의 정부기관들은 본질적으로 사실적 지식의 가치에 대해 회의적이다. 우리가 확인했듯이 그들의 논리는 사실적 지식이 이해력과 상반된다는 입장이다.

어떠하든 방법의 문제는 여전히 중요하다. 이 이론가들은 사실적 지식의 가치에 회의적이기 때문에 사실적 지식을 가르치는 방법의 가치에 대해서도 회의적이다. 다음 장에서 이 방법들이 영향력 있는 이론가들과 국가기관들로부터 어떻게 비판과 공격을 받는지 살펴볼 것이다.

두 번째 미신

학생 주도의 수업이 효과적이다

사람들은 왜 '학생 주도의 수업이 효과적이다.'라고 생각할까?
이러한 관점이 교육정책과 교실 실제에 어떤 영향을 끼쳤을까?

1. 이론적 배경

앞 장에서 많은 교육학자들이 사실적 지식의 가치에 대해 매우 회의적이라는 점을 확인했다. 앞 장의 결론 부분에서는 그들이 사실적 지식 자체에 대해 부정적이라기보다 지식을 가르치는 특정 방식에 대해 비판적으로 여긴다는 점을 밝혔다. 분명히 그들 대부분은 교사 주도로 사실적 지식을 가르치는 방식에 대해 매우 비판적이다. 그들은 교사 주도의 주입식 교육을 수동적이고 비인간적이라고 여긴다. 이러한 수동적이고 비인간적인 수업방식으로는 사실적 지식을 효과적으로 가르칠 수 없다고 주장한다. 학생들이 필요한 사실적 지식을 배우되 교사의 지도를 최소화하는 방식이 더 도덕적이고 효과적이라는 관점이다. 교사가 학습 환경을 잘 설계한다면 학생들은 교사의 지도를 받기보다 스스로 발견하는 방식으로 학습할 수 있다고 본다.

루소는 교사가 학생에게 질문하는 것에 대해 다음과 같이 비판한다.

대부분의 사람들, 특히 어린이들은 질문을 많이 받으면 지루하게 여기고 또 싫어한다. 어린이들에게 질문을 계속하면 몇 분 후 듣는 태도가 산만해지고, 아무렇게나 대답해 버린다. 어린이들이 배운 내용을 이해했는지 알아보기 위해 질문하는 것은 탁상공론에 지나지 않으며 효과

도 없다.[1]

루소에 따르면 글자와 소리의 관계를 설명해 주면서 글을 가르쳐서는 안 된다. 그 대신 어린이들이 스스로 이익이 되는 것을 선택할 수 있도록 호기심을 자극하는 학습 환경을 조성해 주어야 한다고 했다.

현실적인 이익, 그것만이 어린이를 이끌어 가는 유일한 원동력이다. 에밀은 부모, 혹은 친척이나 친구들로부터 식사, 산보, 보트타기, 야외 공연 등 이런저런 초대를 받게 된다. 에밀이 받은 초대장은 쉬운 단어로 간단명료하게 정리되어 있다. 에밀은 글을 읽을 줄 모르기 때문에 누군가가 읽어 주어야 한다. 그런데 읽어 줄 사람을 찾기가 쉽지 않다. 얼마 후 간신히 읽어 줄 사람을 찾았지만 초대 시간이 이미 지난 경우도 있다. 그때 에밀은 스스로 읽을 줄 안다면 얼마나 좋을까 하고 생각하게 된다. 다음에 재미있어 보이는 간략한 초대장을 받으면 에밀은 다른 사람의 도움을 받든지 아니면 혼자서라도 글을 읽어 보려고 노력한다. 마침내 초대장의 일부 내용을 스스로 해독하여 내일 크림을 먹으러 가자는 정도까지는 이해한다. 하지만 누구랑 어디에서 만날 것인가에 대해서는 알지 못한다. 그는 자신의 궁금증을 해결하기 위해 계속 노력할 것이다. 여기서 나는 무엇을 도와주어야 할까? 알파벳 놀이상자를 이용해서라도 글자를 가르쳐야 할까? 그에게 글자 쓰기까지 가르쳐 버릴까? 나는 그렇게 하지 않을 것이다. 나는 교육에 관한 논문에서 이런 하찮은 장난감에 대해 언급하는 것을 창피하게 생각한다.[2]

듀이도 교육방법을 결정할 때 아동의 자발성과 관심을 고려해야 한다는 의미로 다음과 같이 말했다.

학교에서 가르쳐야 할 과목은 과학, 문학, 역사, 지리가 아니라 아동 자신의 사회생활과 밀접하게 관련된 것들이라고 생각한다.[3]

앞 장에서 교사 주도의 지식 교육을 은행 예금식 교육이라고 비판한 프레이리의 관점을 논의한 바 있다. 그는 사실적 지식이 참된 이해를 방해한다고 주장하면서 토론, 대화 및 질문을 기반으로 한 대안교육 방식을 제안했다. 교육은 교사가 학생에게 지식을 전수하는 것이 아니라 교사와 학생 간 대화와 토론을 통해 새로운 지식을 창출하는 것이라고 했다. 프레이리는 교육의 목적은 새로운 지식의 창출이라고 하였으며, 이를 현대적인 용어로 표현하면 지식의 공동 구성co-construction of knowledge이다.

의문을 갖지 않고, 실천하지 않으면 개인은 진정한 인간이 될 수 없다. 지식은 창조와 재창조를 통해서, 그리고 대상에 대한 지속적인 의문을 통해서 습득될 수 있다.[4]

교사는 더 이상 권위의 상징이어서는 안 되며, 다음과 같이 학생들 중의 한 학생이 되어야 한다.

교육은 교사-학생 간의 모순 관계를 해결하는 데에서부터 시작해야 한다. 교사와 학생은 극과 극으로 다른 존재가 아니라 서로 교사와 학생이라는 두 가지 역할을 수행할 수 있어야 한다.[5]

프레이리의 이론을 실제 적용한 구체적인 사례를 보면 다음과 같다.

프레이리는 그의 이론을 실제적인 방법론으로 제시했다. 가장 중요한 단계는 사람들에게 자신들의 삶을 반추해 볼 수 있도록 하는 것이다. 이를 위해 프레이리가 개발한 방법이 코드화codification이다. 즉, 실생활에서 나타나는 문제점들을 그림이나 사진 등 이미지를 통해 제시하는 방식이다. 참여자들은 대화를 통해 자신들이 처한 현실을 인식하면서 이미지를 해독할 수 있게 된다. 나아가 그 이미지들은 나중에 읽기와 쓰기를 배울 수 있는 생성어generative words로 연결된다.[6]

사실적 지식에 대하여 회의적인 학자들은 반복 연습과 암기에 대해서도 비판적이다. 최근 많은 학자들은 이러한 학습에 대해 '기계적인 암기 학습rote learning', 또는 '죽을 때까지 반복 연습drill and kill'이라는 경멸적인 표현을 쓴다.[7] 루소는 에밀이 암기하는 방식으로는 배우지 못한다고 말했다.[8] 프레이리는 암기를 통해서는 사물의 진정한 의미를 이해할 수 없다는 이유로 사실적 지식을 암기하는 방식의 학습을 다음과 같이 비판한다.

말이란 구체성이 없고 공허하며 관련성이 없는 소리에 불과하다. (중략) '4 곱하기 4는 16, 브라질 파라주의 주도는 벨렘'과 같은 말을 학생들은 반복하여 기록하고, 또 암기한다. 학생들은 4 곱하기 4가 진정으로 무엇을 의미하는지, 파라주의 주도는 벨렘이라고 할 때 주도의 의미가 무엇인지 알지 못한 상태로, 파라 지역에서 벨렘이라는 도시가 무엇인지, 브라질에서 파라주가 의미하는 것을 의식하지도 못하는 상태로 기록하고 암기한다.[9]

이들은 사실적 지식을 가르치는 것이 다음과 같은 두 가지 측면에서 잘못되었다고 한다. 첫째, 비도덕적이다. 지식을 가르치는 것은 어린이에게 해롭다는 것이다. 아동기의 모든 즐거움과 자발성을 박탈하고, 어린이를 수동적이고 생각 없는 존재로 만들어 버린다. 둘째, 비효과적이다. 사실적 지식을 가르쳐도 어린이들의 배움에 전혀 도움이 되지 않는다. 어린이들은 자신들에게 전혀 의미가 없는 것들을 수없이 기억할 뿐이다. 그들은 의미를 생각해 보지도 않고 반복하여 지껄일 것이다. 그러나 어린이들이 재미있고 효과적으로 배울 수 있는 다른 방법들이 많다. 공식적 방법으로 외부의 사실적 지식들을 주입시키려 하지 않고, 최소한으로 지도하되 발견을 통해 스스로 배울 수 있도록 하는 것이다. 교사가 주도적으로 가르치는 것이 아니라 간접적으로 지도하는 방식으로 교사의 역할을 최소화해야 한다는 관점이다.[10]

2. 적용 사례

많은 사람들이 영국의 교실 수업은 주로 교사 주도로 이뤄지고 있다고 가정하는 것 같다. 그리고 교육기준청Ofsted이 그러한 수업을 조장하기 때문이라고 여기고 있다. 컴브리아대학교 피터 오븐스 교수가 『타임스』에 기고한 글에서 '대학생 중 3분의 1 정도가 자기주도적으로 학습하기 어렵다.'라는 내용을 확인할 수 있다.[11] 그는 대학생들의 자기주도 학습 능력 부족 원인이 중등학교에서 받은 수업 때문이며, 중등학교에서 교육기준청 지침에 따라 교사 주도로 수업이 이뤄진 결과라고 주장했다.[12] 그는 디킨스의 『어려운 시절』에 나오는 주인공 그래드그라인드의 말을 인용하여 '교수들은 학생들을 지식이라는 물건으로 채워질 비어 있는 화물선으로 여겨서는 안 된다.'라고 강조했다.[13] 학생들이 스스로 학습할 수 있는 능력을 갖추지 못한 것은 교사들이 교육기준청 지침에 따라 교사 중심으로 교육하기 때문이라는 것이다. 그러나 실제로는 전혀 다르다. 교사들이 교육기준청 지침을 충실히 따르는 것은 맞지만, 그 지침은 교사들에게 수업을 주도해서는 안 된다고 강조한다. 예상과는 정반대로 교육기준청 지침은 학생들이 교실의 주도권을 갖고 있어야 한다고 강조하며, 이는 듀이, 루소, 프레이리가 주장하는 수업방식과 동일하다. 여기 2장에서는 교육기준청이 교사들에게 조언하는 내용을 구체적으로 분석해 보고자 한다. 1장에서 국가교육과정이 학습과 지식에 대하여 어떤 관점을 갖는지를 분석했는데, 이제 국가교육과정이 실제 교실에서 어떻게 적용되는지를 교육기준청에서 발간한 믿을 만한 근거 자료들을 분석하여 확인하고자 한다.

무엇보다도 먼저 교육기준청이 교실 수업에 관하여 어느 정도 영향력이 있는지를 확인할 필요가 있다. 국가교육과정과 마찬가지로 교육기준청도 영국 내 학교를 장학할 법적 권한과 의무가 있다. 교육기준청 장학사들은 학교경영에 관하여 장학지도를 실시할 뿐만 아니라 교실에 들어가 수업을 참관하고 평가한다. 교육기준청 장학지도 결과 실패학교로 판정되면 학교장이 해고될 수 있고, 학교가 폐교 조치를 당할 수도 있다. 교육기준청 수업참관 결과 어떤 교사가 미흡으로 판정되면 그는 자신의 교직경력 관리에 있어서 상당한 손해를 볼 수 있다. 학교장이나 교사들이 교육기준청 장학지도 때문에 받는 부담은 무척 크다.[14] 교육기준청은 이와 같이 학교교육에 큰 영향력을 끼친다. 그래서 학교교육에 관심이 많은 컨설턴트나 블로거들은 교육기준청 장학지도나 수업참관을 앞둔 학교들이 우수 평가를 받기 위해 어떤 요령이 필요한지를 다각적으로 제시해 주기도 한다.[15]

교육기준청은 기관 홈페이지를 통해 수업참관 기준을 공개한다. 최근 수업참관 기준을 변경했는데 변경 이전의 것과 마찬가지로 명료하지 않은 편이다. 지침만으로는 기준을 명확하게 파악할 수 없기에 수업 참관 기준에 관련된 다른 발간자료들을 분석하고자 한다. 교육기준청은 수업참관 기준뿐만 아니라 학교별로 장학지도 결과 보고서를 발간한다. 이 보고서는 교실 수업의 실제를 상세하게 기술하면서 어떤 수업방법이 더 우수하게 평가받은 것인지를 분명하게 보여 준다. 특히, 교과별 수업평가 보고서에 매우 구체적으로 기술되어 있다. 교과담당 장학사들은 수천 개의 수업들을 참관하고 협의를 통해 가장 우수한 평가를 받은 수업들을 교과별 수업평가 보고서에 발표한다. 많은 교사들은 이 보고서를 참고자료로 활용하고 있다. 나는 수업평가 보고서 분석에 관한 연수를 교직에 들어가기 직전에, 그리고 교직에 있으면서 이수한 경험이 있다. 내가 알기로는 영국의 거의 모든 교사들이 교육기준청이 어떤 수업을 원하는지에 관심을 두고 있기 때문에 수업평가 보고서에 제시된 수업방식대로 실천하려고 노력한다. 나도 교직에 있을 때 수업평가 보고서를 통해 교육기준청이 원하는 수업방식을 의도적으로 제시하는 것으로 여겼다. 내가 받은 수업방법 연수나 교직 초기 수업방법에 대한 컨설팅에서 강조하는 사항은 교사가 절대로 말을 많이 하지 않아야 한다는 것이었다. 한 연수 강사는 교사가 말을 하게 되면 학생들은 배우지 못한다고도 했다. 교육기준청 장학지도를 받은 첫 시간에 나는 말을 최소한으로 적게 하였으며, 그 결과 장학사로부터 수업 계획과 수업 실제가 우수하다고 칭찬을 받았다. 나중에 교과별 수업평가 보고서를 보면서 나의 수업에 대해 매우 크게 칭찬해 주었다는 것을 알 수 있었다.

교육기준청은 장학지도 대상 학교에 방문 일정을 미리 통보한다. 그래서 교사들은 교육기준청 장학사가 참관할 때는 평상시의 수업과 달리 보여 주기 위한 꾸며 낸 수업을 하는 경우가 많다. 교사들이 교육기준청이 우수하다고 평가한 방식을 일상 수업에서 지속적으로 실천하기란 거의 불가능하다. 그래서 이 책에서 교육기준청으로부터 우수하다고 평가받은 수업이 일반적인 수업의 실제 모습이 아닐 수 있다는 점을 고려해야 한다. 어떠하든 교육기준청의 권한이 강하고, 장학지도 준비 요령이 일반화되어 있으며, 학교 자체 수업참관도 교육기준청의 기준에 따르는 현실에서 교육기준청이 바람직한 것으로 평가하는 수업 유형은 교사들에게 큰 영향을 미친다. 교사들은 이것을 잘 알고 있으며, 수업을 공개할 때는 이를 염두에 두고 있다. 따라서, 교육기준청 학교평가 보고서와 교과별 수업평가 보고서는 학교에서 실제로 일어나고 있는 교육활동에 대한 분석이며, 교사들이 어떻게 수업을 해야 하는지를 알려 주는 지침이라고 볼 수 있다.

학교교육의 방향 설정에 영향력이 큰 교육기준청이 진정으로 원하는 방향은 무엇일까. 교육기준청이 발간하는 보고서들을 보면, 앞에서 언급한 이론적 배경에 따른 하나의 일관된 메시지를 확인할 수 있다. 교사들이 수업의 많은 부분을 직접 지도하면 안 된다는 것이다. 교사는 가능하면 말을 적게 해야 하고, 이것저것을 하라고 구체적으로 지시해서는 안 된다. 학생들이 이미 알고 있는 지식을 활용하여 토론하는 수업, 그룹 활동을 통해 학생들 스스로 해답을 찾는 수업 계획을 세워야 한다는 내용이다.

이 책을 발간하면서 별도로 온라인으로 제공한 자료에는 예술, 영어, 지리, 역사, 수학, 외국어, 종교, 과학 과목에 대한 수업참관 보고서들을 상세하게 제시했다.[16] 대부분은 교과별 우수수업에 대한 것들이며, 미흡한 수업에 관한 것은 매우 소수다. 228개 수업참관 보고서들 가운데 예술 26개, 영어 33개, 지리 42개, 역사 18개, 수학 18개, 외국어

54개, 종교 19개, 과학 18개다. 참고한 보고서들은 2010년 6월부터 시작된 것이며, 대부분 비교적 최근인 2012년 5월 이후에 작성되었다.[17]

나는 교육기준청이 우수하다고 평가한 수업들 가운데 일부는 매우 미흡한 수준이라고 비판한다. 왜 내가 그 수업들에 대해 부정적으로 평가하는지에 대해서는 이 장의 후반부에서 간단히 설명하고, 5장과 6장에서 좀 더 구체적으로 설명하고자 한다. 여기서는 어떤 수업들이 잘된 것인지 아니면 잘못된 것인지에 대해 논의하기보다는 사실적 지식을 가르치는 수업에 대해 우수한 평가를 주는 경우는 거의 없다는 점을 밝히려고 한다. 보고서들 가운데 미흡 평가를 받은 수업은 대부분 교사가 말을 많이 하는 경우 또는 사실적 지식을 기억하도록 지도하는 경우이다. 교육기준청에서 제시한 몇 가지 수업 사례를 살펴보자.

다음의 영어수업에서 교사는 새로운 지식을 설명해 주지 않고, 학생들이 스스로 이미 알고 있는 지식을 이용하여 토론한다.

우수한 학생들로 구성된 그룹에서 라디오 프로그램을 제작하고 있었다. 그들은 10대 청소년들이 관심을 갖고 있는 문제를 주제로 연속극을 만들고 있었다. 연속극이 완성되면 학교방송 프로그램으로 편성되어 방송된다. 장학사는 학생들이 교사의 도움을 받아 라디오 연속극 대본을 작성하는 회의를 참관했다. 대본 초안은 교내 학생지원부 소속 교사들로부터 검토를 받았으며, 학생지원부 교사들의 지시에 따라 수정이 이뤄졌다. 대본 작성팀 학생들은 새로운 요소들을 추가하기 위해 긴밀하게 협동 작업을 수행했다. 대본 작성 회의는 매우 실제적이고 성공적으로 이뤄졌다. 방송국에서 TV나 라디오 연속극 작성 회의를 하는 것과 같이 회의를 통해 모든 요소들을 검토하였다. 한 학생은 대본이 창의적이면서 실제적이라고 자평하기도 했다. 학생들은 자유롭게 제안하고 편집하는 등 매우 개방적으로 토론하였다. 장학사는 교사와 학습자의 역할이 잘 융합된 수업이라고 칭찬했다.[18]

여기서 교사와 학습자가 각자의 역할을 융합하고 있는데 이는 프레이리가 제안한 것과 같은 의미다. 또 하나의 영어수업 사례는 학생들이 이미 알고 있는 사실에 대하여 작문하는 것인데, 교사의 지식 전수 역할이 불필요하다는 것을 보여 준다.

간단한 사례 하나로 7학년 학생들이 교복에 관하여 교장선생님께 보낼 편지를 작성하는 작업을 들 수 있다. 교장선생님은 학생들의 편지를 받고 학생들과 토론하기 위해 교실로 와서 수업에 함께 참여했다.[19]

학생들이 모르는 새로운 사항에 대한 학습에서도 가끔 교사의 가르치는 역할이 제한되고, 대신 학생들의 토론과 아이디어가 중시되기도 한다. 종교 과목 참관 보고서에 제시된 천사에 관한 수업에서 교사의 역할은 과제를 제시하는 수준으로 제한되어 있다. 교사가 학생들에게 지식을 전수하지 않는다. 학생들끼리 토론하는 것이 수업이며, 교사는 단지 토론이 잘 이뤄질 수 있도록 하고 학생들의 답변을 기록하는 역할만 한다.

교사는 학생들에게 이 수업의 주제는 천사라고 말하고 '천사'라는 단어를 들으면 어떤 생각과 질문이 떠오르는지 말해 보도록 했다. 교사가 학생들에게 제시한 질문들은 다음과 같다. '천사는 어떤 모습일까요?' '그들이 하는 일은 무엇입니까?' '그들은 실제로 존재할까 아니면 상상 속의 존재일까?' '그들은 요정같이 생겼을까?' '천사를 만난다면 어떻게 할 것인가?' '천사가 중요한 존재일까?' 등이다. 그룹별 토론 결과를 공유하는 시간을 가졌고 기록으로 남겼다.[20]

학생들이 새로 배우는 지식이 포함된 수업에서도 종종 교사가 직접 새로운 지식을 가르쳐 주는 것이 아니라 학생들이 자신들의 관심과 선호도에 따라 배우는 경우도 있다. 다음은 영어수업의 일부다.

능력별 혼합조로 편성된 학생들에게 자료 제작에 필요한 다양한 저널과 신문지들이 배부된다. 그들은 자신들이 관심을 가지는 주제를 하나 선정하여 간단한 프리젠테이션을 제작한 후 학급 전체를 대상으로 그 내용을 설명한다.[21]

학생들이 이전에 배우지 않은 어떤 지식이 수업에 포함되어 있더라도 교사가 그 내용을 설명할 시간이 거의 없다. 다음의 수업 보고서들에서 '교사가 설명한다.'는 의미의 문장은 거의 없지만 '학생이 토론한다.'는 표현은 훨씬 더 빈번하게 나온다. 다음은 야외 관찰수업을 준비하는 내용의 지리과 수업인데 건강과 안전에 관한 규칙을 교사가 학생들에게 설명하지 않고 학생들 스스로 토론한다.

3~4학년 학생들은 교사 및 보조교사와 함께 야외 관찰수업을 완료했다. 관찰수업을 나가기 전에 학생들은 건강과 안전, 장비 사용 시 주의할 점에 대해 토론을 했다.[22]

이러한 수업에서 교사가 어떤 역할을 했는지 알아내기 어려울 때가 가끔 있다. 수업 보고서에는 매우 어린 학생들조차도 스스로 수업 계획을 세우고 서로 가르친다는 내용이 나온다. 다음에 제시하는 과학 수업 사례에서 교사는 전혀 언급조차 되지 않고, 수업 계획을 포함한 모든 활동을 학생들이 스스로 결정하는 것으로 나온다.

> 8학년 학생들이 석회석에 산성비가 미치는 영향에 관한 연구를 하는 과정에 산과 알칼리에 관련된 단원을 끝냈다. 그들은 그룹별로 탐구할 문제를 결정했다. 그들 스스로 가설을 세우고 실험 계획을 작성하여 실험을 전개했다. 그들은 자신들의 탐구 결과를 파워포인트를 이용하여 전체 학급을 대상으로 발표했다. 학생들의 토론 내용에서 다양한 발표 내용들을 볼 수 있었다.[23]

다음 지리 수업에서는 더 어린 학생들이 진행하는 수업을 볼 수 있다.

> 4학년 학생들이 브라질 열대 우림에서 벌목업자들과 관광객들이 원주민에게 미친 영향에 대해 생각해 볼 수 있는 한 드라마를 시청했다. 몇 개의 소그룹별로 학생들은 인상적인 장면들을 뽑아서 설명했고 다른 학생들은 그들의 관점을 진지하게 듣고 있었다.[24]

다른 수업 보고서 사례들에서는 학생들이 어떤 지식을 알고 있는 것에 대해 칭찬하지만, 그 지식을 가르치거나 배우는 것에 대해서는 전혀 언급이 없다. 이러한 현상은 외국어수업 보고서에서 두드러지게 나타난다. 다음 수업 보고서에서 문법을 확실히 이해하고 있는 학생들을 칭찬하는 것은 나오지만 학생들이 문법을 배우는 과정에 대해서는 전혀 알 수 없다.

초등학교 2학년 학생들이 프랑스어 발음과 철자의 연계를 이해하는 과정에서 좋은 수업 사례를 발견했다. 남학생 네 명이 팀을 이뤄 작은 화이트보드에 'un chat blue(파란 고양이)'라고 쓰고 서로에게 읽어 주었다. 그들은 곧바로 'bleu'를 'blue'로 틀리게 발음했다는 것과 영어 철자로 잘못 사용했다는 것을 깨달았다. 그리고 신속하게 철자를 수정했다. 이 수업에서 학생들은 프랑스어 철자에 집중하였고, 프랑스어 철자와 발음의 관계를 정확하게 알게 되었다.[25]

여기서 교육기준청 장학사들은 교사들이 학생들에게 프랑스어 철자법을 가르치는 방법에 대하여 기술하거나 칭찬하지 않지만, 학생들이 자발적으로 프랑스어 철자법을 확인한 것에 대해서는 칭찬하고 있다.[26]

대부분의 교육기준청 보고서들은 우수 사례를 설명하고 있으며, 미흡한 사례는 거의 제시하지 않는다. 미술과 평가보고서에 제시된 26개 수업 중에 24개는 완전히 긍정적인 평가를 받은 수업이었다. 다음은 부정적으로 평가받은 수업내용이다.

'추상주의'와 '표현주의'의 의미에 대한 토론 후에 교사는 그 개념들에 대하여 설명해 주었다. 또한 교사는 추상표현주의 화가 프랑크 스텔라의 전기를 요약한 자료를 배부해 주었다. 자료 읽기를 마친 뒤에 교사는 몇 가지 사실에 대하여 학생들이 기억하고 있는지를 확인하는 질문을 했다. 학생들이 실습에 흥미를 갖도록 하기 위해 스텔라의 작품 이미지를 사용하기도 했다.[27]

위의 수업을 미흡한 것으로 평가한 이유는 학생들의 어휘 지도에 지나치게 비중을 두었고, 학생들이 학습에 참여할 기회가 많지 않았기 때문이다.[28] 이 수업은 평가 보고서에서 교사가 사실적 지식을 학생들에게 전수하는 내용이 기술된 유일한 것이다. 한편 미술과 평가 보고서는 다음과 같이 자유롭게 조사하면서 학습하는 수업을 긍정적으로 평가하고 있다.

첫째, 아이들은 다양한 문화권에서 거행되는 전통 결혼식의 의미를 조사했다. 조사 내용은 전통 예복 차려 입기, 가상 결혼식 시연, 신랑과 신부의 모습 그리기, 결혼식 소품 제작, 초청장 및 초청자 테이블 명표 작성하기, 케이크 및 선물 준비하기 등이었다. 적극적으로 여러 활동들을 솔선하여 책임 있게 처리하는 두 어린이를 찾아 그들을 신랑과 신부로 선출하였으며, 가까운 마을 교회에서 전통적인 기독교식 결혼식을 거행했다. 그 아이들은 친척들과 지역사회 유지들에게 초청장을 보냈다. 교구 목사가 결혼 주례를 섰고, 행복한 신혼 부부에게 공식적인 결혼증명서를 수여했다. 결혼식이 끝난 뒤 아이들은 하객들을 학교로 초청하여 식사와 음료를 대접했다. 연회장 중앙 탁자는 어린이들이 미리 준비한 장식품과 3단 결혼 케이크로 치장되어 있었다. 축하용 샴페인을 터뜨리면서 신랑과 신부를 축하해 주었다. 사진사는 디지털 사진기로 기념사진을 찍었으며, 아이들은 후에 결혼식 이벤트를 그림으로 그려 기록에 남겼다. 학교 강당에 그들의 작품을 전시하였으며 지역사회 인사들과 방문객들로부터 많은 관심을 받았고 그에 관해 토론하게 되었다.[29]

마찬가지로 종교과목 보고서에서도 지식과 정보를 학생들에게 전수하는 수업방식을 비판한 반면, 학생들의 조사, 해석, 분석, 평가 및 감상 능력을 개발하는 것을 긍정적으로 평가한다.[30] 이는 사실적 지식과 이해력 간의 관계에서 듀이, 루소, 프레이리가 이해력을 중시했던 것과 유사하다.

수학과 평가 보고서도 역시 교사가 말을 하는 수업에 대해서는 비판적이다. 평가 보고서엔 만족할 만한 수업들의 특징은 교사의 장시간 설명이라고 기술되어 있다.[31] (참고로 교육기준청 보고서에서 언급하는 '만족할 만한'satisfactory는 '개선이 필요한'requires improvement의 의미라는 점에 유의해야 함)[32] 반면에, 좋은 평가를 받은 수업은 교사는 적절하면서도 짧게 설명해 주는 경우다.[33] 다음 수업 사례는 연습문제 풀이와 사실적 지식 확인이 있어서 부정적으로 평가받은 것이다.

만족할 만한 수준이지만 개선할 필요성이 있는 수학수업들의 공통적인 특징은 예시문항 풀이 후 많은 유사 문제들을 연습하도록 하는 것이었다. 이렇게 함으로써 문제풀이 기능은 확실하게 습득할 수 있지만 문제 해결 능력이나 개념 이해력을 향상시키지 못한다. 교사들은 전형적인 수업방식을 보여 주었다. 즉, 문제를 풀 때 실수하지 않는 방법이나 수학공식 암기 방법 등을 가르쳐 주었다. 교사의 질문 대부분은 사실적 지식의 암기를 확인하는 것이었으며, 학생의 답변은 해답을 증명하는 것보다는 정해진 풀이 방법을 그대로 재생하는 것이었다.[34]

이와 반대로 학생이 주도적으로 문제를 해결하는 수업은 칭찬을 받았다. 다음은 초등 저학년 학생들이 자율적으로 학습활동을 하는 내용이다.

아이들은 먼저 여러 가지 파티 장식용 동물인형과 다양한 풍선의 짝을 맞췄다. 그러고 나서 인형과 풍선을 5센티미터에서 2미터에 이르기까지 다양한 길이의 끈으로 연결시키려고 했다. 수업기술이 뛰어난 보조교사는 아이들이 묶기 전에 어느 정도 길이로 자를 것인지 함께 이야기 하면서 정하도록 했다. 그녀는 아이들이 끈의 길이를 측정해 보고 묶기 전까지 참견하지 않았다. 아이들은 인형과 풍선에 끈을 묶은 후에 길이를 측정하느라 힘들어했고, 끈을 묶은 후에 길이를 측정하는 것이 무척 어렵다는 것을 실감했다. 그들은 풍선을 묶는 데 끈의 일부분이 사용된다는 것을 깨달았다. 이러한 활동들을 통해 그 어린이들은 어떤 방법으로 끈의 길이를 정해야 되는지를 알게 되었고, 스스로 좋은 방법을 선택하여 과제를 성공적으로 수행했다.[35]

교육기준청은 교사 주도로 사실적 지식을 가르치는 것이 크게 잘못된 것이라고 여긴다. 교육기준청의 이론적 관점은 수업평가 보고서 사례에서 나타난 것과 같이 어린이들에게 알고 있지 못한 사실적 지식을 가르치면 그들을 수동적으로 만들게 되고, 결국 교육적으로 도움이 되지 않는다는 것이다. 대신 사실적 지식을 적게 가르치고 교사의 지도를 최소화 하며 토론을 최대한 많이 시키는 것이 바람직하다고 본다.

3. 왜 미신인가?

교사가 거의 말하지 않고 교사 지도도 최소화하면서 학습경험을 체계적으로 제공하면 학생들이 필요한 모든 지식을 개별적으로 학습하는 것이 가능할까? 이것이 사실일까? 그렇지 않다. 이러한 주장은 그럴듯하게 들리지만 근본적인 논리적 오류를 갖고 있다. 학교교육의 목적은 학생들이 독립적으로 공부할 수 있는 능력을 소유하고, 자기주도적으로 학습하며, 자율적으로 문제를 해결할 수 있도록 만들어 주는 것이라는 주장은 분명히 맞다. 그러나 독립성을 기를 수 있는 가장 좋은 방법이 독립적으로 학습하도록 하는 것이라는 가정은 틀리다. 전혀 사실이 아니다. 자기주도적인 학습자로 성장시키기 위해서는 교사의 지도가 절대적으로 필요하다.

교사의 수업과 지도가 필요하다는 증거를 역사적, 이론적, 경험적으로 세 가지 측면에서 논의하겠다. 첫 번째 증거를 역사적 측면에서 찾을 수 있다. 어떤 능력들은 우리가 자연적으로 습득할 수 있다. 예를 들어, 어린이들이 말을 자주 들으면 그 말을 따라 할 수 있고 또한 그 말을 이해할 수 있게 된다. 이런 방식으로 자연스럽게 우리는 모국어를 말하고, 듣고 이해할 수 있다. 그러나 학생들이 필수적으로 배워야 하는 많은 기본적인 능력들은 자연스럽게 습득할 수 없다. 학교교육에서 필수적으로 배워야 하는 알파벳이나 숫자 체계는 고도로 복잡하고 추상적인 문화적 발명품이다.[36] 이런 것들은 자연스럽게 배울 수 있는 것이 아니다. 알파벳과 숫자 체계는 매우 논리적인 구조를 가진 발명품이며, 어린이들이 그것들을 평소에 자주 접한다고 해도 어떻게 작용하는지 알기 어렵다. 어린이들은 유사한 언어능력이지만 말하기와 듣기는 자연스럽게 습득할 수 있어도 읽기와 쓰기는 전혀 자연스럽게 습득할 수 없다. 어린이들은 언어에 노출되면 말하기와 이해하기는 습득할 수 있다. 그러나 인쇄된 자료에 노출되더라도 정확한 발음법, 철자 쓰기, 문장부호 사용법을 자연스럽게 학습할 수 없다. 이러한 개념적인 것들은 체계적이고 명쾌하게 가르쳐야 배울 수 있다.

중요한 과학적 사실을 배울 때도 마찬가지로 교사의 설명이 필요하다. 유명한 과학 원리들은 과학자들이 그 현상을 자주 보고 또 직접 경험함으로써 발견하는 경우가 많다. 뉴턴은 사과가 항상 나무에서 직선으로 땅에 떨어지는 현상을 보고 중력 법칙을 생각해 냈다. 그때까지 오랫동안 사과는 직선으로 땅에 떨어졌지만 뉴턴이 최초로 그 사실을 발견한 것이다. 아르키메데스는 다른 그리스 사람들이 오랫동안 해 왔듯이 목욕을 하면서도 어떤 동일한 무게의 물체라도 전부 또는 일부를 물속에 넣으면 그 물체의 부피만큼 수위가 올라간다는 원리를 발견했다. 이렇듯 이미 밝혀진 원리에 대하여 설명을 듣는다면 사람들은 그 원리를 이해할 수 있고, 또 이용할 수도 있다. 그러한 원리에 대한 설명을 듣지 못하고 그들이 스스로 발견해야 한다면, 많은 사람들은 결코 그 원리를 발견하지 못하거나 불확실하게 이해하는 정도에 머물 것이다. 학생들이 어떻게든 스스로 원리를 발견하더라도 너무 많은 시간을 소비한다면 그것은 비효율적인 방법에 지나지 않을 것이다. 다음에 제시하는 내용에서도 보듯이, 발견학습에 우호적이었던 부르너조차도 이러한 논리를 인정하고 있다.

문화 전달 방법에 대한 고려 없이 교육을 생각할 수 없다. 당연히 인간이 환경에 적응하는 데 있어 문화가 중요하다. 그러나 생물의 진화 과정에서 구조와 형태가 변화한 것과 같은 방식으로 문화가 인간에게 영향을 미치는 것으로 보이지 않으며, 더욱이 각 개인이 문화의 전체성을 재발견할 수 있다고 생각되지는 않는다. 또한 피조물로서 인간에게는 의존성의 특성이 있다. 그런데 인간의 의존성이 장기간 수집된 것, 즉 발견한 것을 재획득할 수 있게 해 주는 데에 비효율적인 방법이라고 생각되지는 않는다.[37]

실제로, 스스로 알아낼 수 없을 때 타인의 지도를 받는 것이 필요하다는 것을 교육기준청이 권장하는 수업에서도 찾아볼 수 있다. 자기주도적인 학습이 가능한 때는 학생들이 이미 알고 있는 지식을 활용하는 경우다. 예를 들어 학교 유니폼이나 마을에 관한 글을 쓰는 경우다. 오랫동안 축적된 지식을 배울 때 자기주도적인 방법은 비효과적이다. 이와 관련하여 교육기준청은 학생들이 학교 밖에서 고전문학, 문법, 과학, 역사, 지리 등에 관한 사실적 지식을 배우는 것을 칭찬하기도 한다. 이렇듯 학생들이 필요성을 느낀다면 어떤 것이라도 자기주도적으로 배울 수 있다는 주장은 철자법, 숫자 체계, 자연 법칙들과 같이 장기간 동안 발전된 문명을 가르칠 때는 해당되지 않는다. 좀 더 일상적인 사례로 교육기준청 지리수업 보고서에서 3학년 학생들이 야외 관찰학습 전에 토론을 통해 건강 안전과 장비사용 주의사항을 학습하는 경우를 들 수 있다.[38] 건강 안전 수칙은 많은 사람들이 힘든 시행착오 과정을 겪으면서 축적된 결과다. 이 중요한 수칙들을 토론했다고 해서 초등학교 3학년 학생들이 완전하게 터득하리라고 여기는 것은 지나치게 낙관적이고 위험한 생각이다.[39] 뉴턴이 "내가 많은 과학적 성취를 이룰 수 있었던 이유는 거인들의 어깨 위에 올라서 있었기 때문이다."라고 말했듯이 우리는 다른 사람들이 이룩해 놓은 성취를 이용하여 발전한다.[40] 만약 어떤 인류가 시행착오를 통해 어떤 방식은 위험하기 때문에 피해야 한다는 것을 이미 확립해 놓았다면, 이를 모르는 학생들끼리 토론을 통해 알아보도록 하기보다 설명을 통해 이해시키는 것이 훨씬 안전하고 효율적이다. 현장체험 학습을 실시할 때 교사가 학생들에게 위험요소들을 설명하면서 왜 그것이 위험한지 이해시킨 후 제대로 이해했는지를 확인해 주는 것이 토론을 통해 배우도록 하는 것보다 훨씬 더 타당할 것이다. 그런데 이렇게 교사가 설명해 주는 방식은 자기주도 학습방식이 아니다.

교육기준청은 교사들이 학생들에게 사실적 지식을 언급하거나 설명하는 것을 반대한다. 그러나 프레이리는 학생들이 의미도 모르는 사실적 지식을 되풀이하도록 강요하는 교사들을 비판한다. 예를 들어, 교사는 4 곱하기 4의 의미, 국가별 수도와 같은 사실적 지식을 암기하도록 하거나 설명해 주어서는 안 된다고 본다. 그는 학생들이 암기하는 것과 교사가 설명하는 것에 대해 전적으로 부정적이다. 교육기준청도 프레이리와 같은 관점이며, 프레이리가 분석했던 암기나 설명 수업을 참관할 수 있는 기회조차 갖지 못한다.

무의미한 암기학습을 비판하는 것은 타당하다. 그러나 이를 교사 주도 활동 전체를 부정하는 것으로 확대 적용하는 것은 잘못된 과민반응이다. 무의미한 암기학습을 피할 수 있는 대책은 교사의 지도 활동을 줄이는 것이 아니라 암기가 아닌 방식으로 교사의 수업지도를 내실화하는 것이다.

자기주도 학습은 교사의 역할 줄이기, 보다 적극적인 측면에서 교사가 전혀 가르치지 않는 것을 제안한다. 만약 자기주도적으로 학습하는 것이 가능하다면 왜 교사와 학교가 필요할까? 자기주도 학습 옹호론자라고 해서 모두가 학교 무용론을 주장하지는 않는다. 루소는 수세기 동안 교사들에게 영향을 미치고 있는데 그는 형식적인 학교를 부정하지만 가정학교에 대해서는 긍정적이다. 또 다른 유명한 자기주도 학습 옹호론자는 이반 일리치다.[41] 그는 학교와 교사의 존재 자체에 대해 무척 비판적이었다.

영국의 장학사들이 학교와 교사에 부정적인 태도를 갖고 있는 현상은 이해하기 어렵다. 교육기준청의 외국어수업 평가에서 이를 확인할 수 있다. 거의 모든 외국어수업에서 자발적으로 교과 내용을 이해하고 협력 활동을 하는 학생들이 칭찬받는다. 보고서에는 학생들을 가르치는 방식에 대해서 언급되지 않고 있으며, 실제로 학생들은 배우지 않는다고 여겨질 정도다. 학생들이 프랑스어 시간에 철자를 제대로 썼다고 칭찬한 부분이 있다.[42] 만약, 학생들이 배우지 않고도 자발적으로 프랑스어 철자를 쓸 수 있다면 학교와 교사가 필요 없을 것이다. 내 예상으로는 교육기준청 참관 수업 전에 교사가 그것을 지도하고 설명해 주었을 것이다. 그렇다면 보고서에 묘사된 것은 매우 잘못된 분석이며 위험한 표현이다. 장학사들은 학생들이 자연스럽게 바른 철자를 선택하지 못한다면 가르친 교사가 학생 지도에 실패한 것이라고 여길 수 있기 때문에 나타난 현상이다. 사실, 교사의 수업방식이 문제이며, 더 정확하게 표현하면 수업방식의 부재가 문제다.

교사의 직접 수업이 필요하다는 두 번째 증거를 이론적 측면에서 찾을 수 있다. 주변에 자연법칙들이 수없이 존재하지만 인간이 그 자연법칙들을 발견하는 데 오랜 시간이 걸린다. 그 이유는 무엇인가. 새로운 정보를 학습할 때 전혀 안내를 못 받거나 조금 밖에 안내를 받을 수 없다면 터득하기 어렵다. 이는 1장에서 논의했듯이 작업기억의 한계 때문이다. 새로운 정보의 양이 많은데 거의 안내를 받지 못하면, 우리의 작업기억이 새로운 정보를 파악하기 어려워진다. 사람들은 새로운 정보를 습득하거나 또는 활용하는 방법을 찾는 데 항상 바쁘기 때문에 새로운 정보를 기억하기 쉽지 않다.

탐구 기반 학습에서 학습자는 문제와 관련된 정보를 찾아야 한다. 문제와 관련된 탐구를 할 때 작업기억은 큰 부담을 느낀다. 더욱이 작업기억은 장기기억에 지식으로 축적되지 못하고, 문제 해결 방법을 찾을 때 사용되기 때문에 학습에 도움이 되지 않는다.[43]

학생들에게 복잡한 문제를 제시하고 그들 스스로 답을 찾도록 하는 것은 사실적 지식을 배울 수 있도록 하는 좋은 방법이 아니다.

통제된 실험을 통해 밝혀진 것인데 학습자가 어려운 정보를 배울 때는 무엇을 어떻게 해야 하는지를 명료하게 제시해 주어야 한다.[44]

이 방법은 또한 학생들의 문제 해결력 배양에도 좋지 않다.

학생들이 과학을 배울 때 완전히 발견학습 방식으로 하거나 피드백을 거의 받지 못한 상태로 공부한다면 그들은 문제를 어떻게 해결해야 할지 몰라서 좌절할 수 있고, 혼동하여 잘못 이해할 수도 있다.[45]

학생들은 스스로 많은 정보를 이해하려고 노력하는 동안 사실적 지식을 장기기억에 저장하려고 시도한다. 커슈너와 그의 동료들에 따르면, 학생들이 문제와 관련된 배경지식을 소유하지 못하고 있다면 그 문제를 해결하는 데 어려움을 겪게 된다. 만약 배경지식을 소유하고 있다면 이러한 문제 해결 활동들은 효과가 있다. 그러나 배경지식이 없다면 혼란스러워지고 작업기억의 과부하로 문제를 해결하지 못하게 될 것이다. 결국 이해하기를 포기할 가능성이 크다.

자기주도 발견학습은 어떤 주제에 대하여 충분한 지식을 가진 학생들에게 더 적합한 방식이다. 그러나 학생들이 항상 이 방식으로 학습한다면, 그들은 그 주제에 대하여 해박한 지식을 갖추지 못할 것이다. 학생들은 결국 달걀이 먼저인지 닭이 먼저인지 모르는 것과 같이 배경지식이 없어 자기주도적으로 학습할 수 없거나 자기주도적으로만 학습함으로써 배경지식을 습득할 수 없게 된다. 새로운 정보를 배울 때 안내가 미흡하면 학습 효과를 높일 수 없을뿐더러 혼동, 좌절, 오해를 불러올 수 있다. 교육의 궁극적인 목적이 학생들로 하여금 자기주도적으로 공부할 수 있는 능력을 키워 주는 것이다. 그들에게 끊임없이 독립적으로 공부할 것을 요구하는 것은 이러한 교육목표를 달성하는 효과적인 방법이 아니다. 6장에서 현재 유행하고 있는 학생 주도적인 프로젝트 기법에 대하여 논의하면서 좀 더 구체적으로 검토하고자 한다.

교사의 직접 수업이 필요하다는 세 번째 증거를 경험적 측면에서 찾을 수 있다. 역사적 증거와 이론적 증거는 교사 주도의 체계적인 교육이 가장 효과적인 교육방식 가운데 하나라는 경험적 증거에 의해 충분히 입증되었다. 멜번대학교 교수인 존 하티는 그의 저서 『보이는 학습 : 학업성취에 관한 800개 문헌 분석 종합』에서 다양한 교수 이론들이 어느 정도 효과가 있는지 평가했다. 부제에 나타나 있듯이 그는 학업성취도에 영향을 미치는 요인과 결과들에 관한 수백 개의 연구들을 종합적으로 분석하였다. 교사 요인과 관련하여 직접 가르치는 것이 세 번째로 효과적인 것으로 나왔다. 교사 요인에서 더 높은 효과를 보인 두 가지는 직접 가르치는 것에 포함되거나 관련이 있는 피드백과 교수의 질로 나타났다. 하티 교수는 직접 가르친다는 것을 다음과 같이 설명한다.

간단히 말해서 교사의 역할은 중요하다. 교사는 학습목표와 성취기준을 설정한다. 학습목표를 명료하게 제시하고, 예를 들어가면서 설명해 준다. 가르친 내용을 어느 정도 이해했는지 확인하기 위해 평가를 실시한다. 수업 마무리 단계에서는 가르친 내용들을 종합적으로 정리해 주면서 필요한 내용을 다시 설명해 준다.[46]

직접교수법은 1960년대 미국 교육학자인 시그프리드 엥겔만이 개발하였다. 직접교수법은 큰 성공을 거두었지만, 동시에 듀이, 프레이리와 같은 이론가들의 주장과 상당 부분 모순되기 때문에 큰 논쟁거리가되었다. 하티는 엥겔만의 방식을 지지하면서 "직접교수법을 뒷받침해주는 원칙은 그것이 가장 높은 성취를 가져온다는 것"이라고 말했다.[47]하티는 예비교사 대상의 연수에서 이 사실을 설명하자 연수생들이 충격을 받더라면서 다음과 같이 흥미로운 이야기를 했다.

> 매년 나는 사범대학생들을 대상으로 강의를 하는데, 나는 그들이 '구성주의는 선이고, 직접교수법은 악'이라는 이론에 주입되어 있음을 발견한다. 그들에게 문헌분석 결과들을 보여 주면 그들은 많이 놀란다. 심지어 그들은 직접교수법을 부정적으로 보는 이론에 자신들이 맹목적으로 동의하고 있었다는 것을 깨닫고 억울하게 느끼기도 한다.[48]

나 역시 하티의 관련 저서를 읽으면서 그 연수생들과 똑같은 생각을 가졌다. 어떻게 이런 일이 가능할까? 교육기준청은 교사가 최대한 말을 줄여야 하고, 대신 학생들이 보다 자기주도적으로 학습할 수 있도록 해야 한다고 지속적으로 강조한다. 그럼에도 불구하고 이 분야에서 가장 인정받는 학자 중의 한 사람으로부터 나는 고도로 정형화되어 있고 명료한 교사 주도 수업방법이 매우 확실하게 효과적이라는 말을 들었다. 교육기준청 보고서에서는 교사 중심의 직접교수법을 활용한 수업이 우수한 것으로 평가받은 경우는 전혀 없다. 앞의 교육기준청 수업참관 사례에서 논의한 바와 같이 일종의 직접교수법이라고 볼수 있는 미술수업에서의 표현주의 설명하기, 수학수업에서의 문제 풀이 수업 등은 미흡한 것으로 평가받았다.

영문법 수업을 하면서 일련의 체계적인 계획을 세워 직접교수법 방식으로 학생들을 지도해 보았다. 그리고 성공적인 수업 결과에 나 자신도 놀랐다. 학생들이 영문법 개념을 제대로 습득할 수 있었기 때문이다. 이전에 그 개념들을 가르칠 때 너무 어렵고 애매해서 내가 학생들을 괴롭힌다는 생각을 갖기도 했었는데 이제 학생들이 개념들을 제대로 배우게 된 것이다. 학생들은 수업을 매우 즐기는 것처럼 보이기까지 했다. 과거에 학생들이 자기주도적 학습방식으로 공부를 하게 했을 때와 비교한다면 직접 가르치는 방식이 훨씬 더 성공적이었다. 나도 그때는 교육기준청에서 권장하는 방식과 유사하게 수업을 실시했었다. 학생들에게 각자 원고를 작성하게 하고 교장선생님께 교복 개선을 요청하는 편지를 쓰게 했다. 이 방식에서 교사는 학생들에게 편지 쓰기에 대한 구체적인 내용을 설명해 주지 않지만 명료하고 체계가 잡힌 편지를 작성하도록 기대한다. 그런데 직접교수법으로 예시문을 활용한 연습을 통해 나는 명료하고 체계적인 글쓰기에 필요한 지식들을 세분화하였고, 논리적인 배열 순서를 알려 준 후 각각의 내용을 지도했다. 충분히 이해시킨 후에 나는 학생들에게 몇 번 반복하여 연습하도록 했다. 학생들에게 새로운 지식을 가르칠 때는 언제나 배운 것을 연습해 보도록 했고 과거에 배웠던 내용과 연계시켜 재정리하면서 이해하도록 했다. 이러한 방식으로 가르치면 학생들의 작업기억은 과부하 되지 않기 때문에 효과가 있다. 학생들은 부분적으로 정리된 지식 내용을 자세하게 배울 수 있고 또 연습할 수 있다. 교육기준청에서 모델로 제시한 영어수업에서 문법 내용을 이러한 방식으로 지도한 경우는 없다. 보고서에 제시된 작문수업은 전체가 학생들이 직접 작성하고 수정하는 방식이다. 작문은 문법을 제대로 이해한 후에 작성하는 것인데도 학생들은 작문시간에 관련된 문법 사항을 배우지 못한다. 학생들이 직접 작성하여 서로 보여 주면서 어휘와 문법을 적용하도록 한다. 그러나 우리가 확인했듯이 그 방법은 현실에 맞지 않다.

직접교수법에 대한 논쟁은 그 방식이 학생들을 지루하게 만들고 동기유발을 시키지 못한다는 것이다. 물론, 어떤 방식을 활용하더라도 가르치는 사람에 따라 학생들은 지루하게 느낄 수 있다. 그러나 너무 어렵거나 쉽지 않게 가르치고 학생들의 수준보다 약간 높은 문제를 제시해 준다면 그들은 어려운 문제를 해결했다는 성취감도 느낄 수 있을 것이다. 또한 쉬운 문제를 자주 제시해 주는 것도 지루하지 않게 만드는 방법일 수 있다. 미국에서 수행된 엥겔만의 직접교수법 관련 연구는 직접교수 방식으로 배운 학생들이 다른 방식으로 배운 학생들에 비해 학업성취 뿐만 아니라 자아 존중감 같은 정의적인 영역에서도 더 높은 성취를 보였다고 밝혔다.[49] 직접교수법은 성공적인 방법이며 이를 통해 학생들은 성취감을 느낄 수 있다.

앞에서 교사 주도의 지식 전달 방식으로 공부한 셰익스피어도 창의력이 뛰어난 작가로 성장했다는 점을 논의하였다. 이제 윈스턴 처칠이 반복 연습을 통해 공부한 사례를 알아보자. 처칠은 영국의 명문 사립기숙학교에 다녔는데 교내의 다른 학생들만큼 똑똑한 편이 아니었다. 그는 해로우스쿨에서 영어과목에 낙제점을 받아 3년이나 유급할 정도로 성적이 하위권이었다. 그는 많은 연습을 하면서 공부했던 경험을 다음과 같이 기술하였다.

유급을 당해 기본과정을 반복 이수하면서 나는 나보다 더 영리한 학생들에 비해 큰 이익을 얻었다. 그들은 계속 진급하여 라틴어와 그리스어 등 멋있는 과목들을 배웠다. 그러나 나는 영어를 계속 공부해야 했다. 나를 포함하여 뒤떨어진 학생들은 영어만 배울 수 있었다. 나에게 가장 도움을 주셨던 소머벨 선생님은 가장 인기 없는 업무를 담당했는데 멍청한 학생들에게 기본 영어 작문을 가르치는 책임자였다. 그는 기본 영어 지도에 있어서 전문가였다. 그는 다른 누구도 사용하지 않았던 교육법으로 가르쳤다. 우리는 영어 구문을 완벽하게 분류하였고 또한 계속 분석 연습을 했다. 소머벨 선생님은 자신이 터득한 방법을 활용했다. 그는 장문의 글을 구성요소별로 구분하고 검정색, 빨강색, 파랑색 밑줄로 표시했다. 주어, 동사, 목적어를 구분하기도 하고 관계사절, 조건절, 접속사절 등으로 분석했다. 밑줄 색깔로 구분하기도 했고 괄호로 묶기도 했다. 매일 이렇게 연습했다. 나는 6학년에서 세 번이나 유급했기 때문에 나는 세 배나 많이 배웠다. 나는 완벽하게 배웠다. 이렇게 나는 일상 영어문장의 기본적인 구조를 확실하게 습득할 수 있었고, 그것은 지금 나의 고귀한 재산이 되었다.[50]

이것이 바로 연습의 효과다. 열등생이던 한 소년이 세계적인 연설가로 성장할 수 있었던 것은 연습 덕택이었다. 다음은 교육기준청이 처칠의 연설 관련 주제의 수업을 우수한 것으로 평가한 방법이다. 처칠이 직접 배웠던 방법과 비교해 보자.

장학사는 설득력 있게 말하기와 글쓰기를 배우고 실습하는 수업을 하는 몇 개 학급을 참관했다. 우수한 학생들로 구성된 두 개의 학급에서 학생들은 선거 홍보지를 받아 소규모 팀 활동을 했다. 학생들이 팀별로 제시된 홍보지의 작성 기법을 확인하고, 팀을 재구성하여 각각의 홍보지에 사용된 작성 기법의 유사성과 차이점, 기법에 따른 효과에 대해 논의했다. 마지막으로 학생들은 윈스턴 처칠의 연설에 대하여 수업 초기에 이해했던 요점들을 고려하면서 개별적으로 선거 홍보지 첫

부분을 직접 작성했다.[51]

어떻게 학습하는 것이 효과적인가에 대한 최근의 연구는 처칠이 공부한 방법이 교육기준청에서 권장하는 방법보다 더 효과적이라는 결론을 제시하고 있다.

1장 마지막 부분에서, 나는 루소, 프레이리, 듀이 등의 이론가들이 사실적 지식에 대하여 적대적이라기보다는 지식을 가르치는 특정 방법에 대하여 적대적인 것 같다는 의견을 제시했다. 2장을 통해서 나는 그 이론가들이 사실적 지식에 대하여 적대적이기 때문에 그 지식을 가르치는 효과적인 방법에 대해서도 적대적이라고 주장하고 싶다. 그들이 체계적인 지식 학습에 대하여 적대감을 보이는 이유는 사실적 지식을 다른 방식으로 더 잘 가르칠 수 있다고 생각하기 때문이 아니다. 이는 사실적 지식에 대한 적대감, 그리고 사실적 지식의 역할에 대한 오해로부터 나타난 것이다. 다음 3장과 4장에서는 보다 최근에 대두된 이론, 즉 아예 사실적 지식을 가르치지 않아야 한다는 주장을 다루고자 한다.

세 번째 미신

21세기는 새로운 교육을 요구한다

사람들은 왜 '21세기는 새로운 교육을 요구한다.'라고 생각할까?
이러한 관점이 교육정책과 교실 실제에 어떤 영향을 끼쳤을까?

1. 이론적 배경

1장과 2장에서 이론적이고도 실제적으로 사실적 지식 교육이 대단히 비판받고 있다는 점을 살펴보았다. 이제 3장과 4장에서는 경제와 과학기술의 변화에 대한 잘못된 관점이 사실적 지식의 무용론을 어떻게 지지해 주는지 검토해 보고자 한다.

이 미신에 따르면 21세기 학생들은 지난 수세기 동안 살았던 학생들과는 완전히 다른 교육을 필요로 한다. 과학기술과 경제의 변화에 따라 학생들에게 이제까지와는 다른 방식으로 가르쳐야 한다는 관점이다. 2장에서 사실적 지식의 학습이 개념학습이나 참된 이해와 밀접한 관련성이 있지만 어떻게 상반된 관계로 여겨지게 되었는지 살펴보았다. 이와 마찬가지로 3장에서는 21세기 교육과 19세기 교육이 상당히 관련성이 있는데도 사람들은 어떻게 상반되는 것으로 인식하게 되었는지에 대해 밝혀 보고자 한다. 종종 약간의 차이가 나는 것들을 이분법으로 구분하는 경우가 있는데 한쪽에 21세기 역량skills을 다른 한쪽에 19세기 지식knowledge으로 구분한 것도 마찬가지다. 사실 21세기 역량twenty-first skills은 교육계 내외에서 사용되는 대표적인 교육 유행어다. 역량의 의미가 무엇인지에 대해 책임 있게 분류해 주는 기관도 없지만 나중에 언급할 몇몇 단체들은 문제 해결력, 비판력, 창의력, 의사소통 능력 등의 의미로 사용한다. 내가 알기로 21세기 지식 같은 것은 존재하지 않는다. 그렇지만 이러한 역량들을 특별히 선택하고, 그것들이 미래에 중요할 것으로 제시하는 논리를 다음 두 가지 측면에서 분석할 수 있다.

첫째, 현대의 과학기술 발달 덕분에 사람들은 방대한 양의 정보를 기억하거나 암기할 필요가 없게 되었다. 두뇌가 아닌 별도의 기억 저장 장치로 처음에는 책이 만들어졌고, 현재는 인터넷이 대표적이다. 그래서 외부 기억장치에서 찾아보면 알 수 있는 각국 수도의 명칭 같은 것을 기억하면 기이한 사람으로 취급받을 수 있다. 19세기에 암기했던 각국의 수도, 인구수, 특산물 등을 인터넷에서 단 몇 초 안에 알아낼 수 있는 시대에 그것들을 기억하는 것은 전혀 쓸모없어졌다. 21세기의 과학기술 혁신에 따라 교육 시스템은 더 이상 사실적 지식에 초점을 맞추지 않아야 하고, 대신 역량에 집중할 필요성이 있음을 의미한다.

둘째, 지난 수십 년 동안 경제와 직업에는 매우 큰 변화가 일어났다. 혁신적인 과학기술은 전체 산업계의 관행을 파괴할 정도로 강력하다. 기존의 산업과 직업이 매우 빠르게 구식이 되어 버리는 상황에서 전통적인 지식체계는 더 이상 가치가 없게 되었다. 어떤 시스템이 보다 발전된 새로운 시스템으로 바뀌면 기존 시스템에 관한 세세한 지식이 무슨 소용이 있을까? 그렇다면 새롭고 세세한 21세기 역량을 소유한다는 것이 무슨 의미일까? 1970년대에 많은 학교에서 비서 양성 학과가 개설되었는데, 당시엔 개인용 컴퓨터 대중화로 비서 수요가 급감하리라는 것을 알지 못했다. 하이테크 산업에서도 이러한 현상이 나타났다. 폴라로이드 회사는 사진 즉석인화 분야에서 선두를 차지해 왔다. 그러나 전문기술을 가진 회사였음에도 화학필름 수요가 사라지면서 파산을 피하지 못했다.[1] 이러한 현대 기업 경영사례는 현대 교육에 대한 논의에서도 유사하게 전개되고 있다. 경영학자들이 핵심 역량을 이야기하듯이 교육학자들은 역량 기반 교육과정을 이야기한다. 폴라로이드 회사는 그들의 전문성이 화학과 필름에 관한 세세한 지식에 있었던 것이 아니라 사진 이미지를 최대한 빨리 인화하는 기술에 있다는 것을 깨달았어야 했는데 그렇지 못했다. 만약 그랬더라면 그들은 기술 변화를 감지했을 것이다. 영국 플리머스대학교의 교육공학 교수인 스티브 휠러는 이러한 경제적 관심을 분명하게 이야기한다.

무엇보다도 협업 능력, 신속한 문제 해결력, 창의성이 미래 직업세계에서 공통적으로 요구되는 속성이다. 비판적으로 사고할 수 있고 전문적인 네트워크를 구축할 수 있는 능력이 21세기 지식 근로자에게 필요한 핵심 역량일 것이다. 알다시피 직업 세계는 끊임없이 변화되고 있으며, 그 변화는 점차 가속화되고 있다.

16세 된 내 아들이 최근 게임 디자이너 양성과정 공부를 시작했다. 만약에 내가 그 나이에 학교 진로교사에게 게임 디자이너가 되고 싶다고 말했다면, 그는 내가 크리킷 배트나 축구공을 만들고 싶다는 것으로 생각했을 것이다. 1년이나 2년 전에는 볼 수 없었던 직업들이 새로 생기고 있다. 평생직업이라고 여겼던 직업들이 줄어들고 완전히 사라지기도 한다. 가스 전등 수리공, 비디오테이프 카세트 수리 기술자, 주석광산 광부, 가로등 점등 인부, 타자기 수리공 같은 사람들을 부를 수 없다. 그들은 더 이상 존재하지 않는다.[2]

2003년, 영국 정부는 경제 변화에 따른 교육적 변화의 필요성을 주제로 백서를 발간했다. 「21세기 역량 : 우리의 잠재력 실현」이라는 제목의 이 보고서는 교육기술부(현 교육부), 무역산업부(현 비즈니스, 혁신 및 기술부), 재무부, 노동 연금부가 공동으로 작성한 것이다. 이 백서의 주제는 교육이 아니었으며, 국가 경제 성공을 위한 핵심요소로서의 역량에 관한 것이었다. 이 보고서에 따르면 글로벌 경제체제에서 종신고용은 거의 사라지기 때문에 언제든지 취업할 수 있는 취업 능력이 무엇보다 더 중요하다. 즉, 취업 경쟁력인 취업 역량을 높이는 것이 가장 중요하다.[3] 이러한 경제계의 변화에 대응하여 영국 정부는 국가의 역량 제고를 위한 기관과 프로그램들을 만들었는데 국가교육훈련위원회 Learning and Skills Council, 국가 역량 전략National Skills Strategy, 삶을 위한 역량Skills for Life, 역량통합 시스템Skill Alliance 등이 해당된다.

경제계의 움직임과 거의 동시에 교육학자들도 이 문제에 관심을 높이기 시작했다. 다음은 창조적이고 문화적인 교육을 위한 국가자문위원회NACCCE의 1999년 보고서에 제시된 내용이다.

우리는 급변하는 세계에서 살고 있다. 고용주들은 높은 학업수준 외에 추가적으로 더 많은 것을 요구하고 있다. 그들은 적응력이 높고, 연대할 줄 알며, 혁신적이고, 소통 능력이 있으며, 다른 사람들과 협업할 줄 아는 인재를 원한다. (중략)

다수의 기업들은 경제적 성공에 필수적인 요소인 창의력을 개발하고, 역량과 직업의식을 제고하는 프로그램에 많은 투자를 하고 있다. 그러나 교육계는 이러한 능력 개발 계획을 세우지 않고 있다.[4]

또한 국가자문위원회는 다음과 같이 현재의 교육 시스템은 21세기에 적합하지 않다고 분석했다.

현재의 교육 시스템은 19세기 말의 상황에 기반을 두고 있다. 즉, 산업

사회의 필요를 충족시키기 위해 만들어졌다. 우리는 새로운 21세기의 여명에 이 보고서를 낸다. 우리가 직면한 도전은 산업화 초기와 같이 거대하지만 도전의 성격은 다르다. 우리의 과제는 산업화 시대의 관행을 더 향상시키는 데 있지 않다. 새로운 환경에 맞춰 교육의 목적, 방법, 규모를 다시 찾아보아야 한다.[5]

현대 경제의 혁신과 21세기의 변화로부터 교육계가 수용해야 할 교훈은 교육을 통해 의무적으로 배운 전문적이고 구체적인 지식은 시대에 뒤떨어진 내용이 될 수밖에 없다는 점이다. 따라서 교육은 21세기의 특징인 변화에 쉽게 적응할 수 있는 능력인 전이성 높은 역량의 배양에 초점을 맞추어야 한다.

지식이 어떤 것인가에 대하여 소수의 전문가나 정책 입안자들의 관점보다는 일반 사람들이 주류로 인정하는 관점이 더 인기가 많다. 앞 장에서 다룬 찰스 디킨스 소설 『어려운 시절』의 주인공 토머스 그래드그라인드는 일반 사람들이 교육 또는 지식 학습에 대해서 이야기할 때 자주 언급된다. 21세기 역량이라는 관점도 대중적 인기를 얻고 있다. 창조적이고 문화적인 교육을 위한 국가자문위원회 의장을 맡고 있는 켄 로빈슨의 21세기 역량에 대한 온라인 강의는 수많은 사람들이 시청할 정도로 인기가 높았다. 무료 온라인 강의 사이트인 TED에 올라온 켄 로빈슨의 강의 '교육 패러다임의 변화'는 영국왕실예술협회 RSA 애니메이션 시리즈의 하나로 조회 수가 900만 명 이상 된다.[6] (2018년 1월에 1500만 명을 넘었다. - 옮긴이) 로빈슨은 일주일 후 주말에 어떻게 변할지 예측할 수 없는 21세기 경제 상황에서 살아야 할 어린이들을 안정적으로 교육시키려면 어떻게 해야 할 것인가로 의문을 제기한다. 그는 교육체제가 협력과 창의성에 기반을 둔 새로운 체제로 바뀌어야 한다고 주장한다. 그의 TED 강의인 '학교가 창의성을 망치는가?'(Do schools kill creativity?)는 조회 수가 400만 명을 넘어섰다.(2018년 1월 1400만 명을 넘었다. - 옮긴이) 그는 2006년 현재 학교에 재학 중인 학생들이 2065년 은퇴한다는 것을 언급하면서 강연을 시작한다.[7] 그런데 5년 후의 세상이 어떻게 변할지도 모르는 상황에서 2065년에 이 어린이들에게 필요한 것이 무엇인지를 어떻게 알 수 있는가?

21세기 역량이라는 아이디어가 대세로 자리 잡는 데 도움이 된 또 다른 사례로 유튜브 'Shift Happens'(현재는 Did you know?로 이름이 바뀌었다. - 옮긴이)를 들 수 있다. 이 비디오는 한 미국의 고교 교사가 개발한 것인데 유튜브 조회 수가 500만 회를 상회한다.[8] 나는 교사연수 중에 300여 명의 연수생들과 함께 강의실의 대형 스크린을 통해 이 비디오를 시청했다. 시청 이후에 강사는 비디오에 나온 내용의 대부분에 동의했다. 이 비디오는 인구구조와 과학기술의 변화에 관한 깜짝 놀랄 만한 사실을 부각시키고, 그 사실들을 근거로 더 놀랄 만한 결론을 도출한다. 그 주장들 중에는 현재의 학생들은 아직 존재하지 않는 직업을 갖게 될 것이라는 것, 과학기술의 급속한 진전으로 대학 졸업학년이 되면 신입생 때 배운 지식이 이미 구식이 되어 있을지도 모른다는 것 등이 있다. 이러한 주장들이 분명하게 내포하고 있는 의미는 미래에 쓸모없게 될 지식을 학생들에게 가르치는 것은 시간 낭비에 지나지 않는다는 것이다.

21세기 역량이라는 용어는 경제학자와 경영 컨설턴트들이 자주 사용하였다. 그런데 현대 경제 이론에 대해 매우 회의적인 영국교원노조들이 21세기 역량에 대해서는 상당히 긍정적으로 수용하고 있다는 점은 놀랄 만한 일이다. 전국교장협의회 사무총장인 러셀 호비는 21세기 역량을 인정할 뿐만 아니라 좀 더 구체적으로 역량기반 교육과정을 적극 지지하였다. 그는 한 블로그를 통해 국왕이나 여왕의 이름을 암기하는 것과 같은 단순하고 일반적인 지적 역량을 요구하는 직업은 감소하고 있으며, 미래 직업에서는 문제 해결력과 대인관계 기술이 중요해진다고 주장했다.[9] 교사 및 강사 노조[ATL]는 2006년에 「교과의 변천 : 교육과정에 대한 새로운 생각」이라는 제목의 보고서를 발표했다. 저자들은 21세기 교육과정에서 지식 전수는 핵심 사항이 아니라고 주장했다. 왜냐하면 정보가 넘쳐나는 시대에 무엇을 가르쳐야 할지를 선택한다는 것 자체가 문제일 수 있기 때문이다.[10] 이 보고서는 경제협력개발기구[OECD]의 연구를 활용했는데, 경제협력개발기구는 다양한 유형의 지식에 대해 연구하고 논의하면서 다음과 같이 예측했다.

> 정보획득을 보다 쉽고 저렴하게 할 수 있기 때문에 정보를 선택하고 효율적으로 사용하는 역량이 훨씬 중요해졌다. (중략) 새로운 역량을 학습하고 구식 역량을 기억에서 삭제하는 것은 물론 유용한 정보와 필요 없는 정보로 구분하여 선택하기, 정보의 유형 인식하기, 정보를 해석하기 등의 능력이 점차 필요해진다.[11]

위의 관점을 다음과 같이 정리할 수 있다. 우리가 학생들에게 특정 전문 영역의 지식체계를 가르친다면 그들은 봉급이 낮고 취업기회도 지속적으로 감소할 육체노동 직종을 찾느라 많은 수고를 하게 될 것이다. 반면에, 학생들에게 지식 습득의 부담도 주지 않게 하면서 역량을 가르친다면 그들은 전국을 무대로 취업할 수 있고 인간관계를 넓힐 수 있으며, 봉급도 훨씬 더 많이 받을 것이다.

2. 적용 사례

21세기 역량 이론은 다양한 교실 수업방식에 영향을 끼쳤다. 그 가운데 가장 크게 영향을 받은 방식은 오랜 역사와 명성을 가지고 다학문적으로 접근하는 왕립예술협회에서 채택한 것이다. 왕립예술협회는 21세기의 도전에 대응하기 위하여 '개방적 사고'라는 중등학교 교육과정을 개발했는데 다음과 같이 이론적 배경을 제시하고 있다.

> 아이들이 무엇을 어떤 방법으로 배워야 하는가는 사회와 과학기술의 변화와 발전에 따라 검토되어야 할 문제다. 이를 고려하여 왕립예술협회는 청소년들이 21세기의 도전에 더 잘 적응할 수 있도록 준비시키기 위해 새로운 교수-학습방법을 개발했다.[12]

왕립예술협회는 21세기에 필요한 다섯 가지 핵심 역량을 개방적 사고 교육과정의 구성요소로 설정했다. 영국에서는 교육과정을 학교에서 결정하여 선택하며, 개방적 사고 교육과정을 채택하고 있는 학교는 200개 정도로 전체 중등학교의 6퍼센트에 이른다.[13] 다섯 개의 핵심 역량은 시민성, 학습, 정보 관리, 인간관계, 상황 관리이다.[14] 왕립예술협회 교육과정은 학생들이 스스로 학습 계획을 세우고, 자기주도적으로 시간을 관리하며, 자기 방식대로 학습하도록 개발되었다.[15] 이 교육과정을 채택한 시범학교들에서 수업은 교과단위가 아닌 프로젝트로 운영된다. 예를 들어 카디널 히난 가톨릭 중등학교의 7학년 학생들은 주 25시간 중 19시간 동안 여섯 개의 프로젝트 수업을 받는다. 여섯 개의 프로젝트는 나는 나다, 의사선생님과 함께하는 시간 여행, 리버플 우리 집에서, 코미디 방송국, 세계 속으로, 불타는 도전이다.[16] 이 학교는 왕립예술협회 교육과정 모델학교 인증패를 수상한 일곱 개의 우수 학교 가운데 하나다. 이들 우수학교들은 교육과정 모델학교 공모에 응모한 후 심사를 거쳤으며, 모두 교육기준청 평가[ofsted]에서 최우수, 우수 학교로 인증받았다.[17]

교육과정뿐만 아니라 학교명까지 21세기 역량과 연계시킨 학교도 나타났다. 2012년 개교한 런던의 뉴햄 지역에 소재한 자유학교인 School 21 설립자 겸 교장인 피터 하이만은 21세기 역량 개발의 중요성을 고려해 학교명을 정했다. 하이만 교장은 교육과정을 통해 전문성, 고결함, 용기, 열정, 장인정신과 전문성의 여섯 가지 신념을 강조한다.[18]

교육기준청은 2009년에 발간한 영어과 보고서에서 교과지도 방식이 다음과 같이 21세기 도전에 대응하는 방향으로 바뀌어야 한다고 밝혔다.

교사들은 영어과목이 21세기의 교과로서 어떤 특성을 강화할 것인지 결정할 필요가 있다. 또한 교사들은 영어과목에서 계속 뒤떨어진 학생들의 동기와 성취도를 높일 수 있는 방안을 결정해야 한다. 학생들이 보다 성공적으로 수업을 받을 수 있도록 학교는 사회의 변화를 고려하면서 학생들의 문해력 수준을 반영한 보다 역동적이고 생산적인 교육과정을 제공해 주어야 한다.[19]

바람직한 수업방식은 학생들에게 동기를 부여해 줄 수 있고, 실제적인 역량 개발을 지원해 주며, 공부하는 명확한 이유를 이해하도록 하고, 학습이 효과적으로 이뤄지도록 만들어 줄 수 있는 방법을 의미한다.[20] 이러한 방식을 적용한 사례를 초등학교 수업에서 보면 다음과 같다:

교사들은 학생들이 아이디어를 구성하고 글의 맥락과 소재를 발견하려면 직접 경험해 보는 것이 효과적일 것으로 확신했다. 예를 들어, 3~4학년 학생들은 빅토리아 시대에 농장에서 일하는 어린이의 생활을 생각해 보기 위해 학교 운동장에서 한 시간 동안 괭이로 땅을 파기도 하고, 새를 직접 쫓아 보는 경험을 했다. 교사들은 이러한 활동들이 학생들로 하여금 공감하는 글, 그리고 구체적으로 묘사한 글을 쓰는 데 도움이 되었다고 말했다.[21]

21세기 역량이 학교에서 어떻게 적용되는지 마틴 존슨의 주장을 통해 확인하고자 한다. 그는 교사 및 강사 노조에서 발간한 교육과정 관련 보고서 작성자다. 그는 국가교육과정이 학문적인 내용을 중시하기 때문에 개인보다 국가와 집단을 우위에 두는 전체주의 교육과정과 같다고 비판하고, 전체주의적 지식보다 걷는 방법을 아는 것과 같은 삶의 역량을 우선적으로 고려해야 한다고 주장했다.

걷기에 대해 배워야 할 것이 많다. 일요일 오후 산책할 때 걷는 방법이 있을 것이다. 기차를 타러 갈 때는 다른 방법으로, 절벽 오르기를 할 때는 또 다른 방법으로 걸을 수 있다. 가방을 운반한다면 가방에 따라 운반하는 방법이 다르다. 우리는 자신의 몸을 이해하고 효과적으로 관리할 수 있는 사람들이 살아가는 나라를 필요로 한다.[22]

3. 왜 미신인가?

물론 21세기 역량들은 매우 중요하다. 문제 해결력, 창의력, 비판적 사고와 인간관계 능력은 무척 중요한 역량들이다. 나는 그 역량들 가운데 어느 하나라도 무시할 수 없을 정도로 모두 중요하게 생각한다. 그러나 그 역량들 중 어느 하나도 오직 21세기에만 존재한다거나, 21세기에만 중요하게 여겨질 수 없다. 고대 그리스의 미케네에서 살았던 기능공도 다른 사람들과 협력하여 일했고, 적응하거나 혁신하면서 일해야 했다. 2000년 전에 살았던 사람들도 비판적으로 생각하고, 문제를 해결해야 했으며, 소통하고, 협력하고, 창조하고, 개혁하고 읽을 줄 알아야 했다. 인간은 아주 오래전부터 대부분의 이러한 역량 관련 활동들을 해 왔다. 비교적 최근에 발달한 문명이라고 알고 있는 알파벳은 기원전 21세기에 발명된 것이다.[23] 미래에도 점점 더 많은 사람들이 이러한 역량들을 필요로 할 것이며, 이러한 능력들을 소유하지 못한 사람들의 경제적 기회는 더 줄어들 것이라고 여겨진다. 나는 이 때문에 과거 엘리트 계층만 받을 수 있었던 교육을 모든 사람이 배울 수 있도록 보장해야 한다고 본다. 이것은 21세기를 맞이하여 교육의 개념을 바꿔야 하는 것이 아니며, 모든 사람에게 전통적인 교육을 받을 수 있는 기회를 보장해 주어야 한다는 의미다.

그렇다면 21세기 교육이라는 개념에서 무엇이 문제인가. 창의력과 문제 해결력이 중요하다고 말하는 것 자체는 진부한 주장에 지나지 않는다. 이러한 역량들이 21세기에 새롭게 필요한 특성들이라는 것은 틀린 말이고 위험한 발상이다. 21세기 역량들을 학습하기 위한 방안을 따로 마련한다는 것도 실제적인 면에서 해로운 결과를 가져올 수 있다. 무슨 이유로 그러한 비판적인 의견을 제시할 수 있는가. 21세기 역량을 강조하는 것은 교육과정에서 지식을 제외하려는 것을 완곡하게 표현한 것과 같다. 그러나 교육과정에서 지식을 제외하게 되면 학생들이 21세기 역량을 학습할 수 없게 된다는 것도 너무나 당연하다.

물론, 21세기 과학기술의 영향력은 다른 시대와는 비교할 수 없을 정도로 엄청나다. 그런데 이 차이를 강조하다 보면 교육적으로 다음과 같은 두 가지 잘못된 관점이 나타날 수 있다. 첫째, 과학기술의 발전으로 학생들은 아무것도 암기할 필요가 없을 것이라는 생각이다. 즉, 구글 검색을 통해 언제든지 무엇이든 알아낼 수 있다고 여긴다. 이러한 관점이 왜 틀린 것인지에 대해서는 다음 장에서 알아볼 것이다. 둘째, 전통적인 지식체계는 시대에 뒤떨어진 것이라는 생각이다. 현대사회에서 지식의 양은 너무 많고 또 항상 변화되기 때문에 어느 수준부터 학습을 시작해야 하는지가 확실하지 않다고 생각한다. 이에 대하여 앞에서 논의한 교사 및 강사 노조의 주장을 참고할 수 있다. 그들은 정보가 넘쳐나는 시대에 무엇을 가르쳐야 할지를 선택한다는 것 자체가 문제일 수 있기 때문에 21세기 교육과정에서 지식 전수가 핵심이어서는 안 된다고 주장했다.[24] 유튜브 채널 'Shift Happens'는 완전히 새로운 정보가 매년 1.5 엑사바이트[EB]씩 생성되고, 새로운 과학기술 정보는 매년 두 배씩 증가된다고 밝혔다. 그리고 새로운 정보의 생성에 따라 4년제 대학 신입생들이 1년 동안 배운 지식의 절반 정도는 그들이 3학년이 되는 시기엔 구식이 될 것이라고 결론 내렸다.[25] 간단히 말해 이러한 주장은 사실이 아니다. 물론 사람들은 새로운 발견을 계속하지만, 새롭게 발견된 것들 중 대다수는 기존에 존재한 것들과 전혀 다르거나 대체하는 것이 아니다. 사실 새로운 발견은 기존의 발견을 기반으로 하여 나타난 것이며, 기존의 발견을 잘 알고 있었기에 새로운 발견의 가능성이 커졌다고 봐야 한다. 대부분 교과목들의 근본적인 학문적 토대는 부분적으로 수정되기는 하지만 완전히 부정되는 경우는 없다. 어떤 과학적 발명이 기존의 근본적인 틀을 완전히 반전시켰다고 하는 것은 다소 과장하여 표현된 것이다. 『나쁜 과학』의 저자인 벤 골드에이커는 이에 대해 다음과 같이 말한다.

인문학 전공자들의 과학에 대한 풍자 가운데 하나는 과학이란 본래 일
시적인 유행처럼 잠정적이고, 가변적이며, 계속 수정된다는 특성이다.
그렇기 때문에 논쟁의 여지가 있겠지만 과학적 발견은 언젠가는 사라
질 수 있다.
　이러한 과학의 특성이 첨단 연구 분야에서 실제로 나타나고 있지만,
아르키메데스의 부력의 원리는 2000년 동안 인정받고 있다는 것을 명
심해야 한다. 그는 현재도 변함없이 인정받고 있는 지렛대의 원리를
당시에 정리했다. 또한 뉴턴 역학의 법칙은 당구공의 움직임을 설명해
주는 이론으로서 앞으로도 계속 남아 있을 것이다.[26]

수학에 관해서 이론이 수정되는 경우는 훨씬 적다. 작가 아이작 아
시모프는 칼 보이어의 저서 『수학의 역사』 서문에 다음과 같이 썼다.

수학에서만큼은 원리에 대해 대폭적인 수정이 없고, 단지 일부 이론적
확장이 있을 뿐이다. 고대 그리스인들이 연역적 방법을 개발했는데 그
들이 정립한 논리들은 오랜 세월 동안 정당성이 유지되고 있다. 그리
스 수학자 유클리드의 이론은 미완성이었기에 수없이 확장되고 있으
나 수정되지는 않는다. 유클리드 정리는 하나도 변함없이 현재까지도
타당한 것으로 남아 있다.[27]

대학에서는 원하기만 하면 엑사바이트 규모의 정보를 만들어 낼
수 있다. 그러나 피타고라스 정리를 논박하거나 에우리피데스 비극을
더 훌륭하게 각색할 가망은 없다. 이렇게 고대로부터 변함없이 인정받

고 있는 근본적인 아이디어들이 생각보다 많다. 그러한 발명품 가운데서 알파벳이나 숫자 체계는 가장 가치 있는 사례들이라고 여겨진다. 알파벳과 숫자는 기원전 2000년과 기원전 3000년 경에 발명된 이후 약간의 향상은 가해졌지만 소멸되거나 대치될 기미는 전혀 없다.[28] 모든 현대의 첨단 과학기술 장치들도 근본적으로 따져 보면 여러모로 고대의 발명품에 기반을 두고 있다. 오히려 지금은 지식의 폭발적 증가에 따라 가치 있는 지식과 그렇지 않은 것을 구별하여 선택하는 것이 지식 분야에서 더욱 중요해졌다.

젊은 과학자들이 과학기술 발명가로 두각을 나타내고 있다. 그런데 과학자가 최초로 과학적 발견을 이룬 연령대의 평균은 점점 높아지고 있다.[29] 어떤 과학자가 획기적인 과학적 발견을 내놓으려면 그는 먼저 해당 분야의 최신 지식수준까지 이해해야 한다. 과학지식이 수십 년을 거쳐 첨단화되면서 과학자들은 더 많은 기간 동안 준비해야 한다. 새로운 과학적 발견을 위해서는 최근까지 축적된 지식을 알고 있어야 하기 때문이다. 뉴턴은 위대한 과학자는 다른 사람의 어깨 위에 서있다는 유명한 말을 했다. 사실 현대에 사는 우리는 과거 세대들이 고통을 무릅쓰고 축적한 지식의 혜택을 받으면서 살고 있다. 현대사회에서 평균적인 지능을 가진 사람이 수세기 전 위대한 학자들도 몰랐던 많은 것들을 알고 지낸다는 것은 경이로운 일이 아닐 수 없다. 아마도 고대 역사 연구에서 가장 흥미진진한 것은 인류의 노력을 발견하는 것이라고 여겨진다. 그들은 우리와 거의 차이가 없는 지능을 가졌고, 그들은 우리와 달리 수천 년 동안 축적된 지식을 이용할 수 없었지만 어려운 도전을 했던 사람들이다. 역사가 존 로버츠는 이에 대해 다음과 같이 표현하고 있다.

선사시대부터 인류가 빠르게 많은 것을 이룩할 수 있었던 이유는 매우 간단하다. 인류가 의존할 수 있는 뛰어난 재능을 가진 사람들이 수없이 많고, 인류의 성취는 근본적으로 누적되기 때문이다. 인류의 성취는 말하자면 복리 적금식으로 축적되는 유산을 기반으로 한다. 원시사회에서는 선대로부터 받은 유산의 혜택이 거의 없었다. 그럼에도 불구하고 대단한 발전이 있었다는 것은 놀라운 일이다.[30]

그는 또한 문명이란 경험과 지식 자본이 축적된 결과라고 말했다.[31] 물론 학생들에게 유용한 내용이지만 21세기 지식이 아니라는 이유 때문에 부정적으로 보는 것은 논리에 맞지 않다. 새로운 아이디어일수록 더 빨리 쓸모없어질 가능성이 높다는 것도 역설적이다. 5000년 동안이나 유용한 지식으로 증명된 것이라면 그것은 앞으로 100년간은 더 유용할 것이라고 자신 있게 말할 수 있다. 반면 어떤 지식이 인정받기 시작한지 50년 또는 20년밖에 되지 않았다면 100년 후에도 계속 유용할 것이라고 자신하기 어려울 것이다. 마이크로필름 리더기나 미니디스크 플레이어는 알파벳이나 숫자 체계보다 폐기될 확률이 훨씬 높다.(미니디스크는 스마트폰 도입으로 이미 폐기되었다. - 옮긴이) 특정한 산업이나 직업 관련 지식과 기능들은 계속 변하여 짧은 기간에 구식이 되기도 한다. 반면에 그러한 지식과 기능의 기반으로 오랫동안 유지된 근본적인 지식과 기능은 변하거나 사라지지 않는다. 학교에서는 그러한 근본적인 지식과 기능을 가르쳐야 한다. 위키피디아 공동 창립자로서 과학기술에 관하여 높은 지식을 갖춘 래리 생어는 이러한 관점을 다음과 같이 분명히 밝히고 있다.

과거에 직업 세계에 필요한 특수한 기능은 직장에서 배웠고, 이는 현재도 거의 마찬가지다. 만약 내가 열일곱 살이었던 1985년으로 돌아가 컴퓨터 관련으로 워드퍼픽 문서편집 기능 및 베이직 프로그래밍을 배우는 것과 미국 역사를 배우는 것 중에서 어떤 것이 나에게 더 도움을 주는지 생각해 보자. 나는 주저 없이 역사 학습이 더 도움을 준다고 대답할 수 있다. 즉, 내가 배운 역사는 거의 동일한 내용으로 존재하나 워드퍼픽과 베이직 기능은 더 이상 쓸모없기 때문이다.[32]

이제 새로운 지식일수록 학교에서 가르쳐야 하는가를 더 비판적으로 검토해야 할 대상으로, 반대로 오래된 지식일수록 더 인정받은 것으로 보아야 한다. 그러나 21세기 역량 운동은 정반대 방향으로 전개되고 있다. 보다 최신의 지식, 현대적이고 최첨단 지식을 주문 외우듯 요구하고 있다. 그러나 세상의 어떤 것도 최첨단에 해당하지 않는다.

21세기 역량 주창자들이 말하지 못하는 비밀은 21세기 역량은 새롭게 대두된 것이라기보다 과거에도 존재했던 진부한 논리라는 점이다. 다이앤 라비치에 따르면 20세기 초반에 많은 교육자들은 전통적인 교과와 지식을 버리고 실생활에 유용한 20세기 역량을 찾았다.[33] 교사 및 강사 노조 보고서 작성자인 마틴 존슨이 21세기 교육방법이라고 부른 것은 20세기 초반에 존 듀이가 주창했던 것과 거의 차이가 없다. 영국왕실협회가 주창하는 프로젝트 학습법은 미국과 영국에서 19세기부터 몇 번에 걸쳐 지속적으로 대두되었던 학습법 유형들과 거의 차이가 없다.[34] 이 프로젝트 학습법은 다양한 환경에서 실패를 거듭했다. 실패 원인 등에 대해서는 6장에서 구체적으로 분석하겠다. 현재 세계적으로 우수한 교육제도를 가진 국가들은 추상적인 역량이 아닌 교과중심의 교육과정을 편성하고 있다.[35]

무엇보다도 21세기 역량 주창자들을 침울하게 만드는 것은 그동안 비판받았던 지식이 최신 이론으로 보강되어 인정받기 시작했다는 점이다. 다음 장에서 논의하겠지만, 최첨단 과학은 역설적으로 21세기 역량 주창자들의 주장과 정반대의 논리를 제시하고 있다.

네 번째 미신

인터넷에서 모든 것을 찾을 수 있다

사람들은 왜 '인터넷에서 모든 것을 찾을 수 있다.'라고 생각할까?

이러한 관점이 교육정책과 교실 실제에 어떤 영향을 끼쳤을까?

1. 이론적 배경

지난 3장에서는 21세기 경제와 과학기술의 변화에 따라 21세기 역량을 가르칠 필요가 있다는 주장에 대하여 검토했다. 이 논쟁의 핵심은 새로운 정보기술 덕택으로 사실적 지식을 가르치는 것에 대해 그다지 걱정할 필요가 없어졌다는 의미다. 이 논쟁은 구글이 나온 이후에 시작된 것이 아니다. 아인슈타인의 명언이라고 알려진 말은 이 이론을 잘 표현해 준다. 즉, 우리는 모든 것을 알 필요는 없고 어디서 찾는지만 알면 된다는 말이다. 그런데 명언들의 근거를 전문적으로 분석하는 웹사이트(http://quoteinvestigator.com)에서는 실제로 아인슈타인이 처음으로 이 말을 한 것은 아니라는 근거를 제시하고 있다. 이 웹사이트에는 20세기 초반에 많은 사람들이 이와 비슷한 주장을 했다는 근거들이 제시되어 있는데, 다음은 1914년과 1917년 미국에서 발간된 정기간행물에 각각 나온 표현들이다.

유식한 사람이란 모든 것을 아는 사람들이 아니라 자신이 찾고자 하는 정보를 필요한 그 순간에 바로 어디서 찾을 수 있는지를 아는 사람이다.

가장 똑똑한 사람들은 모든 것을 아는 사람들이 아니라 필요할 때 즉

시 어떤 정보라도 찾을 수 있는 사람들이라는 말이 있다.[1]

과거엔 필요한 정보를 찾기 위해 도서관에 가거나 파일 정리 시스템과 스크랩북을 이용했다. 인터넷과 검색엔진의 발명으로 정보 접근이 놀랍도록 쉬워졌고, 지식을 소유할 필요가 있는가에 대한 논쟁이 활발해졌다. 이와 관련하여 플리머스대학교 교육학과 교수 스티브 휠러는 다음과 같이 말했다.

나는 가끔 "학교 다닐 때 라틴어를 배웠더니 쓸모가 있구나."라는 말을 듣는데, 그렇게 말한 사람들은 라틴어를 배운 덕분에 휴일에 낚시를 하면서 잡은 물고기 이름을 알기 쉬웠다고 자랑한다. 어쩌면 무지개놀래기bluehead wrasse를 잡고선 학명이 thalassoma bifasciatum이라는 것을 안다는 것 자체가 본인의 자존감을 높일 수 있다. 호프집에서 손님들을 대상으로 하는 퀴즈놀이 때 라틴어 실력을 발휘하여 친구들에게 감명을 줄 수는 있겠지만, 취업에 도움이 되지는 않을 것이다. 단지 구글에서 검색만 하면 알 수 있는 스마트폰 시대에 amo(나는 사랑한다), amas(너는 사랑한다), amat(그는/그녀는 사랑한다)와 같은 라틴어 동사변화를 힘들게 배워 고작 이상하게 생긴 물고기 이름을 아는 정도의 일에 써먹는다면 어렵게 한 공부가 가치 있는 일이라고 할 수 있을까?

아이들이 학교에서 얼마나 많이 배워야 하는지 묻는다면 이는 지식 기반의 관점이다. 아이들이 실제로 알아야 할 것들은 체계적이고 설득력 있는 취업지원서나 잘 정리된 이력서를 작성할 수 있는 능력인 시대에 아이들이 영문법의 동사구가 무엇인지 또는 셰익스피어가 1616년에 타계했다는 것을 꼭 알 필요가 있을까? 이와 같이 '무엇을 아는 것'을 우리는 선언적 지식의 학습이라 부르는데, 이를 달리 표현하면 사실적 지식의 학습이다. (중략) '방법을 아는 것' 또는 절차적 지식의 학습이 대부분의 젊은이들에게 보다 큰 자산이 될 것이다.[2]

앞의 논의들은 절차적 지식 또는 방법을 아는 것과 선언적 지식 또는 무엇에 대해 아는 것은 다른 것으로 보고 있으며, 이들 둘 중에서 절차적 지식을 더 인정한다. 2장에서 논의했던 지식과 역량이라는 이분법과 동일한 방식으로 다시 언급한 것이다. 이러한 관점이 현재 널리 퍼져 있다. 유명한 컨설팅회사 경영자이자 작가인 돈 탭스콧은 2008년 구글세대에 관한 글에서 다음과 같이 말했다.

지식의 원천은 이제 더 이상 교사가 아니고 인터넷이다. 어린이들은 세상을 알고 세상이 어떻게 움직이는지에 대해 이해하려면 역사를 배워야 한다. 그러나 어린이들이 역사적인 사건의 시기에 대해 알 필요는 없다. 어린이들이 헤이스팅스 전투에 대해 알고 있으면 충분하지 전투가 발발한 연도가 1066년이라는 것을 암기할 필요는 없다. 구글 검색창에서 한 번만 클릭해 보면 그 전투를 찾아 연대를 확인할 수 있다.[3]

영국에서 그의 주장에 동의하는 교사들이 많다. 교사 및 강사 노조 ATL는 2012년 연례 총회에서 교육과정을 주세로 논쟁을 벌였다. 발표자 중의 한 사람인 존 오버튼은 대의원들에게 간단한 과제를 제시했다.

그는 대의원들에게 스마트폰을 이용하여 모차르트의 탄생일을 찾아보라고 했다. 몇 초가 지나지 않아 1756년 1월 27일이라는 답이 나왔다.

우리는 더 이상 두뇌 속에 넓은 지식 저장소를 둘 필요가 없는 시대에 살고 있다. 우리는 청소년들에게 대인관계 능력, 탐구력, 혁신 능력과 같은 역량들을 배양시켜 주어야 한다고 말했다.[4]

영국 스태퍼드에 위치한 오크리지초등학교 교장 폴 피셔는 2011년, 한 인터뷰를 통해 이렇게 말했다. "학생들이 구글을 사용할 수 있는데 왜 헤이스팅스 전투에 대해 가르치는가? 우리는 그들에게 공부하는 방법만 가르쳐 주면 된다."[5] 과학기술 덕택에 우리는 학습 부담에서 해방될 수 있다는 의견이다.

2. 적용 사례

이 미신에 따르면 교실 수업과 관련하여 두 가지 주장이 가능해진다. 첫째, 많은 지식을 가르치거나 암기시키려고 고생할 필요가 없다. 왜냐하면 학생들이 그들에게 필요한 지식을 스스로 찾아볼 수 있기 때문이다. 둘째, 학생들에게 탐구 역량을 가르치고 정보를 탐구하는 연습을 시켜야 한다. 왜냐하면 이를 통해 학생들이 광범위한 지식 데이터베이스에 접근할 수 있기 때문이다.

이것은 사실적 지식을 가르치기 위해 시간을 허비하는 대신 다용도인 탐구와 조사 역량을 가르쳐야 한다는 뜻이다. 이를 근거로 하여 영국왕립예술협회[RSA]는 자체 개발한 개방적 사고 교육과정에서 정보관리를 핵심 역량 중의 하나로 제시하고 있다. 정보관리는 크게 두 가지 범주로 구분된다.

탐구: 학생들은 정보에 접근하고, 정보를 평가하여 분류하는 일련의 기법을 개발하고, 정보를 분석, 종합 및 적용하는 방법을 배운다.

반추: 학생들은 비판적 판단의 반추 및 적용의 중요성을 이해하고 그 방법을 배운다.[6]

교사가 정보를 전수해 주는 대신 학생이 정보에 접근하고, 정보를 평가하며 분류하는 기법을 개발한다.[7] 영국의 교육연구단체인 퓨처랩(Futurelab은 2011년 국가교육연구재단에 통합되었다. 국가교육연구재단은 한국의 한국교육개발원이나 한국교육과정평가원과 유사한 교육 관련 국책연구기관이다. - 옮긴이)의 교육과정에 대한 관점도 이와 유사하다.

현재는 인터넷이 주된 탐구 도구가 된 시대이기에 정보의 출처를 해석하고 탐색하는 능력이 매우 중요해졌다. 디지털 미디어가 공공 및 사생활의 많은 영역으로 확산되면서 발생된 문제는 미디어를 통해 소통되는 정보의 내용, 목적, 예상되는 결과를 해석하기가 점차 어렵게 되었다는 점이다. 이것은 이해가능성에 대한 도전이다. 사람들은 권위와 신뢰성의 근거가 불확실한 다양한 뉴미디어에서 생산된 정보들을 해석할 수 있는 능력이 있을까?[8]

퓨처랩은 학교의 역할이 정보나 상이한 견해들의 출처에 대하여 학급 내에서 토론하게 함으로써 학생들의 비판적 사고 능력을 개발해 주는 일, 탐구 역량을 개발해 주는 일 등에 있다고 본다.[9]

앞서 2장에서 확인한 바에 따르면 교육기준청Ofsted은 교사의 직접 설명으로 지식을 전수하는 수업방식에 대해 부정적이다. 반면에 학생들이 인터넷을 검색하거나 다른 수단들을 활용한 탐구활동을 통해 정보를 획득하는 수업을 더 긍정적으로 평가한다. 다음은 가장 우수한 교과 수업을 보여 준 것이라고 칭찬받은 역사수업에 대한 내용이다.

9학년 학생들이 제1차 세계대전과 제2차 세계대전에서 폭탄 투하 전략이 어떻게 변화했는지 비교하는 과제를 수행하고 있었다. 학생들은 교사의 개별 지도를 받아가면서 무엇을 조사할 것인지를 결정했다. 학생들은 각자 노트북 컴퓨터를 가지고 학술사이트나 일반사이트를 검색하여 연구자료들을 찾고 다양한 해석들을 검토했다. 이렇게 유용한 연습을 통해 학생들은 자기주도적 학습을 경험할 수 있었다. 교사는 학생들에게 해결해야 할 과제의 범위를 넓게 제시하고 주제도 특수한 것이었지만 탐구절차를 구체적으로 지시하지는 않았다. 그럼에도 불구하고 학생들이 자율적으로 탐구활동을 전개하고 구조화할 수 있는 수준까지 향상되었다.[10]

다음 지리수업은 7세의 저학년 학생들이 인터넷을 활용하여 탐구하는 내용이다.

2학년 학생들은 어린이용 노트북 컴퓨터인 피즈북을 이용하여 인터넷에서 멕시코 중부의 마을인 토쿠라오에 대해 조사하고 있었다. 학생들은 하루 전에 노트북 컴퓨터 사용법을 배웠지만 어렵지 않게 사용하였으며 작동법을 설명할 수 있을 정도의 수준이 되었다. 그들은 전자펜을 이용하여 이미지를 확대하거나 축소할 줄도 알았다. 학생들은 둘씩 짝을 지어 찾아낸 자료들을 정리했다.[11]

다음에 소개하는 미술수업에서도 마찬가지로, 교사가 거의 지도하지 않은 상태에서 학생들이 새로운 주제에 대해 공부하는 내용이다.

9학년 학생들은 4명씩 한 팀을 이뤄 현대의 미술가, 공예가, 디자이너 중 한 사람에 대해 조사하는 과제를 받았다. 학생들은 담당한 작가의 창의적인 작품 활동에 영향을 미친 사람과 계기에 대해 조사했다. 교사는 상이한 관심과 특기를 가진 학생들이 한 팀이 되도록 구성했다. 예를 들어 한 팀의 구성원들을 보면, 조사 결과를 그래픽 처리하여 프리젠테이션으로 제작할 수 있는 능력을 가진 학생, 작품 제작 기법을 바꾸면 어떻게 변하는지를 샘플로 만들어 보여 줄 정도로 실험을 즐기는 학생이 배정됐다. 특히, 그 팀의 한 학생은 발표를 담당했는데 작가가 활용한 배경지식을 연구하여 자신 있게 설명했다.[12]

다음은 교육기준청에서 같은 학교 내에서 이루어진 두 개의 수업을 비교한 사례다. 하나는 새로 도입된 혁신적인 교육과정을 적용했고, 다른 하나는 과거의 교육과정을 적용한 것이다.

새 교육과정에 익숙하지 않은 교원들은 가끔 학생들의 향상된 학습역량을 활용하지 못했고, 이 때문에 학생들은 자신들이 구식으로 인식하고 있는 과거의 수업형태로 되돌아갈 때 불편하게 느꼈다. 예를 들어, 한 학교에서 일부 학생들은 탐구 기반 학습방식의 일부인 노트북 컴퓨터 활용에 익숙했다. 그들은 개별적으로 학습했고 학습내용에 대하여 훨씬 폭넓게 사고했다. 이와는 반대로 다른 일부 학생들은 교사가 주도하는 수업을 받고 있었는데 그들은 안정적이지 않고 수업 집중력이 약화되었다. 이를 통해 모든 교원들이 새로운 접근방식의 장점을 이해하여 학생들의 높은 기대를 충족시키게끔 하는 것이 얼마나 중요한지

를 확인할 수 있었다.[13]

교육기준청은 학생들이 인터넷을 이용하여 탐구할 수 있기 때문에 더는 사실적 지식을 암기할 필요가 없다고 명시적으로 표현하지는 않는다. 그렇지만 실제로 교육기준청은 권고나 예시자료를 통해 그와 유사한 표현을 하고 있다. 교육기준청 수업평가 보고서에서 교사가 사실적 지식을 가르칠 때나 학생들이 그것을 암기할 때 좋게 평가하는 경우는 없지만, 이와 달리 학생들이 인터넷에서 정보를 탐구하는 수업에 대해서는 적극 칭찬하고 있다. 교육기준청은 사람들이 이전에는 존재하지 않았던 전혀 새로운 지식을 활용할 수 있게 되었다고 확신하는 것 같다.

3. 왜 미신인가?

다른 미신들과 마찬가지로 이 미신도 일리가 없는 것만은 아니다. 정보 과학기술은 믿을 수 없을 정도로 혁신적이다. 심지어 15년 전에는 물리적으로 구축된 기록보관소에서 며칠간 꼼꼼하게 찾아야 가능했던 연구 자료를 지금은 한 시간도 채 걸리지 않아 찾을 수 있다. 인터넷이 지식에 접근할 수 있는 통로를 열어 주었다. 예를 들어 신문과 같은 중요한 지식 재료들이 물리적인 신문 저장고에 보관되어 있을 때 그것을 이용할 수 있었던 인원은 제한적이었다. 이제 무수하게 많은 중요한 지식들을 세계 어디서나 운송비 부담도 없이, 시간을 내기 위해 직장을 벗어날 필요도 없이 온라인으로 획득할 수 있다. 교육 관계자들은 이러한 혁신적인 과학기술 진보에 대해, 이미 이러한 기반이 구축되어 있을 뿐만 아니라 미래에 무한한 발전 가능성이 있다는 것을 경축해야 할 것이다.

익히 알고 있듯, 많은 사람들이 너무나 빠르게 앞서 나가고 있다. 일부 교육학자들은 이러한 과학기술이 기억을 대신해 주기 때문에 사실적 지식을 가르치는 것은 중요하지 않다는 특이한 주장을 하기도 한다. 이는 교사가 가르친 사실적 지식을 이제 학생들은 새로운 과학기술을 이용하여 스스로 찾아 배울 수 있다는 의미다.

본질적으로 이 특이한 주장은 1장에서 그 증거를 제시했듯이 하나의 미신에 지나지 않는다. 여기서 다시 요약해 보겠다. 장기기억은 뇌조직의 일부분이 아니다. 장기기억은 모든 정신적 과정에서 중요한 역할을 한다. 우리가 어떤 문제를 해결하고자 할 때 장기기억에 저장된 모든 지식을 이용한다. 지식을 많이 가지고 있을수록 더 많은 종류의 문제들을 해결할 수 있다. 단기기억이라고도 불리는 작업기억은 일시적으로 한정된 지식을 저장할 수 있다. 작업기억은 한 번에 세 개에서 일곱 개의 정보만을 처리할 수 있다. 작업기억의 이러한 한계 때문에 장기기억에 저장된 지식을 필요로 한다.

현대 과학기술에게 우리를 대신하여 기억하는 역할을 수행하도록 할 수 없다. 우리는 인터넷에서 찾아보는 것에 의지할 수 없을 뿐만 아니라 기억을 구글에 위탁할 수도 없다. 왜냐하면 두뇌의 장기기억 속에 중요한 사실적 지식을 저장해 둠으로써 작업기억을 위한 공간을 확보해 둘 수 있기 때문이다. 구글을 이용하여 무엇인가 찾으려고 할 때 우리는 작업기억에 있는 저장 공간을 그 작업으로 모두 사용해 버릴 수 있다. 그렇게 되면 우리는 뇌 속에 새로운 정보를 활용할 수 있는 공간이나 그 새로운 정보를 다른 정보와 결합하는 작업을 할 수 있는 공간을 확보할 수 없게 된다. 이것이 바로 어린 학생들이 간단한 더하기와 빼기를 배우고 구구단을 암기하는 것이 매우 중요하다는 이유다.

만약 곱하기 14×7을 계산할 때 구구단을 잘 알고 있다면 간단하게 장기기억에서 10×7을 찾고 4×7을 거기에 더하면 된다. 그러나 구구단을 암기하지 못하고 있다면 일일이 하나씩 합산해야 하고, 이때 첫 번째 작업을 하다 보면 두 번째 작업을 망각할 수도 있다. 첫 번째 작업을 하느라 너무 바쁘기 때문에 두 번째 문제 부분을 망각하는 현상이 어린이나 성인들이 자주 기억력에 문제가 발생하는 이유 중에 하나이고, 이는 단기기억의 한계로 발생하는 문제다. 간단한 더하기와 빼기 계산식이나 구구단 암기와 같은 정보를 암기해 놓음으로써 학생들은 작업기억의 과부하 없이 복잡한 문제들을 계산할 수 있는 것이다.

이러한 이유 때문에 우리가 공식을 찾는 절차를 개념적으로 알고 있더라도 공식 자체를 암기해 버리는 것이 더 유리하다. 즉, 어린이가 구구단이 어떻게 적용되는지를 개념적으로 이해하더라도 구구단을 암기하는 것이 훨씬 유리한 것과 같다. 사전에서 단어를 찾는 방법을 알고 있더라도 정확한 철자를 아는 것이 중요한 것도 같은 이유에서다. 자주 사용하는 지식이나 다른 과제 해결에 기반이 되는 지식에 대해서는 제대로 알고 있어야 한다. 그래서 그 지식을 즉시, 자동적으로 그리고 어려움 없이 재생할 수 있어야 한다.

사전이나 인터넷을 이용하더라도 제대로 이해하기 어려운 중요한 원인은 찾아본 것을 이해하기 위해서 사실 상당한 수준의 지식을 기본적으로 갖고 있어야 하기 때문이다. 사전에서 모르는 단어를 찾는다고 가정해 보자. 사전 자체도 어려운 단어와 지식으로 가득 차 있다. 자신의 장기기억에 많은 지식을 확보하고 있다면 사전에 제시된 그 단어에 대한 설명을 이해할 수 있을 것이다. 그러나 이러한 배경지식을 소유하고 있지 못한 사람은 설명 자체를 이해하지 못할 것이다. 이러한 배경지식이 새로운 지식을 이해할 수 있도록 만들어 주는 선험지식이다.

이것이 바로 학생들에게 사전을 찾아보라고 하더라도 의도했던 결과를 얻지 못하는 이유다. 과학자 조지 밀러는 배경지식이 중요한 이유를 설명하기 위해 다음 사례를 들고 있다. 그는 5학년과 6학년 학생들에게 사전을 사용하여 새로운 단어를 배우도록 했다. 학생들은 찾고자 하는 단어에 대한 지식이 부족하면 사전을 찾아봐도 별 효과를 얻지 못했다. 다음에 제시한 문장에서 사전을 찾아봐도 해석하기 곤란한 단어가 있는데 유사한 활동 경험이 있는 사람은 어렵지 않게 이해할 수 있을 것이다.

Mrs. Morrow stimulated the soup. (That is she stirred it up.)

모로우 부인은 수프를 자극했다[stimulated]. [수프를 저었다[stirred up]는 뜻임]

Our family erodes a lot. (That is they eat out.)

우리 가족은 많이 침식한다[erodes]. [많이 먹는다[eat out]는 뜻임]

Me and my parents correlate, because without them I wouldn't be here.

나와 부모님은 상관[correlate]이 있다. 왜냐하면 그들이 없으면 나는 여기에 없었을 것이다.

I was meticulous about falling off the cliff.

나는 절벽에서 떨어질까 봐 조마조마했다[meticulous].

I relegated my pen pal's letter to her house.

나는 펜팔 친구를 그녀 집으로 추방했다[relegated].14

나는 어떤 학생에게 그의 어휘력을 향상시키기 위해 사전을 활용하라고 지도했는데 나중에 그 학생이 '나는 축구에 소질이 있다.(I am congenial at football.)'라고 썼던 것을 본 기억이 있다.(적절한 단어인 'good' 대신에 '선천적인'이라는 뜻의 단어 'congenial'을 사용했다. - 옮긴이)

인터넷에서 검색할 때도 마찬가지다. 우리가 논의하고자 하는 주제와 관련된 기본지식을 이미 확보하지 않고 있다면 조회를 통해 얻은 참고자료의 가치는 제한적일 것이다. 이와 관련하여 교육학자 허시는 다음과 같이 말하고 있다.

> 지식을 얻기 위해서는 지식이 필요하다는 것은 인지심리학 분야에서 공인된 사실이다. 어린이들은 언제나 스스로 찾아서 배울 수 있다는 것을 근거로 지식 중심 교육과정을 비판하는 사람들이 있다. 그러나 역설적으로 그들은 사실적 지식 없이는 어린이들이 효과적으로 찾아서 배울 수 없다는 사실을 놓치고 있다. 사실적 지식을 희생시키면서 학습의 과정을 강조하는 것은 실제로는 어린이들이 배우기 위해 학습하는 것을 방해하는 것이다. 인터넷 덕택에 풍부한 지식을 쉽게 이용할 수 있게 된 것이 사실이다. 그러나 그 정보를 이용하기 위해서는, 즉 지식을 습득하고 지식을 확충하기 위해서는, 먼저 지식 창고를 소유하고 있어야 한다. 이것이 바로 인지과학 연구를 통해 밝혀진 역설이다.[15]

이러한 이유 때문에 학생들에게 스스로 발견하거나 탐구하도록 격려하는 것은 매우 비효과적인 전략일 수 있다. 앞에서 소개한 바 있는 교육연구단체 퓨처랩도 학생들에게 인터넷을 이용하여 조사하라고 시키는 것은 매우 위험한 방법 중의 하나라는 것을 다음과 같이 인정하고 있다.

교사들로부터 많이 듣는 이야기인데, 의미도 전혀 고려하지 않은 채 부적절하고 때로는 틀린 정보를 복사하거나 짜깁기하여 보고서를 만든 후 대단한 연구를 한 것으로 착각하는 학생들이 많다고 한다.[16]

학생들에게 탐구과제를 제시했을 때 나 역시 이와 거의 동일한 경험을 한 적이 있다. 그런데 학생들이 왜 이렇게 할까를 생각해 보자. 학생들은 교사를 골탕 먹이려고 그렇게 하는 것이 아니다. 학생들은 의미를 따져 볼 수 있을 정도로 충분한 지식을 갖고 있지 않아 맞는 것과 틀린 것을 모두 활용하여 작업하기 때문이다. 새로운 교재를 읽고 이해하려면 뜻을 알고 있는 어휘가 95퍼센트 정도는 되어야 한다.[17] 그렇지 않으면 이해하기 곤란하여 개념상의 오류를 범하기 쉽다. 우리가 이용하고자 하는 참고문헌이나 인터넷에는 어려운 어휘들이 매우 많다. 이와 관련하여 허시 교수는 '행성'의 사전적 의미를 통해 설명해 주고 있다.

전문가와 초보자가 인터넷에서 '행성'을 검색하여 다음과 같은 내용을 찾아냈다고 가정해 보자.

행성planet - 태양을 중심으로 회전하는 비발광체들. '행성'이라는 용어는 때때로 소행성들을 포함하지만, 태양계의 다른 별들이나 혜성이나 운석들은 제외한다. 이를 확장하여 다른 별 주위를 회전하고 있는 비슷한 비발광체도 행성이라고 부른다.

지식이 풍부한 사람은 예를 들어 소행성, 혜성 및 운석을 행성이라고 해야 하는지 여부에 대해서는 확실하게 알 수 없더라도 이 표제어 설명으로 많은 것을 배울 수 있다. 그러나 초보자는 과학적으로 생각하려고 해도 배울 수 있는 것이 더 적어진다. 그는 행성이 무엇을 뜻하는지 알지 못하기 때문에 소행성, 혜성 및 운석이 무엇인지를 알 수가 없다. 심지어 태양이 하나의 별이라는 사실을 알지 못한다면 '다른 별 주위를 회전한다.'는 표현에 대해서도 어리둥절해할 것이다. 마찬가지로 '태양계의 다른 별들'이라는 표현도 이해하기 쉽지 않을 것이다. 왜냐하면 '태양계'라는 어휘 자체도 이미 행성이 무엇이라는 지식이 있어야 이해할 수 있기 때문이다. 상상력이 풍부한 초보자라면 다소 오랜 시간 동안 고민한 후에 어떻게든 추측을 할 수 있을 것이다. 그러나 어떤 것을 찾아서 알아보겠다는 것은 이러지도 저러지도 못하는 진퇴양난의 상황을 내포하고 있다. 그래서 어떤 주제에 대하여 효과적으로 찾아보고자 한다면 먼저 그것에 관하여 어느 정도는 기본적으로 알고 있어야 한다.[18]

언젠가 학생들에게 인터넷을 이용하여 찰스 디킨스의 삶에 대해 조사하고 그에 대해 간략한 보고서를 만들어 발표하도록 했다. 한 학생이 작가 디킨스의 삶을 그의 작품 『위대한 유산』의 1인칭 화자이자 주인공 '핍'의 삶과 혼동하는 실수를 범했다. 나는 그 학생이 왜 그러한 실수를 했는지 확인할 수는 없지만 그의 오류는 앞에서 간단히 설명했던 두 가지 문제에서 기인한다고 여겨진다. 하나는 찰스 디킨스라는 작가에 대한 배경지식을 갖고 있지 않아서 그러한 오해를 불러 일으켰을 수가 있다는 점을 들 수 있고, 다른 하나는 어휘에 대한 지식이 충분하지 않아서 인터넷에 나온 설명 자료를 제대로 해석할 수 없었을 것이라는 점이다. 그 학생은 디킨스가 자신의 삶을 작품 속 주인공인 핍의 이야기에 어느 정도 투영시켰는지를 다룬 웹사이트를 분명히 찾아보았을 것이다. 그러나 소설에 나오는 어휘들을 잘 이해하지 못하여 디킨스와 핍을 혼동했을 것으로 여겨진다.

나는 사전이나 백과사전 사용이 필요하다는 것을 아는 만큼 인터넷을 이용하여 연구하는 것을 결코 부정적으로 생각하지 않는다. 만약 교사가 조사해야 할 과제에 대하여 필요한 사실적 지식을 체계적으로 전달해 준 후에 이를 보완하는 수단으로 인터넷 조사활동을 한다면 효과적일 것으로 생각한다. 그러나 앞에서 분석한 증거나 실제 사례를 통해서 볼 때 인터넷이 보완적인 방식으로 활용되지는 않는다. 교육기준청이 우수하다고 평가했던 수업 장면을 다시 한 번 보자.

> 9학년 학생들이 제1차 세계대전과 제2차 세계대전에서 나타난 폭탄 투하 전략의 변화를 비교하는 과제를 수행하고 있었다. 학생들은 교사의 개별 지도를 받아가면서 무엇을 조사할 것인지 과제를 도출했다. 학생들은 각자 노트북 컴퓨터를 가지고 학술사이트나 일반사이트를 검색하여 연구 자료들을 찾고 다양한 해석들을 검토했다. 이렇게 유용한 연습을 통해 학생들은 자기주도적 학습을 경험할 수 있었다. 교사는 학생들에게 해결해야할 과제의 범위를 넓게 제시하고 주제도 특정한 것으로 정했지만 탐구절차를 구체적으로 지시하지는 않았다. 그럼에도 불구하고 학생들이 자율적으로 탐구활동을 전개하고 구조화할 수 있는 수준까지 향상되었다.[19]

아마도 그 교사는 수업 전에 학생들에게 과제에 대한 사전지식을 충분히 갖고 있어야 한다고 확실하게 이야기했을 것이다. 그러나 이러한 사실은 전혀 언급되지 않고 있다. 어떻든 학생들은 그 복잡한 과제를 스스로 인터넷을 이용해서 해결하기 위해 필요한 모든 데이터와 해

설들을 찾을 수 있는 능력을 갖고 있다고 여겨진다. 간단히 말해서 이는 복잡한 학습내용을 배울 때 활용할 수 있는 현실적인 방법은 아니다. 다음에 제시한 것과 같이 교육기준청은 교사가 직접 지도하는 것보다 학생들이 인터넷을 찾아서 새로운 사실적 지식을 학습하는 것을 권장하고 있다.

새 교육과정에 익숙하지 않은 교원들은 가끔 학생들의 향상된 학습역량을 활용하지 못했고, 이 때문에 학생들은 그들이 구식이라고 표현하는 과거의 수업형태로 되돌아갈 때 불편하게 느꼈다. 예를 들어, 한 학교에서 일부 학생들은 탐구 기반 학습방식의 일부인 노트북 컴퓨터 활용에 익숙했다. 그들은 개별적으로 학습했고 학습내용에 대하여 훨씬 폭넓게 사고했다. 이와는 반대로 다른 일부 학생들은 교사가 주도하는 수업을 받고 있었는데 그들은 안정적이지 않고 수업 집중력이 약화되었다. 이를 통해 모든 교원들이 새로운 접근방식의 장점을 이해하여 학생들의 높은 기대를 충족시킬 수 있게 하는 것이 얼마나 중요한지를 확인할 수 있었다.[20]

다시 한 번 우리는 교육기준청의 논리적 비약을 발견하게 된다. 교육기준청은 교사가 직접 지도하는 것을 부정적으로 평가하고 있으며, 심지어 교사가 학생의 학습에 개입하는 것 자체를 문제시한다. 교사가 직접 지도하기보다 인터넷을 이용한 조사로 대치해야 한다고 주장한다. 그러나 전혀 그렇지 않다. 교사가 잘못 지도하는 것이 문제라면 그에 대한 해법은 교사가 아예 지도하지 않도록 하는 것이 아니라 직접 지도하되 지도를 더 효과적으로 할 수 있도록 하는 것이 맞다.

이 장의 도입 부분에서 보았던 실용적인 접근 방법의 다른 문제점은 학생들이 구체적인 학습 없이도 탐구 역량을 습득할 수 있다는 관점이다. 왕립예술협회에서 개발한 개방적 사고 교육과정은 조사기법 개발에 중점을 둔다. 이와 마찬가지로 국책연구기관인 퓨처랩에서는 정보의 원천 및 서로 다른 의견에 대한 토론 학습, 질문 기술 개발을 중시한다.[21]

다음 장에서는 역량 개발의 본질에 대하여 더 자세히 검토할 것이다. 그 전에 우리가 좀 더 깊이 고려해야 할 것은 탐구 역량이란 넓은 지식체계를 활용하는 능력을 의미한다는 점이다. 탐구를 잘 수행한다는 것은 구글 검색에서 첫 번째 페이지에 나온 것에 만족하지 않고 더 깊게 찾아보는 수준이며, 탐구하고자 하는 주제에 관하여 이전에 가지고 있던 지식에 의존하는 수준 이상을 말한다. 누군가 인터넷에 연결된 컴퓨터를 주면서 크리켓 선수 돈 브래드만이 시범경기에서 위켓을 몸으로 막아 아웃되었는데 그때 타자가 누군가를 찾도록 했다고 가정해 보자. 나는 그가 누군지 모르지만 인터넷을 찾아보면 수초 안에 알아낼 수 있다. 인터넷 웹사이트 www.cricinfo.com를 방문한 뒤 통계 폴더를 통해 각각의 시범경기를 검색해 볼 수 있다.

어떤 사람이 메이저리그 야구에서 치퍼 존스를 여러 차례 고의 4구로 출루시킨 투수가 누군지를 찾아보라고 했다고 하자. 야구에 대해 아는 바가 없는 나로서는 인터넷에서 무작위로 검색할 수밖에 없는데 구글에 검색어를 입력하는 것 외에 무엇을 또 해야 할지 모른다. 나는 위키피디아 검색창에 'Chipper Jones', 'MLB', 'intentionally walk'를 입력하여 이 단어들이 무엇을 뜻하는지 알아보겠지만 검색할 내용이 정확히 무엇인지를 이해하는 데 여전히 어려움을 느끼게 된다. 왜 이런 현상이 일어날까? 나의 인터넷 검색 실력이 어떤 내용에 대해서는 매우 훌륭하지만, 검색해야 할 어휘나 구조의 난이도가 비슷한 다

른 어떤 내용을 검색할 때는 매우 수준이 낮은 것이 사실이다.[22]

검색 결과의 차이는 전문지식domain-specific knowledge의 차이에서 나타난다. 나의 인터넷 활용 지식은 두 가지 유형의 검색에서 똑같았다. 그러나 첫 번째 검색에서 관련 영역에 대한 나의 전문지식은 매우 높아서 검색해야 할 내용에 대한 지식을 이용하여 나는 매우 빨리 정답을 찾는 전략을 구사할 수 있었다. 반면에 두 번째 검색에서는 전문지식, 즉 그 특별한 영역에 대한 지식이 부족했기 때문에 실패했다. 두 번째 검색 과제에서 좋은 결과를 얻으려면 어떻게 해야 할까? 이를 위해 찾고자 하는 자료의 정확한 출처를 확인하고 구글 검색을 정확하게 하여 거기서 얻은 데이터베이스를 잘 활용하는 방법을 알아야 할 필요는 없다. 실제로는 메이저리그 야구가 무엇이고, 투수가 무슨 역할을 하는 사람인지, 치퍼 존스가 누구인지, 의도적인 출루가 무엇을 뜻하는지를 아는 것이 필요하다. 나는 야구와 크리켓 두 가지 모두에 대해 잘 알고 있는 친구에게 야구 관련 질문을 크리켓에 맞춰 재구성해 달라고 부탁했다. 그 친구는 간단히 각 용어의 의미와 그 질문을 해결하는 방법에 대해서 설명해 주었다. 크리켓 문제를 해결했던 것과 비슷한 방법으로 문제를 풀이할 수 있다고 하면서 야구 경기 기록을 데이터베이스로 관리하는 웹사이트를 찾도록 했다. 거기에서 데이터베이스를 찾아 검색어를 입력하면 된다고 했다. 그 친구는 나에게 검색어들을 어떻게 구성하는지를 보여 주었지만 여전히 다른 유사한 검색들을 하기 어려웠다. 내가 야구에 관하여 이러한 종류의 탐구를 잘 할 수 있는 유일한 방법은 내가 야구에 대하여 더 많은 지식을 갖는 것이라고 확신했다.

어떤 사람이 연구할 때 부딪히는 대부분의 연구 과제들을 이해할 정도로 일반지식을 충분히 갖추고 있을 때 우리는 그가 우수한 탐구 역량을 갖고 있다고 말한다. 나 자신도 연구 역량을 충분히 갖추고 있는 편이지만 바로 앞에서 보여 준 바와 같이 전혀 알지 못하는 내용에 대해 탐구할 때는 바로 어려움에 봉착하게 된다.

어떤 문제를 사전이나 인터넷에서 찾아 이해할 수 있으려면 먼저 그 문제에 대해 상당히 알고 있어야 한다. 어떤 것에 대해 효과적으로 탐구할 수 있는 능력은 분명히 중요한 역량이다. 그러나 그 역량은 폭 넓은 지식을 바탕으로 한 것이다. 만약 우리가 가르치는 학생들이 스스로 무엇인가 찾아보면서 공부할 수 있도록 해 주기 위해서는 단지 불확실한 추측이나 일반적인 방법에만 초점을 맞춰 지도하기보다는 그들이 이러한 광범위한 지식을 습득할 수 있도록 지도해야 할 것이다. 창의력, 분석력, 문제 해결력, 문해력 등 다른 많은 역량들에 대해서도 마찬가지다. 다음 장에서는 이러한 역량들을 배양하기 위한 최선의 방법이 무엇인지 알아보겠다.

SEVEN
MYTHS
ABOUT
EDUCATION

다섯 번째 미신

전이 가능한 역량을 가르쳐야 한다

사람들은 왜 '전이 가능한 역량을 가르쳐야 한다.'라고 생각할까?

이러한 관점이 교육정책과 교실 실제에 어떤 영향을 끼쳤을까?

1. 이론적 배경

3장에서 우리는 지식이 끊임없이 변하고 있다는 것은 하나의 미신이라고 논의했다. 4장에서는 3장에서 논의한 미신에 대한 해결책으로 또 다른 미신 한 가지를 다루었다. 지식을 가르치지 말고 그 대신 지식을 찾아서 알아 가는 학생들을 신뢰해야 한다는 견해다. 만약 이 논리를 따른다면 약간의 문제가 생긴다. 지식을 가르칠 필요가 없어지더라도 교사는 학생들을 가르쳐야 할 시간 동안 무엇인가를 해야 한다. 그것이 무엇일까? 이번 장에서는 가장 일반적인 답변에 대하여 논의한다. 그것은 전이 가능한 역량을 가르친다는 것이다. 학생들에게 '무엇'을 가르치는 것이 아니라 '어떻게'를 가르쳐야 한다. 학생들에게 문제를 해결하는 방법, 분석하는 방법, 비판적으로 생각하는 방법, 평가하는 방법에 대하여 가르쳐야 한다. 학생들에게 이러한 중요한 역량들을 가르쳐 현재와 미래에 어떤 문제라도 해결할 수 있도록 해야 한다. 무엇보다도 학생들에게 공부하는 방법에 대하여 가르쳐야 한다. 왜냐하면 학생들에게 학습하는 방법을 가르쳐 주면 아무리 빨리 지식이 변하더라도 문제가 되지 않기 때문이다. 외무장관을 지낸 데이비드 밀리밴드는 하원의원을 지낸 2003년, 21세기 교육의 가장 중요한 기능 중 하나는 평생 동안 변화하는 사회에 대비하여 학습하는 방법을 학습하도

록 해 주는 것이라고 주장했다.[1]

심리학자이면서 다수의 교육관련 저서를 낸 가이 클랙스턴 교수도 학습하는 방법의 학습을 특히 강조한다. 그는 윈체스터대학교 학습과학 전공과 교수이면서 대학 부설 연구소인 실생활 학습 센터 공동 대표다. 그가 만들었던 용어인 '학습력 강화[BLP: Building Learning Power]'는 교육기준[ofsted] 보고서에 자주 인용되고 있다.[2] 클랙스턴 교수는 학생들에게 현명하게 선택하는 능력, 능숙하게 문제를 해결하는 능력, 그리고 강력한 학습 의욕을 강화해 주는 것이 교육의 역할이라고 주장한다.[3] 왜냐하면 특정한 지식과 기능은 곧 구식이 되지만 일반적인 학습 능력은 유효기간이 없기 때문이다.[4] 새로운 것을 배우는 능력을 소유하지 못한 학생은 비학습자이며, 이 때문에 청소년들의 학습력을 개발시켜 주는 것이 문해력과 수리력을 개발시키는 것보다 근본적으로 더 중요하다.[5] 다음 내용을 통해, 클랙스턴 교수의 관점이 앞서 우리가 3장과 4장에서 분석했던 논리와 거의 동일하다는 것을 확인할 수 있을 것이다. 현대 과학기술 변화의 본질적 특성으로 우리는 학생들에게 지식을 가르칠 수 없다는 점이다.

> 21세기 교육을 재구성해야 하는 두 가지 확실한 이유를 경제적인 측면과 개인적인 측면에서 찾을 수 있다. 우리가 자주 듣는 경제적 논쟁 중의 하나는 지식이 너무 빨리 변하는 상황에서 앞으로 일어날 일이 무엇인지 모르기 때문에 젊은이들에게 무엇을 배워야 한다고 말해 줄 수 없다는 말이다. 그래서 우리는 그들이 배워야 할 필요가 있는 무엇이든지 배울 수 있도록 유연성 있는 마음가짐을 길러 주어야 한다. 이렇게만 해 줄 수 있다면 우리는 실력 있고 혁신적인 세계 수준의 노동력을 확보할 수 있을 것이다.[6]

클랙스턴은 학생들에게 유연한 마음가짐을 개발해 주는 것이 교육의 목표라고 한다. 그는 마음은 근육이라는 말을 만들었으며, 다음과 같이 교육이 중요한 정신 근육 그룹들을 단련시키는 것으로 보고 있다.

수학, 역사 또는 음악을 지도함으로써 어떤 정신 근육 그룹들을 특별하게 단련시킬 수 있을까? 이러한 관점에서 우리가 길러 주고 싶은 역량들도 가르칠 수 있을까?[7]

정신 근육 비유를 통해 볼 때 전이 가능한 역량도 가르칠 수 있다는 의미다. 사람들은 쇼핑백이나 몇 권의 책 더미를 들 때 실제 근육을 사용할 수 있다. 다시 말하면, 일반적인 실행력을 향상시키기 위하여 실제 근육을 단련시킬 수 있다. 이와 같은 논리를 정신 근육에 적용하면 학습 능력, 창의력이나 문제 해결력 같은 일반 역량도 가르치고 배울 수 있다고 여긴다. 클랙스턴 교수가 제시한 일반 역량 지도 방법을 적용 사례를 통해 검토하고자 한다.

왕립예술협회[RSA]의 개방적 사고 교육과정도 이와 유사한 논리를 전개한다. 앞에서 이미 논의했던 다섯가지 핵심 역량도 가르칠 수 있다는 것을 다음과 같이 정당화시키고 있다.

역량 기반 접근방식은 학생들에게 교과지식을 습득하도록 하는 것이 아니라 보다 광범위하게 학습할 수 있고 삶 속에서 그 지식들을 이해하고, 사용하며, 적용할 수 있도록 해 주는 것을 뜻한다. 이것은 또한 학생들에게 상이한 교과 영역들에 걸쳐 있는 지식들을 연결시키고 적용할 수 있도록 하여 보다 종합적이고 통일성 있는 학습방식을 제공해 준다.[8]

교사 및 강사 노조[ATL]도 교육과정에 관한 보고서에서 다음과 같이 논의하고 있다.

> 사실적 지식의 단순 암기 교육은 이제 전이 가능한 역량을 배양하는 교육으로 대치되어야 한다. 전이 가능한 역량은 다음 세대가 정보화시대를 잘 헤쳐 나갈 수 있도록 하는 데 필수적이다.[9]

그런데 우리는 여기서 사실적 지식 학습과 역량 학습 간의 대립을 다시 확인할 수 있다. 전이 가능한 역량 지도에 관한 대부분의 이론들은 궁극적으로 이러한 이분법을 재현한 것이며, 전이 가능한 역량에 사실적 지식이 필요하지 않다고 가정한다.

2. 적용 사례

이 이론이 실제로 어떻게 작동하는지를 보면, 전이 가능한 역량을 가르치기 위해 교과지도 시간을 감축하고, 대신 프로젝트 활동 시간을 증가시키고 있음을 볼 수 있다. 교과와 프로젝트 논쟁에 대해서는 다음 장에서 다룰 것이기에, 이 장에서는 전이 가능한 역량을 프로젝트 또는 다른 방식으로 어떻게 가르치고 있는지에 대해 알아본다.

1장에서 살펴보았듯이 현행 국가교육과정 설계자들은 학습량을 의도적으로 10퍼센트 감축했다. 많은 학교들은 학습량 감축으로 남은 시간을 전이 가능한 역량을 가르치기 위한 시간으로 사용하기 위해 수업 시간을 재구성했다. 수업시간 재구성은 교과보다는 역량 중심으로 이뤄졌다. 교육과정의 재구성 방법에 있어서 두 개의 외부 기관의 지원이 컸다. 3장에서 소개했던 왕립예술협회의 개방적 사고 교육과정을 가장 대표적으로 들 수 있다. 노스햄톤셔에 위치한 캠피언 스쿨Campion School은 가톨릭계 중등학교로서 7학년부터 13학년 학생들이 재학하고 있으며, 2004년 7학년 학생부터 개방적 사고 교육과정을 시범적으로 도입하였으며, 전국교사연구패널에 다음과 같이 운영 경험을 보고했다.

개방적 사고 교육과정은 국가교육과정과 대조적으로 교육 내용보다는 교수기술에 중점을 둔다. 국가교육과정을 면밀히 검토해 보면 모든 교과의 지도 지침들이 개방적 사고 교육과정과 매우 유사하다. 예를 들어 모든 교과들에서 학생들은 평가, 묘사, 설명 등을 해야 한다는 규정이 있다. 학생들이 성공적인 삶을 영위하기 위해서는 이러한 전략들이 필요하다.[10]

캠피언 스쿨의 시범 연구 결과는 물론 옳다. 1장에서 논의했듯이 국가교육과정을 자세히 검토해 보면 국가교육과정에 제시된 교과별 지침들은 거의 비슷하다는 것을 알 수 있다. 실제로 국가교육과정은 이러한 역량 기반 접근방식을 장려하고 있다.

캠피언 스쿨에서 역량 중심 교육과정을 도입한 목적 중에는 다음과 같이 전이 가능한 역량 학습 증진이 제시되어 있다.

• 7학년부터 9학년에 해당하는 핵심단계3 교육과정에서는 전이 가능한 역량과 문해력, 수리력 및 ICT 활용 능력을 개발한다.
• 학습하는 방법의 학습Learning to learn과 감성 지능Emotional Intelligence을 교육과정에 포함하여 지도한다.[11]

학교에서는 몇 개의 과목을 하나로 통합하여 프로젝트 방식으로 가르쳤다. 교육과정 시수의 80퍼센트를 개방적 사고 교육과정 역량을 중심으로 구성하고 프로젝트에 활용했다. 매년 여섯 개의 프로젝트가 진행되는데 그중 다섯 개의 사례를 들면 스마트한 두뇌(Smart Brain, 첫 번째 프로젝트이며 학습하는 방법의 학습임), 뉴스 속보, 지구촌 문제, 시의 적절치 않음이다.[12] 캠피언 스쿨에서 특정 수업에 무엇을 학습하는지에 대한 더 자세한 자료는 아쉽게도 찾을 수 없었다.

왕립예술협회는 교육과정을 역량 중심으로 재구성한 자료를 개발하고 컨설팅해 주는 회사인 크리스 키글리에서 개발한 지도서 시리즈 활용을 권장한다.[13] 이러한 자료들을 활용하여 학교는 1학년과 2학년에 해당하는 핵심단계1과 3학년에서 6학년까지에 해당하는 핵심단계2에 제시된 국가교육과정의 역량들을 여섯 개의 학기별 주제나 프로젝트로 재구성할 수 있다. 크리스 키글리 지도서는 국가교육과정의 교과별 역량을 재구성하는 틀을 제공해 주고 있다. 따라서 학교에서는 프로젝트를 가르칠 수 있고, 교육과정에 제시된 역량들을 재구성하여 프로젝트로 변환할 수 있다. 국가교육과정은 핵심단계 1과 2의 교육과정에서 역량들만 의무적인 것으로 규정하고 있기 때문에 이러한 재구성은 허용되는 사항이다.

사실 이러한 교육과정 재구성은 교육기준청에서도 적극 권장하고 있다. 교육기준청에서 최근 발간한 보고서에는 개방적 사고 교육과정의 구조와 유사한 방식을 적용하는 학교들에 대해 교육과정의 주제를 융합적으로 재구성한 혁신적인 학교라면서 칭찬하고 있다.[14] 2008년 보고서는 교육과정 혁신을 긍정적으로 평가하면서 교육기준청은 학교들이 다음과 같은 네 가지의 주요 접근방식으로 교육과정 혁신을 전개하고 있다고 보았다.

- 개별 교과로 세분화하기보다는 주제별로 또는 교과 간 융합을 통해 교육과정을 재구성하여 적용하고 있음
- 교육과정 시수를 융통성 있게 사용함
- 대안적인 교육과정을 적용함
- 학습기술 향상에 집중함[15]

위의 네 가지 중에서 첫 번째와 네 번째는 이제까지 논의했던 혁신적인 방식에 관한 것이다. 교육기준청의 이 보고서에 제시한 혁신 사례는 다음과 같이 왕립예술협회의 접근방식과 유사하다.

7학년에서 공부하는 동안 모든 학생들은 '여행', '정체성', '긍정적 이미지', '미술 충격', '생존'과 '권력과 영광'이라는 여섯 가지 주제의 프로젝트를 한 학기에 두 개씩 이수한다. 이 주제들은 지리, 역사, 종교교육, 무용, 드라마, 미술, 재량활동 과목들을 재구성한 것이다. 학생들은 주별 또는 개별 수업별로 기준 역량에 근거하여 평가받을 수 있었다. 평가 결과 학생들은 자신의 강점과 약점을 이해할 수 있었고, 학습과 성취수준 향상에 강력한 자극제로 작용했다.[16]

전이 가능한 역량을 가르치기 위해 교과 체제를 폐지하여 재구성하는 것이 일반적인데 그렇지 않은 경우도 있다. 『학습력 강화의 실제』의 저자인 클락스턴과 두 명의 동료들은 교과 수업을 통해서도 학생들의 학습 능력 신장과 역량 개발에 도움을 줄 수 있는 많은 사례들을 제시하고 있다. 과학 수업을 통해서 상상력을 가르칠 수 있다는 사례를 제시하면서 그들은 다음과 같이 권장하고 있다.

학생들은 복잡한 윤리적 문제를 보다 잘 이해하기 위해 역할 놀이를 한다. 그들은 서로의 감정과 느낌을 상상하고 실제 행동으로 옮기면서 토론을 시작한다.[17]

그들은 지리 수업을 통해 상상력을 가르칠 수 있는 사례로 다음과 같은 활동을 권장한다.

학생들은 땅에 누워 하늘을 바라보면서 긴장을 푼다. 그들은 구름을 자세히 관찰한 다음 눈을 감고 폭풍이 다가오면 하늘이 어떻게 변할 것인가를 상상한다. 그들은 상상했던 변화들을 그 후에 실제 배우는 지식과 연계시킨다.[18]

그렇지만 학생들의 학습에 관련이 있는 활동들과 수업들이지만 이 것들이 특정한 교과의 수업과 연계되지 않는 경우가 아주 많다.『학습력 강화의 실제』에서 이에 대해 다음과 같이 권장하고 있다.

학생들은 우수한 학습자란 어떤 사람인가에 대한 이미지를 만들어 낸다. 즉, 벌집 이미지로서 항상 아이디어로 가득 차 있는 사람, 프로그램 세트 이미지로서 우수한 학습자가 되는 데 필요한 역량들을 갖춘 사람 이다. 학생들은 자신들과 다른 사람들의 모습을 그들이 주목한 학습행 동을 지닌 이미지들에 적용시킨다.[19]

학습에 대한 관점이 직접적으로 전이 가능한 역량을 가르치기 위 한 수업에서 중요한 부분으로 보인다. 캠피언 스쿨에서는 격주로 학습 에 대한 수업을 진행한다.

학습하는 방법의 학습을 가르치기 위한 코스의 수업내용은 다음과
같다.

- 뇌에 관한 모든 것
- 감정이 뇌에 미치는 영향 및 감정을 통제하는 방법
- 지능의 특성 분석
- 다중 지능의 유형 및 학습 장애 극복을 위한 다중 지능 활용 방법
- 학습 유형
- 시청각 학습과 운동감각적 학습 평가 및 좌뇌형 학습과 우뇌형 학습
  평가

여기서 초점은 보다 똑똑한 학습자가 되기 위해 좌뇌와 우뇌를 통합한
전뇌를 어떻게 활용할 것인가에 있다. 『감성지능』의 저자인 대니얼 골
먼은 성공적인 삶을 위해서는 끈기, 낙천주의, 공감, 기분 조절, 자의식
및 만족 지연과 같은 자질들이 추가적으로 필요하다고 한다. 우리는
이러한 자질들을 확실하게 가르치고, 학생들에게 성공하기를 원한다
면 이러한 자질들을 개발할 수 있어야 한다고 알려 준다. 우리는 또한
사고력과 탐구력 배양을 위해 노력한다. 이러한 자질을 전문가들이 가
르친다. 그들은 속진학습 이론을 심층적으로 연구하면서 효과적인 교
수-학습 관리 전공 석사학위 과정을 수료한 교사들이다. 수업 중에는
뇌파 친화적인 음악을 틀어 주고, 20분 간격으로 두뇌 운동을 시킨다.
학생들은 항상 학습상황을 누가적으로 기록한다. 수업 중에 교사는 학
생들이 스스로 학습내용에 대하여 생각하고 또 이해 정도를 점검해 보
도록 하는 메타인지metacognition 전략을 활용하도록 지원한다.[20]

캠피언 스쿨에서 활용하는 '메타인지'는 쉬운 접근방식이다. 예를 들어, 상호작용 읽기 프로그램은 학생들이 읽기를 배우는 데 도움을 주는 메타인지를 활용한다. 이것은 학생 주도 프로그램으로서 학생들이 독해능력을 향상시키기 위해 글을 읽을 때 다음의 네 가지 전략을 활용하는 것이다. 읽기 자료의 일정 부분을 읽은 후 이해했는지를 확인하기 위해 질문, 요약, 명료화, 예측의 네 가지 전략을 사용한다.[21] 교육기준청에서 최근 제시한 문해 지도에 관한 권고는 다음과 같이 문해력에 대한 직접교수법 방식과 유사하다.

> 최근 교육과정 전반에 걸쳐 독해 능력을 효과적으로 개발해 주는 학교가 거의 없다. 장학사들은 대강 훑어 보기, 특정 정보 찾기, 및 자세히 읽기와 같은 기능을 직접 지도하는 수업을 거의 찾아보기 힘들다. 또한 사전 활용, 요점 확인 및 메모하기, 요약하기나 다양한 출처 사용 등을 거의 하지 않고 있다.[22]

요약하면, 많은 학교에서 전이 가능한 역량을 가르치기 위해 교육과정을 재구성했다. 이를 위해 가장 흔히 사용하는 방법 중의 하나가 프로젝트를 기반으로 한 주제 중심으로 수업하는 것이다.

3. 왜 미신인가?

이 미신의 핵심적인 주장은 학생들이 배워서 알게 된 것과 할 수 있게 된 것을 새롭고 익숙하지 않은 상황에도 옮겨와 활용할 수 있게끔 하자는 것이다. 이것은 교육의 목적 중의 하나다. 그런데 이러한 능력을 개발하기 위해 추상적인 역량 습득에 초점을 맞춘 특별한 수업을 해야 한다는 주장에는 문제가 있다. 앞에서 논의한 바와 같이, 지식과 역량은 상호 의존적이다. 지식과 역량을 따로 분리시키는 것은 물론이고 역량만 따로 교육시킨다는 것은 불가능하다. 이것이 불가능하다는 것은 전이 가능한 역량 찬성론자들의 주장을 면밀히 분석해 보면 분명하게 드러난다. 캠피언 스쿨에서 국가교육과정의 모든 교과가 제시하고 있는 역량들은 매우 유사하다고 밝힌 것은 정확하며 실제로 그렇다. 그렇다고 모든 교과를 같은 방식으로 가르칠 수 있을까? 학생들은 난해한 수학 문제를 분석해야 하고, 어려운 역사 문제도 분석해야 한다. 두 개의 상이한 교과를 분석할 수 있는 역량을 개발하는 데 도움을 줄 수 있는 수업방식이 있을까? 우리는 학생들이 과학적 사실에 대하여 유창하게 설명할 수 있기를 원하고 또한 문학적 지식에 대해서도 유창하게 설명할 수 있기를 바란다. 그러나 각각의 교과에 공통으로 적용 가능한 전문성을 개발해 줄 수 있는 다목적 의사소통 전략이 있을까?

그렇지 않다. 인지심리학자 대니얼 윌링햄은 정신 작용에 대해 모든 사람들이 잘못 알고 있는 것이 있는데, 그것은 우리의 뇌가 계산기처럼 작동한다고 생각하는 경향이라고 지적한다. 계산기는 데이터의 종류와 무관하게 특정한 데이터에 대해서는 특정한 작용을 한다. 우리의 뇌가 계산기와 같다면 어떤 데이터에 특정한 작동을 할 수 있을 때 다른 종류의 데이터에 대해서도 같은 작동을 할 수 있을 것이다. 이것은 바로 캠피언 스쿨의 적용 사례에서 보았던 개방적 사고 교육과정을 뒷받침하는 이론이다. 캠피언 스쿨의 보고서는 국가교육과정의 교과들이 요구하는 역량들이 매우 유사하기 때문에 교과들을 통합하여 재구성하기가 쉽다고 했다. 그러나 뇌의 작동방식은 그렇지 않다는 것이 대니얼 윌링햄의 설명이다.

인간의 정신은 그렇게 작동하지 않는다. 비판적 사고와 관련하여 제2차 세계대전의 발발 원인에 대해 비판적으로 생각하는 것을 배웠다고 해서 그것이 서양장기에 대해 비판적으로 생각할 수 있다거나, 중동의 현재 상황에 대해서 또는 미국 독립전쟁의 발발 원인에 대해 비판적으로 생각할 수 있다고 볼 수는 없다. 비판적 사고의 과정은 배경지식과 밀접하게 관련이 있다. 인지과학적 관점에서 이에 대해 결론을 말한다면 비판적 사고 역량을 배우는 것과 병행하여 배경지식을 습득할 수 있도록 해야 한다.[23]

우리가 교육기준청 보고서를 통해 분석한 수업들에서 학생들의 배경지식 습득 여부를 확인하는 경우는 거의 찾아볼 수 없었다.

이 주제와 관련하여 서양장기로 알려진 체스 선수, 즉 체스 마스터들을 대상으로 많은 흥미로운 연구들이 수행되었다. 가장 많이 인용되는 것은 네덜란드의 심리학자이면서 체스 명인인 아드리안 드 그루트가 수행한 연구인데, 그는 1946년에 관련 저서 『생각과 선택』을 발간했다. 미국 카네기멜론대학교 심리학 교수인 허버트 사이먼과 윌리엄 체이스는 드 그루트의 연구를 재현하면서 1973년에 선구적인 연구 논문을 발표했는데 다음은 관련 내용의 일부다.

드 그루트는 매우 짧은 시간(2~10초) 동안 피실험자인 체스 선수들에게 체스판을 보여 준 다음 기억을 되살려 말들의 배치를 재구성하도록 했다. 그 체스판은 피실험자들이 전혀 알지 못하는 과거의 실제 마스터 게임 기보였다. 결과는 극적으로 나타났다. 최고의 선수에 해당하는 그랜드 마스터와 바로 다음 수준의 선수에 해당하는 마스터들은 약 93퍼센트의 정확도로 거의 완벽하게 25개의 말이 등장하는 체스판을 재생했다. 마스터 수준은 아니지만 전문가 수준 선수들의 경우에 재생률은 약 72퍼센트 정도로 급격히 떨어졌다. 우수한 아마추어 선수들은 단지 50퍼센트 정도의 말의 위치만 재생했고, 초보 선수들은 단지 30퍼센트 정도인 8개의 말만 제자리에 놓을 수 있었다.[24]

몇 년 후 사이먼과 체이스는 드 그루트의 실험을 반복하여 실시하여 동일한 결과를 얻었다. 그들은 다음과 같이 중요한 통제변인을 추가하여 실험을 했다.

우리는 심층연구를 수행했는데, 과거의 연구에서 사용한 말의 숫자는 동일하게 하되 말의 위치를 임의로 배치했다. 조건은 같았는데도 마스터부터 초보자까지 모든 선수들이 평균적으로 약 세 개와 네 개의 말의 위치만 재생했다. 이것은 실제 게임 기보에서 초보자들이 획득한 재생률보다 훨씬 더 낮게 나타났다.[25]

이 실험은 인지작용에 있어서 장기기억의 중요성을 보여 주는 것으로 매우 유명하다. 체스는 순수한 추론이 실력을 좌우하는 게임, 즉 추상적인 정신 근육의 소유 여부에 따라 최고의 선수와 약한 선수로 구분되는 게임으로 여겨지고 있다. 그러나 실제로 최고의 선수와 약한 선수로 구분하는 가장 큰 차이는 전형적인 기보에 대한 지식이었다. 체스는 고도의 지식에 기반을 두고 있다. 다음에서 허시는 다른 영역도 마찬가지라고 설명한다.

이와 똑같은 실험을 대수학, 물리학, 의학 등과 같은 다른 분야들을 대상으로 여러 연구소에서 수행했는데 놀랍게도 항상 결론이 같았다. 그런데 과제 유형을 전혀 다른 것으로 바꾸어 실험했을 때 과거에 적용했던 기술을 새로운 문제 상황에 이전하지 못하는 것으로 나타났다. 정상적인 상황이라면 당연히 과거와 같은 문제가 현재에도 나타나게 되며, 이때 전문 선수들은 똑같은 방식으로 문제를 잘 해결할 수 있다. 그러나 문제가 유사하지 않거나 전혀 다를 경우 기술은 이전되지 않는다.[26]

사이먼은 자신의 실험을 바탕으로 전문적인 체스 선수들은 장기기억에 1만에서 10만 개 정도의 체스 포지션을 저장하고 있다는 것을 제시했다.[27] 체스 그랜드 마스터가 전문성을 발휘할 수 있는 것은 바로 이렇게 저장된 장기기억 덕분이며, 추상적인 추론 능력 때문이 아니다. 마찬가지로 학생들에게 분석력이나 비판적 사고 능력을 기르기 위한 전략이나 요령을 가르치면 그들의 분석력과 비판적 사고 능력도 근육처럼 강화된다는 것은 이론적으로 틀리다.

그렇다면 일부 성인들의 일반적인 사고 역량이 분명히 우수하다는 사실을 어떻게 설명할 수 있는가? 모든 학생들이 이러한 역량을 개발할 수 있다고 어떻게 확신할 수 있는가? 이 두 질문의 정답은 지식이다. 이에 관한 허시의 논의를 보자.

유능한 사람들이 21세기 역량을 습득하는 이유는 그들이 광범위한 분야에서 그 영역에 대한 지식을 소유하고 있기 때문이다. 많은 연구 결과들도 21세기 역량의 바탕은 지식이라고 밝히고 있다. 지식이 바로 역량이고, 역량이 또한 지식이다. 다양한 영역에서 광범위한 지식을 소유하는 것이 역량을 높이는 유일한 기반이기 때문에 일반 지식이 높은 사람의 21세기 역량도 높다.[28]

허시가 지식이 바로 역량이라고 말한 것은 옳다. 이것이 상식적으로 맞지 않는 것 같이 보일 수 있다. '역량skill'과 '지식knowledge'이라는 용어를 매일매일의 실제 생활 맥락에서 적용할 때 이 두 용어는 분명히 다른 것을 의미한다. 역량이라는 용어는 우리 모두가 이해하고 있는 하나의 현상을 명확하게 묘사하는 것이다. 어떤 사람이 단지 구구단과 수학 공식을 잘 외우고 있다고 해서 그가 수학 문제 풀이에 역량 있는 사람이라고 말하지 않는다. 우리가 역량이 있다고 말하는 것은 그가 과거에 전혀 보지 못했던 새로운 문제에 기존에 알고 있는 지식을 조작적으로 활용할 수 있다고 보기 때문이다.

그러나 '역량'이라는 용어가 현실을 묘사할 때는 매우 유용하지만, 그 현실을 분석할 때는 그렇게 유용한 편이 아니다. 다음은 허버트 사이먼이 공저로 발표한 논문 「물리학 문제 풀이에 있어서 전문가와 초보자의 수행 분석」에서 어떤 용어들은 설명해 주기보다는 오히려 혼돈을 야기한다는 의견이다.

어떤 현상에 대하여 설명할 수 없을 때 우리는 그것의 명칭을 찾게 되는데 이것이 바로 용어의 마술이다. 극작가 몰리에르의 희곡에 나오는 돌팔이 의사가 아편의 효과, 즉 아편을 먹으면 왜 잠이 오는지에 대하여 물으면 의사들은 아편의 수면유도 성분 때문이라고 설명하는 것과 같은 이치다. 이와 같이 고차원적인 문제 해결 역량도 재능, 직감, 판단과 상상으로 명명하여 설명한다.[29]

'역량'이라는 용어도 마찬가지다. 역량이라는 용어는 우리 모두가 인정하는 어떤 현상을 묘사할 때 잘 어울린다. 그러나 어떻게 우리가 그 특성을 습득했고, 앞으로 어떻게 그것을 습득할 수 있는지에 대하여 설명할 때는 역량이란 용어는 적절하지 않다. 어떤 사람이 수학 문제를 잘 푼다고 말하면 그것은 진리이고 유용한 표현이다. 그러나 어떤 여학생이 수학 역량이 높아서 수학 문제를 잘 푼다고 하는 설명은 그다지 유용한 표현이 아니다. 이러한 설명은 논점을 벗어난 것에 지나지 않는다. 이에 관하여 사이먼은 계속해서 다음과 같이 말한다.

> 그런데 우리가 전문가 수준의 능숙한 업무수행이라고 인정하려면 우리는 재능, 직감, 판단, 상상과 같은 용어에 맞는 실제 활동을 발견해야 한다. 물리학이나 공학 문제를 능숙하게 해결하는 사람들은 물리학적 직관력을 소유하고 있다고 한다. 물리학적 직관력을 가진 사람은 관련된 영역의 어려운 문제를 전략에 대한 심사숙고도 없이 신속하게 해결할 수 있다. 물리학적 직관력을 가진 사람이 운동량 보존법칙을 적용하면 바로 정답을 찾을 수 있게 되고, 또한 운동 에너지 항은 방정식의 다른 항들과 비교해서 작아지기 때문에 무시되기도 한다. 그러나 물리학적 직관의 실제를 인정하는 것은 그 직관에 대한 설명이 필요하다는 것을 의미하기도 한다. 어떻게 그 직관이 작동하는가, 그리고 어떻게 그 직관을 습득할 수 있는가?[30]

그렇다면 높은 수준의 수학적 역량 또는 다른 역량은 어떻게 생기는가? 사이먼은 이 질문에 대한 답을 찾기 위해 많은 연구를 수행했다. 사이먼은 공동 연구 논문에서 다음과 같이 결론을 내렸다.

> 전문가 수준의 역량을 갖추기 위한 가장 중요한 전제조건은 상당한 지식이라는 것이 모든 영역에서 확인되었다. 우리는 전문가의 지식, 그리고 전문가가 문제를 해결하는 과정들에 대해서 점차 더 심층적으로 이

해하게 되었으며, 이에 따라 해당 지식과 문제 해결 과정을 습득하기 위해 필요한 학습과정을 탐색하게 되었다. 어떻든 고통스러운 노력도 하지 않고 어느 날 갑자기 전문가가 될 수 있다는 것은 상상할 수 없다. 전문가가 소유하고 있고 언제든지 사용할 수 있는 지식의 범위는 매우 넓다. 우리가 잘 알고 있듯이 인간의 학습과정은 아무리 효율적으로 학습한다고 해도 오랫동안 연습을 통해서 이뤄진다. 많은 시간과 노력 없이도 학습하는 과정을 찾을 수 있다는 타당한 근거가 나올 수 있을지는 모른다. 그러나 노력 없는 학습의 기적을 기대해서는 안 된다.[31]

사이먼은 1973년 발표한 논문에서도 체스 전문지식에 대해서도 동일한 논조로 언급했다.

어떻게 최우수 체스 마스터가 될 수 있을까? 답은 연습하는 것이다. 수천 시간 동안 연습한 사람만이 마스터가 될 수 있다. 연습 초기에는 상대방의 수를 보면서 천천히, 의식적으로 놓을 자리를 찾는다. 그렇지만 연습을 거듭함에 따라 체스판을 보면 신속하게, 무의식적으로 어떤 패턴을 발견하게 되고, 이어서 거의 자동적으로 좋은 위치에 말을 두게 된다. 마스터 수준이 되기 위해 수천 개의 수를 익숙할 정도로 익히려면 몇 년 동안의 학습이 필요하다. 분명한 것은 연습만으로 되는 것이 아니라 연습과 함께 체스에 관한 재능이나 기본 인지능력이 상호작용을 한다. 그러나 체스 마스터들이 기본적인 지적 능력에 있어서 평균 이상이라는 증거는 없다. 대신 그들은 체스와 관련된 특별한 재능을 갖고 있었다. (물론 세계 챔피언 관록을 가진 그랜드 마스터들은 체스뿐 아니라 다양한 차원에서 매우 특별한 재능을 갖고 있을 것으로 여겨진다). 체스 기술 습득은 대부분 이전에 본 적이 있는 것을 기억하는 재인 기

억recognition memory에 의존한다.[32]

1장에서 앤더슨은 장기기억과 관련하여 위와 비슷한 말을 이미 전한 바 있다.

지능은 단지 복잡한 인지를 총체적으로 생성하는 지식의 조그만 단위들을 단순히 증식하고 조정한 것이다. 전체는 각 부분의 합계에 불과하지만, 전체는 수많은 부분들을 갖고 있다.[33]

따라서 우리는 역량의 현상만을 볼 수 있는데, 장기기억에 보관하고 있는 지식과 기억으로부터 그 지식을 검색하는 연습을 통해 우리는 역량이 있다는 것을 이해할 수 있다. 여기서 중요한 것은 연습인데 어떤 지식의 일부를 검색하는 일반적인 능력이 아니라 특별한 지식의 일부를 검색하는 연습이 중요하다는 것을 염두에 두어야 한다.

지식과 역량을 구분하는 것은 잘못된 이분법이라고 주장하는 사람들을 자주 보게 된다. 이는 앞에서 논의했던 사항이며, 맞는 말이다. 지식과 역량을 양극단으로 인식한다면 이는 잘못된 것이다. 그런데 이와 관련하여 일부 사람들은 지식과 역량을 둘 다 가르칠 수 있다고 주장하기도 한다. 이것은 틀린 말이다. 사이먼은 역량을 추상적인 방식으로 가르칠 수 없다고 밝혔다. 우리는 장기기억에 지식을 저장해 놓고 또 그것을 사용함으로써 역량 있게 작업을 수행할 수 있다. 일단 우리가 지식과 역량을 분리하는 것이 잘못된 이분법이라고 인정한다면, 다음과 같이 실제적인 결론을 도출할 수 있다. 즉, 학생들이 지식을 기억하고 기억에서 지식을 검색하는 것을 연습한다면 역량 있게 수행할 수 있을 것이다.

내가 여기서 사소한 의미론적 관점에 지나지 않는 것을 지나칠 정도로 세밀하게 따지고 있다고 여기는 사람이 있을 수 있다. 그렇지만 분명한 것은 역량을 가르친다고 말하면서 실제로는 역량 있게 수행할 수 있는 근거가 되는 지식의 구성요소들을 가르치고 있는 사람들이 많다. 나는 이에 대해 꼼꼼하게 따져볼 필요가 있다고 본다. 이 장의 첫 부분에서 살펴보았듯이, 이러한 의미론적 관점이 잘못된 실천을 초래하는 원인인 경우가 많다. 만약 수업시간 전체를 역량 지도에만 사용되어야 한다고 생각하거나 지식 지도와 역량 지도의 두 영역에 일정 비율의 시간을 사용해야 한다고 생각해 보자. 그러면 이때 역량 지도에 사용된 시간은 실제로는 역량을 개발해 주지 못하는 연습에 사용한 것이다. 예를 들어, 앞에서 논의한 바와 같이 많은 이론가들이 학생들의 일반 독서 역량 배양을 위한 방법으로 권장하는 것은 텍스트 대강 훑어 읽기, 특정 정보 찾기, 주제 찾기이다. 그러나 독서란 일반 역량이 아니기 때문에 이러한 전략의 효과는 매우 제한적이다. 독서는 지식의 바탕 없이는 불가능하다. 따라서 학생들의 독서 역량을 기르기 위해서는 독서 수업시간에 어휘력을 배양시키거나 다른 교과의 지식을 가르치는 것이 더 나을 것이다. 사실 앞에서 살펴보았던 대부분의 수업 사례들에서 학생들은 역량을 배우는 활동에 참여하고는 있지만 역량 습득에 필요한 지식을 배우지 못한다. 학생들이 다양한 영역에 대하여 기본적인 지식을 습득하는 것이 중요하다는 사실을 깨닫게 되면 이러한 수업으로 인한 손실, 즉 기회비용이 심각하다는 것을 이해할 수 있을 것이다. 과학수업에서 복잡한 도덕 문제들에 관한 역할극을 구상하느라 소요된 시간은 원자, 화합물, 혼합물 및 물질의 상태와 같은 과학을 실제로 배우는 시간이 아니다. 아이디어 벌들^{idea-bees}이 윙윙거리는 벌집 사진을 그리느라 학생들은 중요한 역사적 사실들을 연대순으로 정리하면서 학습하는 시간을 갖지 못한다. 전이 가능한 역량을 배양하는 활동에 빼앗긴 시간은 실제로 전이 가능한 역량을 만들어 줄 지식의 학습에 사용한 것이 아니다.

앞에서 언급한 실제 사례들 가운데 일부는 학습에 대하여 불신하게 만들거나 학습을 유사 과학적인 개념으로 인식하게 만들 수 있어 걱정스럽다. 캠피언 스쿨 교장이자 『완벽한 교육기준청 수업』의 저자인 제키 비어는 자신의 학교에서 실시하는 학습하는 방법의 학습 모듈은 먼저 뇌 체조로 시작하여 시각적 학습, 청각적 학습, 또는 운동감각적 학습 중에서 자신이 좋아하는 방법으로 학습한다고 말한다. 개방된 사고 교육과정도 학습유형을 핵심 역량의 하나에 포함시키고 있다. 그런데 뇌 체조나 학습유형 모두 많은 연구들을 통해 철저하게 불신을 받고 있다.[34] 이 두 가지 개념을 지지하는 증거는 없다. 나는 이 두 가지 주장의 정체가 다른 곳에서 철저하게 그리고 설득력 있게 폭로되었다고 생각하기 때문에 이 책의 미신 목록에도 포함시키지 않았다. 그럼에도 불구하고 이러한 주장들이 여전히 널리 퍼져 있는 것을 보면 걱정스럽기도 하다. 어떻든 내가 언급하는 미신들과 함께 존재하는 것으로 봐도 놀랄 만한 것은 아니다.

독서에도 똑같은 논리가 적용된다. 우리는 독서를 모든 종류의 텍스트에 적용할 수 있는 다목적 역량이라고 생각하는 경향이 있으며, 교육기준청도 독서 역량을 직접 가르쳐야 한다고 권장하는 것을 확인할 수 있었다. 실제로 책을 읽고 이해를 잘하는 사람은 많은 것들에 대해 조금씩이라도 알고 있는 사람일 가능성이 높다. 그들의 폭넓은 기본 지식이 다양한 분야의 텍스트를 읽고 이해할 수 있게 해 준다.

마찬가지로, 우수한 독자일지라도 잘 모르는 주제의 텍스트를 이해하기는 쉽지 않다. 예를 들어, 대부분의 영국 사람들은 미국 신문에서 스포츠 관련 기사를 읽을 때 어려움을 겪게 된다. 그 이유는 물론 생소한 어휘들 때문이다. 그러나 어휘 문제 때문만은 아니다. 어떤 텍스트를 읽는다는 것은 단지 텍스트에 사용된 단어들의 뜻이 무엇인지를 아는 것만을 뜻하지 않는다. 추가적으로 해당 단어들이 쓰인 문맥 그리고 그 단어들이 지칭하는 개념들에 대해서도 이해해야 한다. 그 단어들을 제대로 이해하기 위해 1장에서 살펴본 바와 같이 장기기억에 저장되어 있는 지식의 스키마를 활용해야 한다. 웨딩 잡지에서 보는 단어 train(웨딩드레스의 뒤에 끌리는 부분)은 철도 잡지에 나오는 단어인 train(열차)과 전혀 다른 스키마를 활용한다. 엘리자베스[Elizabeth], 아일랜드[Ireland] 그리고 드레이크[Drake]가 나오는 토론에서 에식스[Essex]라는 단어를 읽을 때(여기서 에식스는 엘리자베스 1세 여왕 말년에 아일랜드 반란 진압에 드레이크 제독과 함께 참가했던 에식스 백작을 말한다. - 옮긴이)와 하얀 하이힐 구두[white stiletto], 리얼리티 TV쇼, 나이트클럽에 관한 토론에서 나오는 에식스[Essex]의 스키마는 전혀 다르다.(이때의 에식스는 리얼리티 TV쇼 〈The only way is Essex〉와 관련된다. - 옮긴이) 자, 다음 영어 문장을 한번 읽어 보자.

Jones sacrificed and knocked in a run.[35]
존스가 희생하여 1득점 했다.

대부분의 영국 사람들이 이 문장의 모든 단어들을 알 수는 있겠지만, 그중 많은 사람들은 이 문장이 무슨 뜻인지를 전혀 모를 수 있다. 허시는 이에 대해 다음과 같이 설명하고 있다. "Jones와 그의 희생에 대한 이 문장을 이해하기 위해서는 문장에 나온 어휘의 뜻과 문법적 요소 외에 주제와 관련된 풍부한 배경지식이 필요하다. 주제와 관련된 지식은 단어의 뜻보다 훨씬 광범위하다."[36] 만약 여러분이 그 문장을 읽고 이해하지 못할 때 질문, 요약, 명료화 예측의 네 가지 상호작용 읽기 전략을 적용해도 별로 도움이 안 된다. 그 문장을 이해하려면 독서 역량 개발이 필요하다.

레흐트와 레슬리가 1988년 교육심리학 저널에 발표한 흥미로운 연구 결과는 이를 잘 설명해 주고 있다.[37] 다음은 대니얼 윌링햄이 2009년 발표한 저서 『왜 학생들은 학교를 좋아하지 않을까?』에 이를 재활용한 내용이다.

> 이에 관한 심층적인 연구가 중학생들을 대상으로 실시되었다. 표준화 독서능력 시험 결과 대상 학생들의 반은 독서능력이 우수한 학생들이었고 나머지 반은 저조한 학생들이었다. 연구자들은 학생들에게 야구 경기의 1/2 이닝을 기술한 텍스트 자료를 읽게 했다. 그들이 독서하는 중에 잠깐씩 독서를 중지시키고 야구경기장과 선수들의 모델을 사용하여 경기 진행 상황을 보여주면서 이해하고 있는지를 확인했다. 이 연구에서 대상 학생들 가운데 일부는 야구에 대해 상당히 잘 알고 있었고, 다른 일부는 거의 알지 못했는데 이것은 매우 흥미로운 결과로 나타났다.(연구자는 모든 학생들이 어떤 선수의 2루타 안타 같은 개별 활동들은 잘 이해하고 있다는 것을 확인했다). 야구에 대한 학생의 지식이 읽고 있는 텍스트 자료를 이해하는 수준을 결정한다는 중요한 발견을 할 수 있었다. 학생들이 우수한 독서능력의 소유 여부는 야구에 대한 지식 소유 여부만큼 중요하게 영향을 미치지 않았다.[38]

레흐트와 레슬리는 독서능력이 낮지만 야구에 대한 지식이 풍부한 학생들이 반대로 독서능력은 높지만 야구 관련 지식이 부족한 학생들에 비해 훨씬 더 정확하게 자료를 요약한다는 것을 확인했다. 그들은 이것이 기억하고 있는 지식의 강력한 효과를 증명해 주는 것이라고 밝혔다.[39] 다른 연구들에서도 동일한 결과가 나왔다.[40]

많은 관련 연구들이 스포츠 지식을 대상으로 하는 이유는 다른 분야에서 유식한 사람이라도 스포츠 지식에 대해서만큼은 잘 모를 수 있기 때문이다. 스포츠를 좋아하지 않는 사람이 스포츠에 관한 대화에 참여할 때 외국어를 듣는 것 같다고 말하는 경우를 가끔 볼 수 있다. 많은 학생들이 다양한 주제에 관하여 설명을 듣거나 관련된 책을 읽을 때 이러한 경험을 할 수 있다. 이러한 지식을 갖춘다는 것이 어떤 것인지 상상하는 것은 쉽지 않다. 허시는 이러한 종류의 일반 지식은 산소와 같은 것이라고 했다.[41] 산소는 매우 중요한 것이지만 그것이 없을 때만 그 중요성을 알 수 있다. 평소 생활할 때는 산소를 당연히 존재하는 것으로 생각한다. 나는 교육받은 많은 사람들이 자신은 많은 지식을 소유하고 있지만 그것을 과소평가하고, 어린이들이 가진 지식은 과대평가하고 있다고 생각한다. 야구를 사례로 들어 설명하는 이유는 우리가 보이지 않게 지식에 의존하고 있다는 것을 나타내고자 한 것이다. 이를 통해 지식을 갖추지 못하고 있다는 것이 어떤 것인지를 우리가 실감할 수 있다. 관련 지식이 없으면 연관된 모든 것이 이상하고 혼란스럽게 보일 것이다.

내 자신이 경험한 사례를 들어 보겠다. 몇 년 전 나는 11학년 학생들을 두 개 그룹으로 나눠 기출문제로 시험을 실시했다. 그 두 그룹 모두 상위 학생들이었다. 그들 55명의 학생들은 C등급 이상을 얻을 수 있을 것으로 예상했고, 실제로 55명 모두 C등급 이상의 점수를 얻었다. 그들 모두는 평가지를 목표 등급을 받기 위해 최선을 다해 풀이했다. 평가지는 아서 클라크의 단편소설에서 발췌한 것으로 출처를 밝히지 않았다.[42] 평가지 내용은 눈과 얼음으로 덮인 미래의 런던에 남겨진 마지막 인간에 대한 이야기다. 그 남자는 북쪽으로부터 끊임없이 들려오는 큰 소음을 듣고 있다. 그는 만약 사람들이 그를 구하러 온다면 남쪽에서 올 것이라는 것을 알면서도 그 소리에 실낱같은 희망의 끈을 놓지 않고 있다. 결정적인 사실은 그 소음이 glacier(빙하)에서 나온 것이라는 점이다.

나는 수업준비를 위해 이 이야기를 읽으면서 결과를 예상해 보았다. 학생들 중에 아무도 glacier의 뜻을 모를 것이고, 이야기를 제대로 이해하려면 glacier를 알아야 하기 때문에 아주 높은 점수를 얻는 학생은 없을 것으로 예상했다. 나의 예상은 적중했다. 55명의 학생들 중에서 한 학생도 gracier가 정확하게 무엇인지를 알지 못했고, 그 때문에 그 이야기가 정확하게 무엇에 관한 것인지를 이해하지 못했다. 일부 학생들은 glacier가 얼음을 포함하고 있다는 사실을 어렴풋이 알고 있었다. 대부분의 학생들은 glacier가 북쪽으로부터 접근하는 어떤 부족이거나 군대로 생각했다. 학생들은 한 시간 정도 조용하게 평가지를 풀이하는 데 시간을 보냈다. 두 그룹 학생들 모두 진지하게 평가에 임할 정도로 학습태도가 좋은 학생들이었는데 약 20분 정도가 지나자 내용이 어렵다는 탄식과 신음 소리를 내거나 불평하기도 했다. 일부 학생들은 아예 한 문제도 풀지 못했다. 그들은 이야기가 어떻게 전개되는지조차 파악할 수 없었다. 내가 지난 한 달 동안 학생들에게 지도했던 내용인 시험에서 실력 발휘를 할 수 있는 전략이나 읽기 요령은 쓸모가 없는 것으로 나타났다. 학생들은 이야기 내용을 몰랐기 때문에 당연히 주제를 찾을 수 없었다. '주의 깊게 다시 읽기'나 '확실하게 알지 못하는 단어에 밑줄 긋기' 등의 요령도 마찬가지로 효과가 없었다. 분명히 그들은 우둔한 학생들이 아니었다. 단지 그들은 일부의 중요한 지식이 부족했다. 학생들은 가끔 그러한 경험을 했다. 10학년과 11학

년에 실시하는 중등학교 졸업자격 시험인 GCSE 분석 보고서도 내가
실시한 기출문제에 대한 해설에서 다음과 같이 지적하고 있다.

> 환경 문제에 대한 관심이 높아졌고 특별한 영화나 TV 프로그램들
> 이 인기를 끌고 있다. 이러한 최근 상황에서 응시 학생들의 상당수가
> glacier(빙하)가 무엇인지를 모르는 것 같고, 더욱이 일부는 북쪽에서
> 내려오는 부족의 일종으로 여기고 있다는 사실은 놀라운 일이다.[43]

그런데 위의 보고서는 지식 교육의 책임을 미디어에 위탁하는 의
미를 담고 있으며, 지식 습득에 대한 책임이 학교와 교사에게 있지 않
다는 것을 예시해 준다.

만약 여러분이 시판되는 신문의 헤드라인을 자세히 보면 그 신문
이 독자들의 지식수준이 어느 정도일 것으로 가정하고 있는지 알 수
있을 것이다. 다음은 2011년 12월 5일 『가디언』 인터넷판에 나온 기사
의 첫 번째 문단이다.

> 독일과 프랑스는 유로존 국가들의 부채를 탕감하고 동시에 흐트러진
> 단일통화에 대한 금융시장의 신뢰를 회복하기 위해 엄격하게 규정한
> 새 제도에 합의함으로써 유로화를 살릴 수 있는 대타협을 이뤄 냈다.[44]

이 한 문장을 이해하기 위해 얼마나 많은 지식이 필요할 것인가
를 생각해 보자. 첫째로 독일과 프랑스 두 나라를 지리적, 정치적으
로 이해해야 한다. grand(큰)와 bargain(매매, 계약)의 각 단어의 뜻을
안다고 해서 grand bargain(대타협)의 의미가 바로 도출되지 않는다.
market(시장)과 confidence(신뢰)가 market confidence(금융시장의 신

뢰)인 경우도 마찬가지다. Eurozone debt(유로존 국가들의 부채)를 이해하려면 지리, 경제학, 정치학 지식도 필요하다. 분명히 그렇다. 이 문단을 이해하려면 현대 유럽의 정치, 역사, 문화에 대한 기본적인 지식은 분명히 큰 도움이 될 것이다. 다른 신문들에 게재된 대부분의 기사들도 마찬가지일 것이다. 신문 기사들은 독자들이 많은 지식을 소유하고 있을 것으로 전제하고 작성된 것이다. 학생들이 신문 기사를 읽고 이해하기를 수업목표로 설정하여 가르치는 경우는 없겠지만, 신문 기사를 잘 이해하도록 하기 위해서 우리는 학생들에게 기본 지식을 가르칠 필요가 있다. 어디에나 적용될 수 있는 일반적인 독서 전략을 가르치는 것만으로는 충분하지 않다.

요약하자면, 우리는 이러한 미신들이 많은 점에서 모순된다는 것을 알 수 있다. 전이 가능한 역량을 가르치고자 하는 목적은 학생들에게 효과적이고 다목적용인 역량들을 개발시켜 주고자 한 것이다. 그러나 전이 가능한 역량 찬성론자들이 사용한 방법으로 학생들에게 그러한 역량을 개발해 줄 수 없다. 왜냐하면 이 방법들이 역량의 본질과 역량의 지식 관련 특성을 체계적으로 반영해 주지 못하기 때문이다. 다음 장에서 이에 관해 보다 구체적으로 검토하면서 왜 그 방법들이 성공적이지 못한 이유를 찾아보고자 한다.

여섯 번째 미신

프로젝트와 체험 활동이
최고의 학습법이다

사람들은 왜 '프로젝트와 체험 활동이 최고의 학습법이다.'라고 생각할까?
이러한 관점이 교육정책과 교실 실제에 어떤 영향을 끼쳤을까?

1. 이론적 배경

2장에서 우리는 많은 교육학자들과 교육자들이 교사 주도의 수업방법에 대해 매우 부정적이라는 사실을 확인했다. 이번 장에서는 그들이 교사 주도 수업을 비판하면서 그 대신에 옹호하는 대표적인 수업방법들에 대해서 세밀하게 살펴보고자 한다. 아울러, 그들이 주장하는 수업방법들이 왜 성공적이지 않은지 그 이유에 대해서도 세밀하게 검토해보겠다.

교사 주도 학습을 비판하는 이론가들이 주창하는 대표적인 수업방법은 프로젝트와 활동 중심 수업이다. 활동을 강조하는 이유는 학생들에게 인위적인 학교체제를 통해서 배우도록 강요하기보다 실제 사회생활 문제와 같은 상황에서 배울 수 있도록 한다는 것이다. 실생활에서 부딪히는 문제들은 수학이나 영어라는 교과로 포장된 상태로 다가오지 않는다. 실생활 문제들을 해결하려면 다양한 영역의 지식과 역량을 함께 동원해야 한다. 그러나 여전히 교과중심 교수-학습 체제는 학생들에게 이러한 실생활 문제를 해결할 수 있는 경험을 차단시킨다. 교과들은 칸막이로 분리되어 학생들에게 사회에 대한 통합적 이해를 개발할 수 없게 한다. 이에 대해 교육공학자인 스티브 휠러는 다음과 같이 말한다.

우리는 시대와 함께 변해야 하는데 많은 학교들은 아직도 사회의 현실적인 요구를 따라가지 못하고 있다. 왜 우리는 교과목들을 칸막이로 구분해야 하는가? 우리는 언제쯤 모든 교과들이 서로 겹쳐 있고 공통점이 많다는 사실을 실감할 수 있을까? 어린이들이 그들이 사는 세계의 모습을 제대로 이해하려면 이렇게 교과목들이 겹쳐 있다는 것을 알아야 한다는 사실도 언제쯤 실감할 수 있을까? 교육에 대한 총체적인 접근을 하지 않고서는 어느 누구도 과학과 수학을 연계시키거나 미술과 음악이 어떻게 역사에 영향을 미쳤는지를 이해할 수 없을 것이다.[1]

분리된 교과만 배운 학생들은 실생활 문제를 해결하는 데 필요한 독립심을 개발할 수 없다. 많은 대학교수들은 학생들이 자기주도 학습에 익숙하지 않은 점을 자주 경고하고 있다. 학생들은 초·중등학교 시절에 숟가락으로 떠먹여 주던 지식에 익숙해져 있기 때문에 대학에 진학해서도 자기주도적으로 학습할 능력을 갖출 수 없다. 다음은 대학생들의 자기주도 학습력 부족 문제를 다룬 세미나를 보도한 영국 고등교육 전문 주간잡지 『The Times Higher Education Supplement』의 2011년 기사 내용이다.

노팅엄 트렌트대학교에서 지난주 '고등교육에서 학습하는 방법의 학습'을 주제로 열린 컨퍼런스에서 오벤스 박사는 자기주도 학습을 어려워하는 대학생들이 점점 증가하고 있다는 조사 결과를 발표했다. 대학생들이 이렇게 된 원인은 교육과정에서 제시한 학습목표와 교육기준청Ofsted의 지침에 초점을 맞춰 가르친 초·중등학교 교사들에게 있다고 밝혔다.

그는 대학 신입생 3분의 1에 해당하는 학생들이 자기주도 학습에 곤란을 겪고 있다는 조사 결과를 제시했다. 또한 학생들이 대학에서도 초·중등학교에서처럼 수업 받기를 원하기 때문에 교수들이 원하는 방식으로 그들의 학습을 통제할 수 없는 상황이라는 것을 밝혔다.

오벤스 박사는 현 세대의 학생들은 이전의 어떤 세대보다 더 심각하게 자기주도 학습에 익숙하지 않은 상태라고 하면서 이것은 영국에만 국한된 문제가 아니라고 했다. 오벤스 박사는 다른 나라 연구자들도 유사한 문제를 겪고 있으며 해가 갈수록 그 정도가 더 심해지고 있다는 데 동의한다고 말했다.

오벤스 박사는 학생들의 과거 경험을 중시하는 현재의 영국 교육개혁은 신중하지 못한 조치로서 학생들이 숟가락으로 떠먹여 주는 것만 받아먹게 만들어 버릴 위험이 크다고 말했다.

그는 교육자들이 학생들을 독립적으로 연구하는 학자로 대우하는 수업방식이 이 문제의 해결책이라고 주장했다. 즉, 교육자들은 학생들의 자율성 개발이 가장 중요하고 유일한 가치라는 것을 인정해야 하며, 학생들을 지식으로 채워야 할 빈 배로 여겨서는 안 된다는 것이다.[2]

위와 같은 관점에서 많은 교육자들은 학생들이 실제 사회의 문제를 연습시키는 것을 교육의 목표로 삼고 있다. 이에 대한 왕립예술협회[RSA] 개방적 사고 교육과정의 관점은 다음과 같다.

역량 기반 접근방식은 학생들이 단순히 교과 지식을 습득하는 것뿐만 아니라 보다 광범위한 학습과 삶 속에서 그 지식을 이해하고, 활용하며, 적용할 수 있도록 해 준다. 또한 학생들에게 다양한 교과 영역에 걸친 지식을 연결시켜 적용할 수 있도록 하는 총체적이고 일관된 학습방법을 제공해 준다.[3]

학생들을 책임 있는 성인, 적극적인 시민, 탐구적인 평생학습자 및 유능하고 숙련된 직장인으로 양성할 수 있는 접근방식을 개발하는 것이 목표다.[4]

자기주도 학습을 주장하는 사람들은 과학 수업에서 중요한 것은 학생들에게 과학적 사실에 대한 지식을 가르치는 것이 아니라 과학자처럼 생각하는 능력을 배양해 주는 것이며, 마찬가지로 역사수업을 통해 학생들이 배워야 할 것은 역사적 사건의 발생 연대를 정리한 목록이 아니라 역사학자처럼 생각할 수 있는 능력이라고 한다. 전직 교사이면서 사고력 배양 관련 저서를 쓴 앤 에체바리아는 이와 관련하여 다음과 같이 말한다.

> 학생들은 특정 교과 지식이 어떻게 만들어지고, 어떻게 변화하며, 어떻게 작용하는지를 잘 이해해야 한다. 특정 교과 지식을 학생들이 이해할 수 있게 가르쳐 주는 탐구 학습법을 통해서 학생들은 역사가, 수학자, 과학자 또는 예술가처럼 생각하는 방법을 배울 수 있다. 과학 교과 내용은 과학적 사고를 체계적으로 표현한 것이며, 이와 마찬가지로 역사는 역사학적 사고를, 예술 작품은 창조적 사고를 표현한 것이다. 다른 사람들이 생각하고, 의문을 갖고, 탐구한 결과만을 주로 배운 학생들은 스스로 배울 수 있는 능력을 상실할 수 있다.[5]

결론적으로 이 이론에 따르면 학생들이 현실 세계에 적응하도록 준비시키기 위해 우리는 실생활과 밀접한 문제들을 교실 수업에 끌어들여야 한다. 학생들이 역사학자나 과학자처럼 생각할 수 있도록 가르치기 위해서 우리는 학생들을 역사학자나 과학자처럼 생각하게 만들어 주는 활동 과제들을 제시해 주어야 한다.

2. 적용 사례

이 이론은 교과 구분을 없애고 실생활 문제들을 통합한 교육과정으로 재구성하여 가르치는 방안, 때로는 교육과정 체제로서 교과 구분을 유지하되 교과를 프로젝트 형태로 가르치는 방안을 제시한다. 또한 학생들에게 수업 주도권을 좀 더 많이 부여함으로써 교사의 지도를 줄일 수 있는 방안으로 제시되기도 한다. 이에 대하여 앞서 2장에서 여러 가지 사례들을 이미 검토했다.

이것은 왕립예술협회의 개방적 사고 교육과정에 '학생들이 자신의 활동을 계획하고, 시간계획을 세우며, 스스로 학습하는 방식을 모색한다.'고 제시한 것과 같다.[6] 교육기준청은 이 방식에 특별한 관심을 보이고 있다. 교육기준청 보고서는 다음과 같이 심지어 매우 어린 학생들에게까지 학습의 자율성과 독립성을 부여하는 수업들에 대해서도 칭찬하고 있다.

> 하천에 관한 일련의 수업에서 4학년 학생들은 자신들의 학습에 대해 상당한 자율권을 갖고 있었다. 교사의 지시에 따라 학생들은 핵심 질문들을 확인하고 답을 찾는 방법과 기록하는 방법을 결정했다. 그리고 교사는 어떻게 수업시간을 활용하는 것이 효과적인지를 판단해 보도록 하였다. 첫 주에 학생들은 전체가 동일한 문제를 다루기로 결정했다. 둘째 주에는 수업방식을 바꾸기로 결정한 후 분단을 나누어 다른 문제들을 논의했다. 그 후에 학생들은 두 가지 방식을 비교 평가하면

서 전체 학생들이 동일한 문제를 다루는 방식이 가장 효과적이라는 결론을 얻었다. 교사의 수업기록에서도 이러한 과정은 학생들의 학습과 관련하여 사고능력을 촉진해 주는 것으로 나타났다.[7]

다음 종교수업도 4학년 학생들을 대상으로 한 것이다.

4학년 학생들은 '우리는 무엇을 신봉하는가?'라는 주제와 관련하여 주요 질문들을 자율적으로 작성했고, 신앙에 대한 주요 영역에 대해 스스로 탐구했다.[8]

교육기준청은 또한 학생들이 교사의 역할과 평가자의 역할까지 수행하는 것을 권장하고 있다. 평가 보고서에서 학생들이 서로 다른 학생들의 작품에 대해 점수를 부여하는 수업을 특히 우수한 사례로 제시한 경우도 있다.

다음은 한 학생이 짝꿍의 지리학습장에 대하여 평가한 내용이다.

"톰. 너는 많은 사실들을 알고 있고, 또 알기 쉽게 설명도 잘했어. 그런데 왜 그렇게 했는지 다른 사람들에게 더 설명해 줄 필요가 있다고 봐. 너의 글은 신문 기사를 이용하여 작성한 글인데 기자가 약간만 교정해 주면 참 좋겠어. 단어의 철자를 더 검토하고, 한번 사용한 단어를 반복하여 쓰지 않도록 어휘를 다양화해야 해. 나는 최고점 6등급에 약간 못 미치는 5/6등급으로 평가하고 싶어. 화산 사진은 매우 좋았어."[9]

최근 교육기준청은 홈페이지의 우수 수업 보고서 사이트에 '실용 영어 배우기'라는 제목으로 한 중등학교의 영어수업을 소개했다. 해당 사이트에는 다음과 같이 교사가 실제적인 수업을 하고 싶은 동기에서 실시한 수업이라고 밝혔다.

영어교과부는 학생들을 전문적인 학습자로 육성하는 것을 목표로 한다. 우리는 학생들이 자신 있게 스스로 결정하고 활동하는 분위기를 조성해 주고자 한다. 가르치는 것을 중시하는 것이 아니라 배우는 것에 초점을 둔다. 학생들이 교사들과 파트너가 되어 스스로 가장 좋아하는 학습방법을 찾고 서로 질문하면서 학습한다.[10]

해당 보고서에서 우수하다고 칭찬받은 수업 중에는 다음과 같이 학교에서 업무를 추진할 때 실제로 직면할 수 있는 문제들을 다룬 것도 있다.

7학년의 '영어교과부 개선 방안' 단원의 목표는 학생들에게 부서에 배정된 예산을 가장 효율적으로 사용하는 방법을 찾아보는 기회를 제공하기 위한 것이다. 이에 관한 학생들의 역할은 부서의 교사들이 현재 사용할 수 있는 자료를 조사하고 부서를 발전시키기 위해 해야 할 일이 무엇인지를 교사와 학생 대상 설문조사를 통해 알아보는 것이다. 학생들은 여러 대안들을 압축하고, 다른 교과와 연계 가능성을 검토하고, 원가계산과 기술 자문을 포함한 프로젝트를 제안하는 회의도 개최한다. 여러 그룹으로 나눠 작업한 학생들은 자신들의 활동 자료를 학급 내의 다른 그룹에 보여 준다.[11]

또 다른 보고서도 이와 유사한 실제 활동을 칭찬하고 있다. 다음 사례는 실제로 학교의 일부 시설 개선 아이디어를 제안하는 이메일을 작성하는 방법에 관한 것이다.

학생들에게 학교 도서관을 보다 환경 친화적으로 개선하기 위한 설계를 하도록 했다. 이것은 매우 효과적인 수업 도입 방법이었고, 학생들의 관심은 컸다. 교사는 학생들에게 다음 주까지 학급 내 다른 학생들에게 디자인 아이디어를 설득력 있게 설명하고, 의사소통의 편의를 위해 프리젠테이션 기법을 사용해야 한다고 제시했다. 학생들은 두 명이 짝을 이뤄 친환경 도서관 조성을 위한 아이디어를 고안했다. 그 후에 학생들은 네 개의 연구팀으로 재구성되어 다양한 환경 문제들에 대하여 논의했다. 학생들은 전문가들처럼 활동했고, 연구팀 간에 서로 프리젠테이션을 보여 주며 의견을 나누었다. 마지막 수업시간에 학생들은 교과 부장교사에게 답변을 보내기 위해 작성한 이메일이 언어적으로 문제가 없는지를 검토하는 것으로 마무리했다.[12]

여기까지 보면, 우수 사례로 제시된 영어과 수업에서 영문학 영역을 가르치는 사례는 없다. 그런데 교육기준청은 영문학 영역에서도 다음과 같이 유사한 접근방식을 권장하고 있다.

새로 배우는 단원은 셰익스피어 작품과 같은 전통적인 주제에 관한 것이다. 이 단원을 지도하는 접근방식도 다른 주제와 비슷하다. 예를 들어 수업시간에 『맥베스』에 대해 공부할 때 학생들은 자신들이 실연할 장면 선정, 의상 제작, 소품 준비, 촬영 및 상영까지 다룬다.[13]

교사 및 강사 노조[ATL]는 초등학교에서도 실생활 중심의 문제를 다루고 학생들이 전문가처럼 활동하는 수업방식에 대하여 다음과 같이 칭찬하고 있다.

빌링스 초등학교 교장은 교육과정을 재구성할 필요성을 느껴 실제적인 학습경험REAL: Realistic Experience for Active Learning 프로그램을 도입했다. 전체 교육과정을 역할 놀이 방식으로 가르침으로써 학생들은 보다 실제적인 역량을 개발할 수 있다. 학생들은 교육과정을 가상 시나리오로 구성하고, 실제로 학생들은 회사에서 근무하는 전문가처럼 활동한다. 학생들이 즐겁게 참여하고 도전의식을 갖기 때문에 교사들은 프로젝트 학습을 계속 전개한다. 학생들은 분단활동, 소통, 자기주도 학습 그리고 문제 해결과 같은 역량을 배양할 수 있다. 빌링스 초등학교 교사들은 학생들을 전문가로 인정해 줌으로써 그들의 학습동기를 유발시키고, 동시에 그들의 학습방법을 획기적으로 변화시킬 수 있다고 믿고 있다. 교직원들은 교육과정에 따라 학습이 운영되며, 단지 학교가 교육과정을 가르치는 방법에 있어서 자율권을 행사하고 있다고 확신한다. 학생들은 실제적인 학습경험을 할 수 있고, 다른 학생들에 비해 자신감도 더 높여 주는 이러한 학습방식을 좋아한다.[14]

이 장의 첫 부분에서 논의했던 사항으로 앤 에체바리아는 학생들에게 과학을 가르칠 때 그들이 과학자처럼 생각하도록 가르쳐야 한다고 주장했다. 다음에 나오는 [그림 6.1]은 학생들이 디자이너처럼 생각하기를 학습한 후 정리한 실제 자료다.[15]

이 수업의 목표는 학생들에게 복잡한 실생활 과제들을 부여하여 교실 밖에서 부딪히는 문제들을 익숙하게 해결할 수 있도록 도와주는 것이다. 제시된 실생활 과제들로 좀 더 실제적이고, 동기를 유발시키는 과

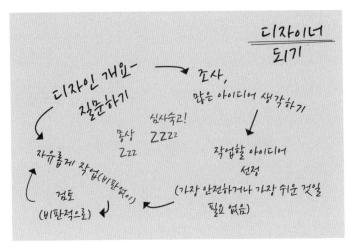

[그림 6.1] 디자이너처럼 생각하기 활동 : 집단토의 결과

제들을 선정한다. 이 과제들을 해결하는 과정에서 학생들의 자기주도
학습을 보장해 주기 위해 교사는 거의 지도하지 않는다.

다른 유형의 프로젝트는 교과 내용을 실연해 보는 것이다. 영어수
업에서 학생들은 〈로미오와 줄리엣〉 공연을 준비하기 위해 꼭두각시
인형을 직접 만들고 조종하는 실제적인 활동을 했다.[16] 또한 역사수업
에서 대영제국에 대해 학습하면서 대영제국 그림판을 디자인했다.[17]

다음에 제시된 지리 수업에서 학생들은 드라마 활동을 하면서 학
습한다.

학생 두 명이 방송뉴스 모의 진행에서 뉴스 진행자 역할을 맡았다. 배
경막 대신 파워포인트 화면을 사용했고, 이 방송은 학급의 다른 학생
들에게 분쟁 사항에 대하여 정리해 주는 것이었다. 교사는 논쟁이 되
고 있는 문제의 배경에 대해 자세하게 설명해 주는 전문가로서 답변석
에 앉았다. 학생들은 갈등관계에 있는 이슬람 저항운동단체인 하마스

와 팔레스타인 자치정부인 파타 간의 차이점, 아랍 국가들과 이스라엘 간의 긴장상태에 대해 잘 이해하고 있었다. '전문가 증인'의 역할을 참고한 후에 세 명의 학생들이 대본을 갖고 답변석에 앉았다. 학생들은 이 전문가들에게 다음과 같은 질문들을 했다. '그 아이는 아랍인인가, 이스라엘인인가?', '그 아이들이 무엇에 관심이 있고 또 걱정하는가?' 등의 질문이었다. 이러한 활동을 통해 학생들은 분쟁 사항에 대하여 새로운 관점을 갖게 되었으며, 그들의 말하기와 듣기, 그리고 질문하는 역량을 활용할 수 있었다. 학생들은 오늘날 분쟁 지역에서 살고 있는 어린이들의 눈을 통해 분쟁을 설명할 수 있었다.[18]

'Active History'는 인기 있는 유료 교육자료 웹사이트(www.activehistory.co.uk)다. 영국은 물론 전 세계의 많은 학교에서 이 사이트를 사용하고 있으며, 사이트에는 매우 유용했다는 격려의 글이 많다.[19] 사이트 명칭 'Active(활동적인)'만 봐도 어떤 자료가 모아져 있는지를 가늠할 수 있는데, 학생들이 역사 지식을 활동이나 프로젝트 방식으로 배울 수 있도록 만들었다. 수백 개의 활동들이 제시되어 있는데, 그중 무척 인기가 높은 활동은 '나의 문장 도안'이다.[20] 다음에 나오는 [그림 6.2]는 이 활동 화면을 스크린샷으로 복사한 것이다.

이 사이트에서 인기 있는 또 다른 활동은 흑사병 모의실험이다. 이 것은 활동적일뿐만 아니라 상호작용적이다. 참가자는 자신이 중세시대의 어느 마을에 살고 있는데 흑사병이 발병한 사람을 본 것으로 가정한다.[21] 참가자는 [그림 6.3]에 있는 것처럼 일련의 질문에 대답한다.

이 활동 자료의 왼쪽 상단 모서리에는 문제 풀이에 필요한 사실적 지식과 역사적 증거자료 활용 역량의 수준이 표시되어 있다. 사실적 지식은 [그림 6.3]에 제시된 질문에 답하는 것을 말한다.

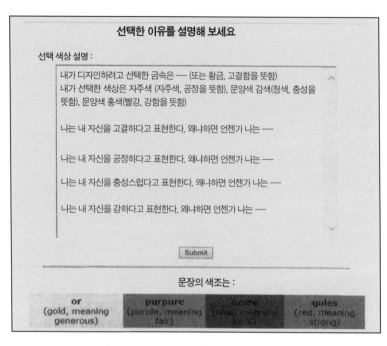

[그림 6.2] Active History 웹사이트 중 '나의 문장 도안 활동'

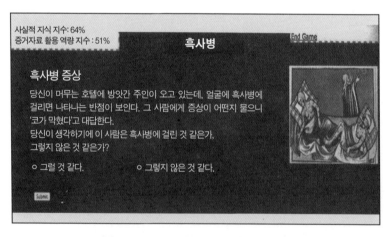

[그림 6.3] Active History 웹사이트 중 '흑사병 모의실험 질문'

여기서 다시 확인할 수 있는 것은 학생들은 교사의 설명보다는 공동 구성한 지식을 통해 배운다는 점이다. 이렇게 컴퓨터를 활용하여 함께 모의실험을 하면서 학생들은 코막힘은 흑사병 증상이 아니라는 사실을 알아낼 수 있다.

결론적으로 프로젝트나 활동 중심 수업은 학교에서 인기가 있다. 학생들에게 활동 중심의 흥미진진한 실생활 문제를 제시해 줌으로써 도전의식과 동기를 유발시킬 수 있고 학생들을 자기주도적으로 학습할 수 있게 만든다고 여긴다.

3. 왜 미신인가?

무엇보다도 먼저 학생들이 전문가, 과학자, 또는 역사학자가 사고하는 것처럼 공부할 수 있도록 가르쳐야 한다는 관점부터 다뤄 보자. 전문가는 초보자와 달리 장기기억 속에 엄청난 배경지식과 업무수행 절차들을 저장하고 있으며, 저장된 지식과 절차를 실천한 경험이 많다. 대부분의 영역에서 전문가가 되기 위해서는 몇 년의 시간이 소요된다.[22] 전문가들이 소유한 지식과 경험은 양적 측면뿐만 아니라 질적 측면에서도 그들의 사고방식에 매우 중요한 영향을 미친다. 전문가들이 문제에 접근하고 문제를 해결하는 방식은 초보자들이 문제에 접근하는 방식과 근본적으로 다르다. 인지심리학자 대니얼 윌링햄은 "연습 초기의 인지는 연습 후반의 인지와 본질적으로 다르다."고 말했다.[23] 전문가와 초보자 간의 격차를 줄일 수 있는 어떤 지름길이나 전략도 없다.

이제까지 보았던 많은 실제 사례들은 어린이들을 전문가로 만들기 위해 애쓰고 있다. 그런데 그 어린이들은 10년 정도의 시간 동안 하나의 영역에 대해 공부한 것도 아니고, 겨우 10세 정도에 지나지 않는 다. 만약에 우리가 전문가에게 "우리는 무엇을 신봉하는가?"라고 질문 한다면, 그의 답변은 다양한 신앙 체제와 그 기능에 관한 지식을 바탕 으로 나올 것이다. 4학년이면 8세나 9세밖에 안 된다. 아무리 똑똑하 고, 영리하고 또 교육을 잘 받았다 해도 아홉 살짜리 어린이는 전문가 수준의 지식을 갖출 수 없다. 중등학교 졸업자가 전문가처럼 사고하는 것도 비현실적인데, 더욱이 초등학생 나이에 전문가처럼 생각할 수 있 을 것으로 기대하는 것은 불가능하다. 이것은 비현실적일 뿐만 아니 라 초등학교와 일반 중등학교의 합법적인 교육목표도 아니다. 또한, 전 문가의 문제 해결 전략은 초보자가 문제를 해결할 때 도움이 되지 않 을 수도 있다. 대니얼 윌링햄은 전문가가 아주 효과적으로 문제를 해 결하는 전략 중의 하나로 혼잣말을 하면서 곰곰이 따져보는 것이라고 한다.[24] 자기 자신과 대화하는 것이 전문가에게 효과가 있는 이유는 보 이지 않는 배경지식과 작업 절차를 갖고 있기 때문이다. 학생들이 문 제를 풀 때 전문가처럼 혼잣말을 하더라도 전문가가 얻는 효과를 얻을 수 없다. 2장에서 살펴보았듯이 억지로 자기주도적으로 활동하라고 강 요한다고 해서 그들이 자기주도적인 학습자가 될 수 없다. 이와 마찬 가지로 전문가와 똑같이 한다고 해서 전문가가 되는 것도 아니다. 전 문적 활동을 하는 것은 전문적 활동을 배우는 것과 다르다.[25]

요컨대, 전문가가 하는 일을 복사하듯이 동일하게 한다고 해서 전 문가가 될 수는 없다. 이론물리학자로서 노벨상 수상자인 리처드 파인 먼이 묘사한 유명한 '화물숭배cargo cult' 사상에서 이와 유사한 사례를 볼 수 있다.

남태평양에는 화물숭배를 하는 주민들이 있다. 제2차 세계대전 중에

섬의 원주민들은 물건을 가득 실은 비행기가 착륙하는 것을 보았고, 지금도 똑같은 일이 일어나기를 원하고 있다. 그래서 그들은 활주로 비슷한 것을 꾸민 후 활주로 양쪽에 불을 지피고, 사람이 앉을 오두막을 만든다. 나무 조각 두 개를 헤드폰처럼 머리에 쓰고 대나무로 만든 안테나도 붙여 관제사처럼 앉아 비행기가 착륙하기를 기다린다. 그들은 완벽하게 모든 준비를 갖췄다. 형태는 완벽하다. 원주민들이 과거에 봤던 것과 똑같은 방식이다. 그러나 작동은 되지 않는다. 비행기가 착륙하지 않는다.[26]

이 문제의 근본적인 발단은 인과관계와 상관관계를 혼동하는 데 있다. 섬 주민들은 귀에 헤드폰 같은 것을 걸고 하늘을 향해 몸짓을 표현하는 것이 화물 배달과 관련이 있다고 생각했다. 그들은 이 두 가지 사건 사이에 어떤 연관성이 있다고 생각했던 것이다. 그들은 화물 배달 과정에 포함되어 있지만 자신들이 볼 수 없는 다른 요인들을 볼 수 없었다. 헤드폰을 끼고 하늘을 쳐다보는 군인들의 모습은 섬 주민들이 대부분 볼 수 없는 고도의 복잡한 과정들 가운데 단지 보이는 일부분에 지나지 않은 것이었다. 물론 과정 중에서 보이는 부분도 중요하다. 그렇지만 보이는 것들은 전체의 과정 중에서 단지 작은 일부분에 지나지 않는다. 그럼에도 불구하고 섬 주민들은 단지 보이는 부분만을 모방함으로써 전체 과정이 재생되기를 희망했다.

이것은 우리가 학생들에게 전문가와 같은 활동을 하기를 기대하는 것이 실수라는 것을 보여 주고 있다. 우리는 전문가들이 무엇을 하는지를 본 후에 학생들이 그것을 그대로 재생해 보라고 권장한다. 앞에서 논의한 '디자이너처럼 생각하기' 활동을 다시 검토해 보자. [그림 6.1]에서 보는 바와 같이 이 활동은 학생들에게 훌륭한 디자이너가 되기 위해서는 몽상을 해 보라고 권장한다. 이 활동은 전문 디자이너가 작업을 성공적으로 수행할 수 있도록 만들어 주는 보이지 않는 지식과 절차를 인정하지 않은 것이다. 전문 디자이너의 몽상과 초보 디자이너의 몽상 간에는 어떤 차이가 있을까? 디자이너에게 이러한 몽상이 도움이 되는 이유는 그들이 갖고 있는 특별한 지식과 기술 덕택이다. 그리고 디자이너에 따라서 그들이 사용하는 지식과 기술의 형태는 매우 다르다.

그런데 중등학교 졸업생들을 전문가로 기대하는 것은 비현실적이지만, 단순한 실생활 문제를 해결할 수 있다고 기대하는 것은 당연히 가능한 일이다. 예를 들어, 교실을 친환경적으로 조성하거나 이미 배운 것을 적용시켜 보는 일 등이다. 전문가만이 실생활 문제를 해결할 수 있는 것은 아니다. 성인들은 자신의 전문적 분야가 아니더라도 다양한 영역의 실생활 문제들을 해결할 만한 능력을 갖고 있다. 그래서 활동 중심 교육을 강조하는 이 미신은 교육의 목표를 자기주도적으로 실생활 문제들을 해결할 수 있는 능력을 갖추도록 해 주는 것이라고 여긴다. 이것은 합리적이고 또한 성취 가능한 목표다. 그리고 실생활 문제는 과목별로 깔끔하게 분리되어 나타나지 않는 것도 사실이다. 그러나 자기주도적 문제 해결은 교육의 궁극적인 목표이지 유일한 교육방법이 아니다.

우리는 전문가 수준이 아니더라도 실생활 문제들을 해결할 수 있어야 하며, 그 때문에 지식을 배우고 실제 경험을 한다. 예를 들어 앞에서 논의했던 친환경 도서관 조성 프로젝트를 보자. 도서관 직원은 이 정도의 실생활 문제들은 직접 처리한다. 교육받은 직원이라면 어느 정도의 지식과 절차를 알고 있기 때문에 이 정도 문제는 충분히 해낼 수 있다. 그들은 검토용 디자인이 무엇인지, 어떻게 하면 관련 정보를 효과적으로 알아낼 수 있는지, 관련된 환경 지식이 무엇인지, 어떻게 조사해야 하는지, 어떻게 단어의 철자를 쓰는지, 어떻게 이메일을 보내는지, 어떻게 문장을 작성하는지를 알고 있다. 그들은 이러한 것들을 잘 알고 있기에 프로젝트 해결 과정에서 그러한 지식들을 활용할 수 있다. 이러한 지식이 없는 학생들은 프로젝트를 성공적으로 수행하기 어렵다. 학생들이 부딪히는 새로운 정보들로 그들의 한정된 작업기억, 즉 단기기억은 처리하기 어려울 정도로 과부하가 걸리게 된다.

우리가 알아야 할 사실 하나는 프로젝트로 가르치는 과정에서 불공정성이 제기될 수 있다는 점이다. 프로젝트 학습은 배경지식을 필요로 하지만 교사들은 배경지식을 가르쳐 주지 않는다. 프로젝트 활동을 잘하는 학생들은 배경지식을 다른 어디에선가 이미 배워 알고 있는 학생들이다. 앞에서 보았듯이 친환경 도서관 만들기나 『맥베스』 연극을 다루는 수업에서 직접적인 지식 전달은 거의 없다. 수업은 학생들이 기존에 알고 있거나 수업 중에 발견할 수 있었던 환경 지식 또는 『맥베스』에 대한 지식에 전적으로 의존했다. 분명한 것은 가정에서 환경이나 『맥베스』에 대해 이미 배웠던 학생들은 그렇지 않은 학생들보다 이 프로젝트에서 더 적극적으로 활동했다. 부유한 가정배경 출신 학생들이 절대적으로 유리한 학습방법이다. 그러나 따지고 보면 부유한 배경을 가진 학생들에게도 이 방법은 바람직하지 않다. 왜냐하면 그들이 가정 외에 학교에서도 사실적 지식을 배운다면 훨씬 더 공부를 잘할 수 있을 것이기 때문이다. 어떻든 부유한 가정 출신 학생들은 이러한 종류의 프로젝트에서 불리한 배경을 가진 친구들보다 공부를 더 잘할 수 있을 것이다. 불리한 여건의 학생들은 문제 해결에 필요한 배경지식을 갖지 못할 뿐만 아니라 그들의 부족한 지식을 보충해 줄 수 있는 대안적 수단에 접근하지도 못하기 때문이다.

이것은 영국에서 학생 평가와 관련된 문제들 중의 하나다. 사실 영국 학생들은 1년에 6회 정도 교내시험, 초등학교와 중등학교 졸업 시 국가시험 등 시험을 치르기 때문에 학생들이 사실적 지식을 공부해야 할 부담이 큰 편이다. 언론인이며 교육관련 저서의 작가인 프랜 애브람스는 최근 BBC 라디오에 출연하여 영국의 교육과정에 관해 지속적으로 비판하였다. 그녀는 영국의 학교에서 시험준비 교육이 강화되고 있기 때문에 지식위주 교육이 점차 심해지고 있다고 주장한다.[27] 그러나 그녀의 주장은 틀린 것이다. 단지 학생들이 시험을 많이 본다고 해서 그 학생들이 지식 학습 부담이 클 것이라고 여길 필요는 없다. 영국의 초등학교나 중등학교 졸업시험을 사실적 지식 리스트를 암기하는 그래드그라인드 방식의 시험이라고 보는 것은 잘못된 관점이다. 대부분의 시험과 수행평가 과제는 앞에서 논의했던 바와 같이 실생활과 관련된 문제들이다. 예를 들어 11학년을 마칠 때 응시하는 중등학교 졸업자격 시험GCSE 영어과목에는 실제 신문에서 발췌한 글을 읽은 후 그 내용을 이해했는지를 묻고, 이메일을 쓰거나 실제 생활에 적용할 수 있는 글을 다시 써 보도록 하는 문항도 있다. 물론 시험은 궁극적으로 개인이 자기주도적으로 해결해야 하는 과제다. 시험 중에는 어떤 조그만 도움도 받을 수 없다. 나는 이에 대해 반대할 의사가 없다. 학생들은 학교를 졸업할 때, 즉 학교교육을 마무리할 때 실생활 문제를 독립적으로 해결해야 한다는 것은 이론의 여지없이 분명하다. 이 시험은 학생들이 졸업할 때 치르는 시험을 말하는 것이며, 그때는 실생활에서 독립적으로 해결해야 할 문제를 풀이하도록 해도 괜찮다.

그런데, 점차 많은 학교들이 졸업시험과 같은 과제를 졸업 시기가 아닌 학기 중에 여러 가지 방법으로 교육과정에 적용하기 시작했고, 이는 나아가 시험 과제가 교육과정을 규정하게 되었다.[28] 이는 전적으로 학교의 잘못만은 아니다. 학교는 시험 결과에 대한 부담 때문에 국가 교육과정에서 규정된 지침들을 제대로 준수하지 못하고 있다. 국가 교육과정의 기능으로서 의무교육 종료 시점에 실생활 과제를 해결하는 데 필요한 지식의 유형을 분석하고, 그 지식을 체계적으로 구조화하는 일은 분명히 중요하다. 교육과정의 이렇게 중요한 기능이 사라진 상황에서 학교는 강력한 감독기관인 교육기준청의 관점에 따를 수밖에 없다. 교육기준청은 학생이 배우는 학습을 강조하여 교사가 가르치는 교수를 학습에 적대적인 관계로 보기 때문에 학교들이 실생활 과제 중심으로 출제된 기존의 평가 자료를 교육과정 자료로 활용하기 시작했다는 점을 충분히 이해할 수 있다. 이러한 교육과정 운영상의 문제점은 프로젝트 방식으로 가르치기 때문에 나타난 수업 실제와 동일한 결과를 가져왔다. 학생들은 대부분의 수업시간을 시험과 수행평가를 대비한 토론으로 보내고, 실제로 시험문제를 풀이하고 수행평가를 해결한다. 학생들은 시험과 과제를 성공적으로 수행하도록 만들어 주는 것으로 보이지 않는 체계적인 지식을 교사로부터 충분한 시간 동안 배울 수 없다. 이것이 바로 학생들이 자기주도적으로 사고하는 능력을 확보하지 못한 상태로 대학에 진학하게 되는 이유다. 언뜻 납득하기 어렵겠지만 학생들은 이미 자기주도적인 능력을 갖추고 있는 것처럼 인정받으면서 배우기 때문에 자기주도적으로 사고할 수 없게 되었다고 할 수 있다.

어린 학생들에게 프로젝트 학습을 시킬 때도 비슷한 일이 일어난다. 친환경 도서관 꾸미기와 같은 실생활 프로젝트는 실제 직원이나 해낼 수 있는 매우 어려운 작업이기에 학생들에게 시도하는 것은 적절하지 않다. 실제로 학생들의 수준에 어울리지 않는 프로젝트를 수행할 경우 혼란, 좌절감, 의욕 상실 등을 경험할 수 있다. 내가 보기에 대부분의 교사들은 결국 이러한 프로젝트들을 실행 가능한 수준으로 변경시킨다. 교사가 학생들에게 프로젝트를 어떤 구조로 실시할 것인가에 대해 안내해 줌으로써 본래 프로젝트의 개념을 약화시킨 방식이다. 나역시 학생들을 가르칠 때 그렇게 했다. 좀 더 구체적인 사례로 나는 수업 단원이 끝나 개별 글쓰기 과제를 제시할 때 학생들이 쉽게 작성할수 있도록 작성 항목을 구분하고 작성 요령을 함께 제공했다. 이렇게해서 프로젝트 학습의 특성이 약화되긴 했지만 학생들은 쉽게 프로젝트를 수행할 수 있었다. 그러나 이 방법은 효과적인 전략이 아니었다. 교사는 좋은 보고서 작성에 필요한 각 구성요소들을 세분화하고 그것에 대해 가르쳐야 한다. 나는 그렇게 하지 않았으며, 대신 학생들에게 보고서를 먼저 작성하도록 해 놓고 더 좋은 글로 바꾸는 데 도움이 되는 힌트나 요령을 가르쳐 주었다. 이것은 음악 수업에서 학생들에게 음계와 악보 보는 방법 지도는 경시하면서 어떤 노래 하나를 피아노로 잘 연주할 수 있도록 요령과 힌트를 가르치는 것과 같다. 그런데 내가 학생들에게 제공한 도움 자료들은 내가 고안한 것이 아니다. 그러한 자료들은 온라인 영어과 교육자료 사이트인 Teachit(www.teachit. co.uk)에서 찾아볼 수 있다.[29]

앞에서 논의한 개별 글쓰기와 같이 실생활 과제에 초점을 맞춘 프로젝트가 아니라 다른 과제에 보다 초점을 둔 프로젝트로써 혼란을 줄일 수 있는 방식도 생각해 볼 수 있다. 내가 학생들을 가르칠 때 사용했던 방식으로, 프로젝트 학습의 실생활 관련성이 줄었고 또한 학습효과도 낮았다. 축구의 역사에 대해 가르친 적이 있다. 그때 나는 학생들이 축구를 좋아하기 때문에 아주 좋은 프로젝트 학습을 진행할 수 있을 것으로 생각했다. 그러나 학생들이 축구의 역사를 이해하기 위해서는 영국의 역사와 지리에 대해 어느 정도 알고 있어야만 가능한데 학생들의 수준은 그에 미치지 못했다. 그럼에도 나는 학생들에게 축구의 발전과 밀접하게 관련 있는 산업혁명과 북부 공장지대를 설명해 주지 않았다. 그렇게 하기 위해 시간을 사용하지 않았다. 왜냐하면 축구의 발전을 이해하려면 이에 대해 충분하게 설명해 주어야 하는데, 그렇게 설명하는 것은 프로젝트 학습에 해당되지 않을뿐더러 교사로서 말을 많이 하면 잘못된 교수법을 사용하는 것과 같다는 것을 알고 있었기 때문이다.

나는 학생들에게 19세기 축구선수에 대한 창의적 글쓰기와 프로의식을 찬성하거나 반대하는 설득력 있는 글쓰기를 과제로 제시할 계획을 가진 적이 있다. 그러나 학생들이 이에 대해 알고 있는 것이 너무나 부족했고, 나 자신도 자세히 설명해 주기 어려운 시간적 제한 때문에 불가능하게 여겨져 결국 포기했다. 나는 대신 수업 중에 하나의 축구 클럽을 구상하도록 하고, 그 클럽의 문장 디자인과 그 디자인의 의미를 분석하는 보고서를 포트폴리오로 제작하는 프로젝트를 제시했다. 내 자신의 수업이 미흡한 수업 사례로 기록되지 않도록 하면서 동시에 교육기준청과 ActiveHistory 사이트가 권장하는 활동 유형에 따른 수업을 하기 위해서다. 교육기준청은 학생들이 대영제국 그림판 제작에 시간을 투자하는 역사수업과 수업시간에 꼭두각시 인형을 만들어 보는 영어수업을 칭찬하는 실정이기 때문이다. ActiveHistory 사이트에서도 내가 학생들에게 문장을 디자인하도록 했던 수업과 같은 방식을 권장하고 있다.

이러한 유형의 프로젝트 활동들은 학생들에게 틀린 것을 생각하게 만들기 때문에 시간만 허비하는 일이다. 이미 살펴보았듯이 사실적 지식을 장기기억에 저장하는 것은 매우 중요하다. 커슈너와 그의 동료들은 심지어 모든 수업의 목표는 장기기억을 새롭게 바꾸는 것이라고 할 정도로 그 중요성을 강조한다.[30] 이렇듯 우리가 학생들에게 가르치고자 원하는 것을 그들이 가능한 한 많이 기억하는 것이 중요하다. 어떤 것을 기억하는 가장 효과적인 방법은 그것에 대해 생각하는 것이다. 우리의 뇌는 많이 생각하는 것이 중요할 것이라고 가정하여 그것을 장기기억에 저장하려고 시도한다. 대니얼 윌링햄은 생각한 것을 기억한다는 뜻으로 "기억은 생각의 잔재다."라고 했다.[31] 이 말을 수업에 적용시켜 본다면 교사는 수업시간에 가르치고자 하는 내용을 학생들이 많이 생각하도록 해야 한다. 그렇게 할 때 학생들은 배운 것, 즉 생각하면서 배운 것을 장기기억에 보다 쉽게 저장할 수 있다.

그래서 우리는 교과 수업이나 활동 중에 학생들이 배워야 할 내용을 생각하도록 수업 계획을 세워야 한다. 윌링햄은 이와 반대로 가르치는 사례를 다음과 같이 제시하고 있다. 그는 역사수업을 본 적이 있는데 교사가 미국 남북전쟁 이전에 남부지방에서 흑인 노예들의 탈출을 도왔던 비밀조직인 지하철로 조직에 관한 수업 활동으로 쿠키 굽기를 하였다. 왜냐하면 지하철로 이동 중에 노예들이 먹었던 음식이 쿠키였기 때문이다.[32] 이 수업에서 학생들은 대부분의 시간을 쿠키 굽는 과정과 관련하여 밀가루 등 재료 구성, 오븐 뒤집기, 요리하는 요령 등을 생각하게 될 것이다. 이 경우 학생들은 비밀철로 조직에 대해 생각해 보는 시간이 거의 없기 때문에 지하철로와 관련된 역사에 대해서는 거의 배울 수 없게 된다. 윌링햄은 장기기억의 중요성을 강조하면서 "인지심리학 연구가 교사들을 가장 효과적으로 도울 수 있는 것은 학생들이 수업 중에 무엇을 생각하도록 수업 계획을 수립했는지 검토하는 것"이라고 말했다.[33]

앞에서 설명했던 수업 활동들 대부분은 불행하게도 이러한 인지심리학의 기준에 미치지 못한다. 내가 가르쳤던 축구의 역사에 대한 수업에서 학생들은 대부분의 시간을 역사나 지리에 대한 생각, 더욱이 축구에 대한 생각으로 사용하지 않았다. 그들은 대부분의 시간 동안 팀의 문장을 어떤 모양으로 만들고, 어떤 색깔을 사용할 것인지를 생각하면서 소비했다. 셰익스피어의 『로미오와 줄리엣』을 다룬 영어수업에서 했던 꼭두각시 인형 만들기를 생각해 보자. 이 수업에서 학생들은 꼭두각시 인형의 조정 방법을 생각하느라 시간을 많이 사용했다. 꼭두각시 인형에 색깔 칠하기와 조종 방법이 중요하지 않다고 말하려는 것은 아니다. 여기서 문제가 되는 것은 이 수업이 『로미오와 줄리엣』에 관한 영어수업이었다는 점이다. 만약 이 수업의 목표가 학생들에게 꼭두각시 인형 만들기를 가르치는 것이었다면 분명 우수한 수업이었을 것이다.

이러한 유형의 수업 활동은 근본적인 수업목표를 달성하지 못할 뿐만 아니라 활동에 많은 시간을 사용하기 때문에 기회비용도 매우 크다. 9학년에서 역사수업시간은 대개 주당 한 시간 또는 두 시간이다. 영국의 학교수업은 1년에 3학기, 학기당 12주로 운영된다. 예를 들어 주당 두 시간의 수업을 받는 과목에서 학기당 2주에 두 시간씩 활동 중심으로 어떤 제국을 설정하여 그 제국의 그림판 제작하기, 그 제국의 특징에 대하여 질문하고 답변하기, 답변을 기초로 방패 휘장 만들기를 한다고 하자. 그러면 전체 수업시간의 6분의 1을 학생들은 역사를 배운다고 활동하지만 실제로 그만큼의 시간 동안 학생들은 역사에 대해 생각하지 않게 되는 것이다.

이러한 활동 중심 수업은 아이러니하게도 암기위주 학습을 유발하는 요인이 되기도 한다. 생각하는 것을 기억한다는 논리로 보면 활동 중심 수업은 의도한 것과는 정반대로 암기위주 학습을 유도한다. 셰익스피어의 꼭두각시 인형 수업에서 학생들은 작가 셰익스피어에 대해서나 그의 작품 『로미오와 줄리엣』에 대해 실제적으로 거의 생각하지 않고 몇 시간을 허비할 것이다. 이에 따른 시간 부족으로 학생들이 정작 생각해야 할 지식이나 연마해야 할 기능들은 짧은 시간에 압축해서 기계적으로 배울 수밖에 없을 것이다. 만약 이 단원에 대한 평가가 있다면 어떻게 될까? 학생들은 교과 내용에 관한 지식을 충분한 시간을 갖고 의미를 따져가면서 학습하지 못했기 때문에 평가 대비를 위한 유일한 대책은 복습을 하면서 의미를 생각해 보지도 않고 사실적 지식을 암기하는 것이다. 만약 교사가 수업시간을 산만한 맛보기식의 활동에 허비한다면 결과적으로 학생들은 암기학습을 할 수밖에 없을 것이다. 더욱이 의미를 이해하면서 배워야 할 중요한 지식과 기능을 제대로 배우지 못하고 학습이 아닌 암기만 할 수도 있을 것이다.

앞서 2장에서 우리는 교사가 지식을 직접 가르치는 직접교수법이 성공적이라는 것을 확인했다. 여기에서도 직접교수법이 프로젝트나 활동 중심 교수 방법과 같이 교사의 지도를 최소화한 대안적인 교수법보다 우월하다는 것을 확인할 수 있다. 2장에서 윈스턴 처칠 수상의 사례를 들어 영리하지 못한 학생에게 직접교수법과 연습이 효과적이라는 것을 확인했다. 이번에는 왜 의도적이고 연습 중심의 교수법이 우수한 학생에게도 효과적인지 밝혀 보고자 한다.

축구 경기는 열한 명의 선수가 게임을 하여 이기는 것이 목적이다. 그런데 축구를 잘하게 만들기 위한 지도 방법에서 어렸을 때부터 열한 명의 어린이를 한 팀으로 만들어 정기적으로 게임을 시키는 것이 가장 좋은 것은 아니다. 열한 명이 한 팀이 되어 승리하기 위해서는 치밀한 계획을 세워 세부적인 과제들을 설정하고 그 과제들을 연습시켜야 한다. 축구 경기에서 가장 기본적인 팀 단위 기술은 팀원들이 축구공을 계속 소유하는 것이다. 이를 위해 기본적인 선수 개인별 기술이 따라야 하는데 킥오프를 잘하는 방법, 패스하는 방법 등 축구공을 다루는 기술을 익혀야 한다. 처칠은 영어에서 가장 기본적인 요소가 문장이라는 것을 이해했다. 그리하여 영어 문장 구조를 뼈에 새길 정도로 철저하게 익힌다는 것이 얼마나 중요한지를 실감했다.[34] 문장을 만들 수 없는 사람은 글을 쓸 수 없다. 마찬가지로 축구공을 잘 다룰 수 없는 사람은 축구를 잘할 수 없다.

학생들에게 복잡한 과제들을 많이 수행하도록 하면 그 복잡한 과제들을 구성하는 중요한 요소들을 숙달시키기 어렵게 만들 수 있다. 나아가 중요한 요소들을 망각하게 하거나 심지어 중요한 것을 경시하게 만들어 버릴 수 있다. 이와 마찬가지로 11세 아이들에게 성인용과 동일한 크기의 정규 축구 경기장에서 열한 명씩 두 팀이 축구를 하도록 하면 그 아이들은 공을 패스하거나 다루는 실력을 배양하지 못할 수 있다. 그럼에도 불구하고 영국에서 11세 이하의 어린이들도 성인들과 동일한 크기의 축구장에서 동일한 게임 규칙에 따라 경기를 한다.[35] 앞에서 자주 했던 말대로 어린이들을 이른 나이에 복잡한 실생활 과제에 적응할 수 있도록 배려한 것이다. 이와는 달리 스페인과 라틴아메리카에서 어린이들은 공을 다루는 기술 연습에 훨씬 더 집중한다. 어린이들은 완전히 의도적으로 경기와 무관하게 이러한 기술들을 연마한다. 어린이들은 공을 골대에 넣는 연습을 하지 않는다. 그들은 대신 매우 좁은 공간에서 원뿔 맞추기를 하며, 연습 경기에서는 진로 방해나 태클이 없다. 많은 시간 동안 어린이들은 미니 축구인 풋살을 하는데 이 경기는 한 팀이 다섯 명의 선수로 구성된 실내경기로서 골대가 작고 오프사이드 반칙도 없다. 풋살은 1930년대 초반 우르과이에서 고안되었다.[36]

어릴 때 야외에서 축구 경기를 하더라도 팀당 인원수를 일곱 명 정도로 줄인다. 스페인에서는 14세까지는 정규 규모의 축구장에서 열한 명의 선수로 경기하지 않는다.[37] 이렇게 연습을 많이 시키고, 의도적으로 경기 규칙을 조정하면서 경기장의 크기와 선수 규모를 축소하는 이유는 어린 선수들이 성인들의 정규 축구에서 진짜로 중요하게 사용할 기술들을 숙달시킬 수 있도록 해 주기 위해서다. 스페인의 축구 훈련 시스템은 축구 전문성을 배양하기 위해 끊임없이 성인들의 정규 경기를 시키지 않는다. 축구 전문가들은 정규 경기장에서 열한 명의 선수들이 많은 게임을 하게 되면 실제로 전문성을 배양하기 어렵다는 것을 알고 있다. 축구선수가 기량을 키우려면 공을 많이 만져야 한다. 11세 어린이가 열한 명으로 구성된 팀으로 게임을 한다면 다섯 명이나 일곱 명으로 구성된 팀에서 할 때만큼 공을 만지기 어렵고, 심지어 몇몇 선수들은 전혀 만져 보지 못할 수도 있다. 이러한 스페인의 훈련 시스템은 성공적인 것으로 보인다. 세계적으로 가장 유명한 축구 클럽의 선수들이나 국가대표팀의 선수들은 그보다 성적이 떨어지는 영국의 클럽 선수들보다 3년 정도 늦게 열한 명으로 구성된 정규 게임을 시작했다. 그 우수 선수들은 실제 경기에 출전한 경험이 훨씬 적었을 것이다. 그러나 그들은 실제 경기에서 중요한 요소인 볼을 다루는 개인기를 숙달하는 경험을 훨씬 더 많이 가질 수 있었을 것이다.

똑같은 문제가 영어 교육에도 나타난다. 내가 논의했던 많은 영어 수업과 활동 사례에서 학생들은 리포트, 이메일, 편지, 설득하는 글 등의 글을 개별적으로 쓰는 프로젝트를 수행했다. 이것이 영어를 제대로 가르치는 것이라고 여겨졌다. 그러나 학생들은 대부분의 이러한 활동에서 실제로 어떻게 글을 쓰는지에 대해서 전혀 배우지를 못했다. 그들은 어떤 주제에 대해 글을 쓰라는 지시를 받았으며, 그 글쓰기 주제는 항상 달랐다. 글을 잘 쓰려면 글쓰기에 가장 기본적인 요소 중의 하나인 문법에 관한 지식을 알아야 하는데 이에 대해서는 전혀 배우지 못한다. 최근 교육기준청에서 발간한 두 개의 영어과 보고서에는 서른다섯 개의 수업에 대한 분석이 제시되었는데 그 가운데 하나의 수업에서만 문법에 대해 다음과 같이 언급하고 있다.

> 예를 들어, 이 중등학교 하급반 학생들은 읽기자료 시리즈인 『Mr Men』 책으로 공부하는 시간을 특히 좋아한다. 이 수업은 중등학생 나이의 학생들에게 표면적으로는 별로 읽기 부담이 적은데 상당히 많은 문법적인 언어분석 작업을 하게 만든다. 이 수업은 도입 단계에서 정형화된 문장들을 이해한다. 그 후에 학생들은 형용사, 의성법, 두운법 등에 관한 문법지식을 검토하고 또 확장한다. 계속하여 학생들은 『Mr Men』에 등장하는 인물과 작가의 언어 사용 기법에 대해서 분석하고, 마지막으로 학생들은 개별적으로 새로운 주인공을 고안한다.[38]

아쉽지만 의성법이나 두운법은 문법에 관련된 것이라기보다 글을 다듬는 수사법에 관한 것이다. 따라서 교육기준청에서 유일하게 문법 수업이라고 칭찬한 것조차도 실제로는 문법 수업이 아니다. 교육기준청 장학사들의 문법에 대한 불명료한 관점은 별로 이례적인 것이 아니다. 1960년대 이후 영국의 학교교육에서 문법교육은 유행에 뒤쳐진 것이 되었다.[39] 1988년 제정된 영국 국가교육과정의 적용 초기에 문법교육을 재도입하려고 여러 번 시도했지만 이뤄지지 못했다. 교육과정을 직접 실행하는 사람이 교사인데 교사 자신들이 문법을 배워 보지 못했기 때문에 국가교육과정이 의도한 결과가 나오지 않은 것이다. 영국 레스터대학교 교육학과 와실 캐클러 교수는 교사양성과정 재학생들을 대상으로 1995년과 2002년에 문법지식에 대해 조사를 했는데 문법을 제대로 배우지 못한 그들은 집단 내 실력 차이가 심각하게 벌어지는 것으로 나타났다.[40] 1990년대 들어 교육과정과 관련하여 공식적으로 문법의 중요성이 강조되었다. 그렇지만 실제 교실 수업에서는 1960년대에 일어났던 문법 경시 경향으로 인한 문법지식의 결손을 극복할 수 없었다. 문법 영역을 별도로 가르치는 것은 잘못된 것이라는 관점을 가진 교육기준청 보고서들이 이를 그대로 보여 주고 있다.

문법지식 교육을 주저하는 원인은 아마 교사와 교육기준청 장학사들이 학생들에게 꼭 가르쳐야 할 문법지식이 어떤 것이어야 한다는 확신이 없기 때문이라고 여겨진다. 원인이 무엇이든, 교육기준청 학생들이 실제 작가가 갖추어야 할 근본적인 지식을 배우고 연습할 수 있는 시간을 갖게 하는 대신 실제 작가가 하는 활동을 그대로 따라 하는 것을 우수하다고 평가한다. 이는 달리 표현하면 교육기준청이 남태평양 원주민들의 화물숭배 관행을 권장하는 것과 같다. 영국의 학교교육 시스템이나 축구훈련 시스템은 둘 다 공통적으로 기본기에 약점이 있다는 것을 제대로 파악한 후에 수정해야 할 텐데, 그렇게 하지 못한 상태로 그럭저럭 유지하고 있다고 볼 수 있다. 영국축구협회는 이미 이러한 문제점을 인정하였고 유소년 선수들에게 기본기를 좀 더 많이 연습할 기회를 줄 수 있는 유소년 축구 규정을 개정하기 위해 노력하고 있다. 그러나 영국 교육당국은 전혀 개선할 의지를 보이지 않고 있다.

앞에서 논의한 몇 가지 미신들과 마찬가지로 이 장에서 분석한 미신도 목표는 고귀하지만 방법은 비효과적이다. 교육의 목표는 학생들이 자기 스스로 실생활 문제들을 해결할 수 있는 능력을 갖출 수 있도록 해 주는 것이다. 그러나 우리가 학생들이 이미 실생활 문제들을 자기 스스로 해결할 만한 능력이 있다고 전제하고 가르친다면, 교육의 목표를 결코 달성할 수 없을 것이다.

일곱 번째 미신

지식을 가르치는 것은 의식화 교육이다

사람들은 왜 '지식을 가르치는 것은 의식화 교육이다.'라고 생각할까?

이러한 관점이 교육정책과 교실 실제에 어떤 영향을 끼쳤을까?

1. 이론적 배경

지식기반 교육과정에 대한 비판 중의 하나는 교육과정 지식의 선정은 정치적으로 편향된 행위라는 것이다. 지식을 선정하는 사람들의 가치를 학생들에게 교화시키는 위험을 감수해야 하는 것이 불가피하기 때문이다.

이론적으로 지식은 단순한 개념이 아니다. 어린이들에게 지식을 가르치려는 의도 자체는 무척 좋은 것이겠지만, 이는 많은 문제점을 내포하고 있다. 사실이라고 신뢰할 수 있는 지식들, 즉 사실적 지식이 세상에는 너무나 많다. 그 가운데서 가르치고자 하는 지식을 어떻게 결정할 수 있는가? 가르칠 것과 가르치지 않을 것을 결정하는 데 어떤 기준을 활용할 것인가의 문제가 대두된다.

1960년대와 1970년대 일부 이론가들은 어떤 객관적인 지식이 존재한다는 것에 동의하기 어렵다고 주장했다. 피터 버거와 토마스 루크만은 1966년에 출판된 『실재의 사회적 구성 : 지식사회학 논고』에서 우리가 진리라고 인식하고 있는 많은 지식들이 실제로는 사회적으로 구성된 것이라고 보았다.[1] 모든 사람이 진리라고 믿기 때문에 지식이 된 것이며, 흔히 제도적 힘이 그 지식들을 뒷받침해 주고 있다.

교육학자들은 이 이론을 교육과정에 적용했다. 만약 우리가 당연하게 수용하고 있는 사실적 지식들이 사회적 구성의 결과라면 이를 기반으로 어떻게 교육과정을 만들 것인가? 사실적 지식이 사회제도와 사회조직에 의해 구성된다면, 교육은 지식이 구성되어지는 과정과 보존되는 과정에 내재되어 있다. 전통적인 교육과정은 특정한 유형의 지식을 선택하지만 사회적 구성과 관습에 따라 지식이 형성되는 과정은 객관적으로 증명될 수 없다. 이러한 논리를 따른다면 지식을 가르친다는 것은 일반적인 생각과 달리 가치중립적인 활동이 아니다. 가르치는 일은 권력, 권위, 사회계층과 밀접하게 관련되어 있다. 이러한 관점을 가진 교육학자들은 런던대학교 교육연구대학원을 기반으로 활동하였으며, 다수의 학자들은 1971년 마이클 영이 편집한 『지식과 통제 : 교육사회학의 새 방향』에 논문을 실었다.[2] 이에 관하여 마이클 영은 다음과 같이 기술하였다.

> 권력을 가진 사람들은 무엇을 지식으로 인정할 것인지, 특정 지식을 어떤 집단에게 제공할 것인지, 다양한 지식 영역 간 관계와 지식에 접근하는 사람들과 그것을 활용하는 사람들 간의 관계를 어떻게 설정할 것인지를 규정하려고 시도할 것이다.[3]

물론 이 책의 저자들은 1988년 국가교육과정이 제정되기 전의 교육과정에 관한 글을 썼다. 저자들이 비판했던 학교 지식은 국가교육과정이라는 법규에 의해 정당성을 부여받은 것은 아니었다. 저자들은 강제성을 띤 법령은 물론 사회생활 전반에 깔려 있는 원칙, 규범, 특히 상식적인 의식과 실천에서 발견할 수 있는 사회의 지배적인 가치를 비판했다.[4] 이렇듯 국가교육과정 제정 이전에 이미 특정한 과목과 특정한 지식 유형을 어린이들에게 가르치는 것에 대해 의문이 제기되었다. 어린이들에게 특정 지식을 가르쳐야 한다는 것은 법규로 제시되지는 않지만 사회적으로 구성된 인식에 따라 결정된다. 교육과정 학자인 빅 켈리는 이러한 강요를 비민주적인 것으로 보았다. 즉, 지식에 대한 특정 관점을 강요하는 것은 사회 통제의 한 형태이며, 민주적인 사회의 필수요소인 자유를 위협하는 것으로 보았던 것이다.[5] 그는 또한 후기현대주의(포스트모더니즘)의 관점에서 어떠한 지식 체제나, 의무교육 하의 교과목과 교육과정 내용도 본래부터 옳은 것이 아니라고 지적했다.[6]

이 부류의 이론가들이 큰 관심을 두었던 다른 분야는 사회계층과 교육과정의 성격이다. 교육사회학자인 제프 위티는 그의 교직 초기의 경험을 통해 성적에 관계없이 진학하는 통합중등학교comprehensive school에서 공부한 노동계층 출신 학생들이 성적이 우수한 학생들이 진학하는 문법학교의 교육과정을 배우더라도 그 학습경험은 그들에게 무의미하다고 밝혔다.[7] 존 화이트는 전통적으로 중류계층을 위해 만들어졌던 교육과정이 어떻게 현재의 교과목들로 발전되었는지, 그리고 중류계층의 특권을 보장해 주는 교과목들을 어떻게 모든 학생들이 배우게 되었는지를 연구했다.[8] 교사 및 강사 노조ATL는 교육과정 관련 보고서를 통해 "고급문화는 상류 계층의 생활 방식과 밀접하게 관련되어 있다."라고 주장한다. 또한 교사 및 강사 노조는 20세기에 개발된 대중교육은 사회 엘리트를 양성하는 데 필요한 교육과정을 그대로 베낀 것이기에 20세기 교육은 고급문화를 일반 대중에게 가르치려는 시도라고 비판하고 있다.[9] 이 부류의 이론가들은 특별히 노동계층의 불우한 학생들이 경험하는 교육에 관심을 가졌다는 것을 알 수 있다. 그들은 민주적이고 평등주의적인 교육과정, 사회 지배계층의 이익을 재생산하지 않고 모든 학생들의 학습을 지원할 수 있는 교육과정을 기대했다.

이러한 교육과정 학자들의 국가교육과정에 대한 태도는 다양하다.

그들 대부분은 초기에는 국가교육과정에 대해 매우 비판적이었다. 비판적인 이유는 국가교육과정을 전통적인 교과와 지식이 갖고 있는 주도권을 강화시키기 위한 하나의 시도라고 여겼기 때문이다. 그러나 시간이 지날수록 그들의 태도는 긍정적으로 변해 갔으며, 특히 1999년과 2007년 교육과정 개정 이후 상당히 긍정적으로 바뀌었다. 마틴 존슨은 2007년의 교육과정 개혁을 '우리가 제시한 방향으로 나아가는 단계'라고 칭찬하면서 보다 근본적인 개혁이 전개될 것인지에 대해서는 의문을 제기했다.[10] 존 화이트는 2007년 교육과정개혁위원회에 참여했으며, 1999년과 2007년 개정 교육과정에 제시된 목표들을 높이 평가했다.[11]

내가 여기서 언급한 학자들은 어떤 인물들인가? 마틴 존슨은 교사 및 강사 노조의 사무총장이며 나와 알고 지내는 사이다. 그는 교사 및 강사 노조에서 2007년 발간한 교육과정 보고서 「교과의 변천」의 대표 저자이기도 하다. 마이클 영, 마이클 애플, 제프 위티, 빅 켈리 및 존 화이트 모두가 저명한 교육과정 학자들이다. 마이클 영의 교육과정에 대한 관점은 지난 10년 동안에 특기할 정도로 바뀌었다. 그는 초기에 교육과정을 기득권자들의 이익을 보장하기 위한 것이라는 관점이었지만, 나중에는 전문가들이 미래 사회의 주역들에게 필요한 최선의 지식을 선정한 것이라는 관점으로 변했다. 마이클 애플은 미국인이지만 1979년 초판에 이어 2004년에 3판이 나온 그의 저서 『이데올로기와 교육과정』은 영국 학계에 상당한 영향력을 발휘했다.[12] 제프 위티는 영국에서 영향력과 권위를 가진 교육기관 중의 하나인 런던대학교 교육연구대학원의 원장직을 2000년부터 2010년까지 수행했다. 빅 켈리는 2010년 타계했는데, 런던대학교 골드스미스대학의 학장과 명예교수를 역임했다. 빅 켈리의 저서로 1977년에 초판 발행 후 2009년에 6판이 발행된『교육과정 : 이론과 실제』는 교육학을 공부하는 사람들의 필독서이며, 교육학자들로부터 교육과정학의 고전이라 불릴 정도로 높이 평가받고 있다.[13] 존 화이트는 런던대학교 교육연구대학원 명예교수이며, 2007년 교육과정 개정에 자문단으로 참여했다.[14] 여기서 이들 유명한 교육과정 학자들을 언급하는 이유는 내가 상대방의 약점 하나를 들추어 상대방을 전체적으로 비판하는 허수아비 공격 방식을 사용하지 않는다는 것을 보여 주기 위한 것이다. 이들 학자들은 지난 40년 동안 학교교육에 직접적이고도 간접적으로 큰 역할을 했던 인물들이다.

주지하다시피 이들 교육과정 학자들은 지식의 개념에서 다음과 같은 문제가 있다고 본다. 지식은 사회 계층과 사회 권력에 밀접하게 관련되어 있다. 우리가 가르칠 수 있는 절대적인 지식체계는 없다. 한 종류의 지식을 가르친다는 것은 학생들을 교화시키는 것이다. 전통적인 교육과정과 국가교육과정은 모두 지배계급의 가치를 재생산하여 결국 사회 불평등과 계층 간 격차를 재생산하는 지식을 내포하고 있다. 이러한 상황에서 불쌍한 교사들이 할 수 있는 것은 무엇인가? 해답은 교사가 지식을 가르치지 않거나, 가르치더라도 수업을 지식이 아닌 실천 역량에 초점을 맞추는 것이다. 빅 켈리가 말했듯이 교육은 학생들에게 의미를 따져 볼 수 있도록 권한을 부여하고, 학생 자신들의 경험에 비추어 의미를 해석하도록 하여 마침내 자신의 가치체계를 개발할 수 있도록 해 주어야 한다.[15] 존 화이트는 '국가가 나서서 지원해야 할 일은 학교로 하여금 전통적인 교육과정 접근방식에서 벗어나 프로젝트, 교과 구분 없는 통합교과적인 방식으로 교육하도록 하는 것'이라고 했다.[16] 존 화이트는 다른 글에서 학교가 지식전수를 담당할 의무가 있는지에 대해 의문을 제기하기도 했다. 어떤 사람들은 교사들이 상상력, 다른 사람들과의 공감 능력, 미적 감성, 자신감 같은 자질 개발에 관심을 두어야 한다고 말하기도 한다.[17] 따라서 이러한 교육과정 사회학의 관점에 따르면 교사들은 학생들에게 외부로부터 제시된 지식을 강요해서는 안 되며, 대신 교사들은 학생들의 능력을 향상시키기 위해 그 학생들이 기존에 알고 있는 지식과 경험을 고려하여 교육해야 한다. 이를 위해 중류 계층에 맞춘 전통적인 교과를 교육하는 방식보다 프로젝트 학습방식을 더 바람직한 것으로 보고 있다.

2. 적용 사례

우리는 이미 1999년과 2007년 개정 교육과정에 대하여 다양한 관점들이 존재한다는 것을 확인했다. 실제로 이 개정안들은 교육과정에 대하여 이론적으로 비판적이다. 두 번의 개정안에서 교과 내용은 감축되었고, 대신 학생들이 개발해야 할 실천 역량들을 강조했다. 특히 2007년 교육과정은 학생들이 수업에서 자신이 갖고 있는 지식의 의미를 재구성할 수 있다는 점을 들어 교사들에게 수업을 일련의 학습경험으로 간주하도록 권장했다.

우리는 또한 교육기준청에서 우수하다는 평가를 받은 수업들이 이러한 관점에 맞춰져 있다는 것도 확인했다. 교과 내용을 최소화한 수업들이 많았다. 교과 내용을 줄인 대신 학생들의 활동 시간을 늘린 것이다. 다음에 제시한 영어수업에서 학생들은 스스로 학습할 내용을 결정하고, 그것을 함께 공부할 주제로 활용한다.

9학년 수업의 학습목표는 집단의 일원으로서 배려하면서 공부하기 그리고 긍정적이고 건설적으로 피드백하기에 관한 것이었다. 교사는 학습목표를 강조하면서 효과적인 피드백 방법을 예시적으로 보여 주었다. 학급 학생들은 한 팀이 직접 제작한 TV 다큐멘터리를 시청하였다. 이때 교사는 영상을 보면서 메모한 후 피드백 하는 과정을 직접 보여 주었다. 그 팀의 상영이 끝나자 학생들은 박수갈채를 보냈고, 대부분 긍정적으로 평가한 내용을 제시했으며 일부는 조심스럽게 비판하는 내용을 제시하기도 했다.[18]

다음의 미술수업에서도 마찬가지다.

학생들은 미리 수업을 준비했다. 학생들은 자신이 중요하게 간직하고 있는 물건을 포장하여 수업에 참여했는데, 교사와 다른 학생들은 그것이 어떤 물건인지 알 수 없었다. 학생들의 관심은 곧 교실 한가운데 놓인 대형 골판지 상자에 끌렸다. 상자 속의 작은 움직임과 이상한 소리가 강렬한 호기심을 불러일으켰다.

학생들은 상자 주위에 배치된 종이와 그리기 도구를 사용하여 교사의 지시에 따라 자신들의 아이디어와 감정을 기록했다. 교사는 상자 속에 들어 있을지 모르는 동물을 학생들이 어떻게 그리고 있는지를 관찰했고 학생들에게 상상력을 최대한 발휘해 보라고 하면서 다음과 같이 몇 가지 질문도 했다. 상자 속에 생물이 있다면 얼마나 클까? 여러분은 크게 그렸나요? 상자 속이 어둡고 무섭다면 어떻게 그려야 할까? 덫에 걸려 위협을 받고 궁지에 몰린 모습을 상상하며 그림에 그것을 표현하도록 했다. 학생들은 다양한 의미를 그림으로 생생하게 표현했다. 수업을 시작한지 10분 정도 지나면서 학생들의 사고의 깊이와 그림 그리는 솜씨가 크게 향상되었다.

교사는 꼭 필요할 때를 제외하곤 거의 말을 하지 않았으며 학생들은 포장된 자기 물건의 중요성을 설명했다. 교사는 학생들의 설명을 주의 깊게 들은 후 최소한 적게 질문하면서 학생들이 보다 심층적으로 분석하도록 했다. 교사는 학생들이 상상을 하면서 그림을 그리는 경험을 통해 자기 물건을 표현하는 그림을 그려 보도록 했고, 이를 통해 미술가의 사고방식을 경험하도록 했다. 교사는 계속하여 다른 학생들이 자신의 물건을 그린 그림을 감상해 보도록 했다. 학생들은 다른 학생들의 그림을 보면서 자신이 느낀 의미를 추가해 주었다. 자기 그림에 다른 학생들이 추가한 것을 보면서 학생들은 전시된 자신의 작품에 대한 타인의 평가를 생각해 보는 화가의 입장이 되어 보도록 했다. 한 시간 반 동안의 수업을 통해 교사는 '미술 작품을 통한 목적과 의미에 대한 이해 증진'이라는 학습목표를 달성하고자 했다.[19]

다음과 같은 11학년 종교수업을 보면, 학생들은 자신이 이미 알고 있는 지식을 활용하고 있다.

기독교와 힌두교의 구원론에 나타난 차이를 논의한 후 수업을 정리하는 단계에서 교사는 학생들에게 현실 세계에 대한 자신의 관점을 기술하도록 했다. 학생들은 이 수업과제를 도전적인 것으로 여기고 적극적으로 참여했다. 학생 몇 명은 특정 종교나 신념에 지배를 받지 않고 다양성이 인정되는 세상에서 생활하고 싶다는 관점을 분명하게 제시했다.[20]

또한 다음과 같이 영어수업에서 학생들은 자신들과 더 관련이 있다고 여겨지는 지식을 다룬다는 점을 확인할 수 있다.

영어교과부의 또 다른 우수 활동은 전체 교사들뿐만 아니라 학생들이 직접 참여하여 학습활동 계획을 수립한다는 점이다. 수업 중에 학습할 주제와 수업방식을 추천받아 평가하여 결정하기도 하고 학력 수준별로 대표 학생들과 협의를 통해 정하기도 한다. 교육과정은 다음과 같이 지역사회에서 논의가 필요한 내용을 우선적으로 선정하여 구성했다.

- 학생들의 경험과 관련된 주제들을 다룬다. 예를 들면, 언론이 어린이들을 어떤 방식으로 교묘하게 속이는지를 따져 본다.
- 점차 다양한 국가 출신의 학생들이 증가하는 학교의 모습을 논의하고 런던의 남동지역에서 나타나고 있는 난민, 인종주의, 거리문화 등의 문제를 다룬다.[21]

다음의 영어수업 사례에서도 학생들의 관심거리가 수업내용으로 제시되고 있음을 확인할 수 있다.

성적이 낮은 학생들로 구성된 학급에서는 먼저 축구선수 게리 리네커의 홈페이지를 본 후에 그가 곧 이혼할 것이라는 기사를 찾아보았다.[22]

학생들은 매우 생소한 지식을 가끔 배우게 되는데, 이때 교사는 학습내용을 학생들과 관련 있게 만들기 위해 다음과 같이 심혈을 기울이는 것을 볼 수 있다.

9학년 수업은 찰스 디킨스의 작품 『위대한 유산』의 주인공 핍과 그를 입양한 부모와의 관계에 관한 내용이었다. 교사의 수업 계획에는 가족 간의 관계 유형 및 가족 문제 해결 내용이 포함되어 있었다. 학생들은 협의를 통해 이 문제를 결혼상담 역할 놀이와 등장인물을 선정하여 질문하는 뜨거운 의자 기법^{hot-seating}을 통해 이해하기로 결정했다. 수업 활동을 마치고 이어서 진행된 종합토론 시간에 학생들은 가정 학대를 포함한 복잡한 문제들을 솔직하고 진지하게 다루었다. 이러한 방식으로 수업 교재 학습을 현대의 사회생활과 학생 자신들의 경험에 최대한 관련시켰다.[23]

최근에 발표된 2개의 교육기준청 영어과 보고서에는 34개의 영어수업 평가가 제시되어 있는데, 그 가운데 19개 수업에는 문학이나 문법 관련 내용은 전혀 없다.[24] 문학이나 문법에 관한 언급이 포함된 14개 수업에서도 수업내용에 초점을 맞춘 것이 아니다. 예를 들어,『로미오와 줄리엣』관련 수업에서 학생들은 꼭두각시 인형 제작에 집중하고,『위대한 유산』관련 수업에서는 결혼상담 사례 역할 놀이에 집중한다. 셰익스피어 연극에 관한 수업에서는 영화 제작 기법을 강조한다.『맥베스』관련 수업에서는 수업내용에 대하여 어떤 것을 잘한 학생이 칭찬받는 것이 아니라 교사에게 숙제를 이메일로 잘 보냈던 학생이 칭찬을 받는다. 문학과 문법 관련 내용이 언급된 14개의 수업이라지만 교사가 수업내용에 대해 가르치고 학생들이 그것에 대해 생각하게 하는 시간은 매우 짧고, 새로운 지식을 학생들의 생활에 관련시키기 위해 구안된 학생 중심 활동에 훨씬 많은 시간을 사용한다.

3. 왜 미신인가?

앞에서 언급한 교육과정 학자들의 민주주의와 평등에 대한 관심에 전적으로 동감한다. 존 화이트가 교육과정 계획은 현대 자유민주주의 사회에서 개인과 시민 전체가 번창할 수 있게 만드는 것이 무엇인지를 먼저 그려 보면서 수립해야 한다고 말했는데, 나는 이를 전폭적으로 지지하고 있다.[25] 만약 우리 사회가 민주적이고 평등하다면 교육은 이 상황을 유지시키는 것을 목표로 삼아야 하고, 반대로 그렇지 않은 상황이라면 교육은 그것을 바꾸는 것을 목표로 해야 한다. 이 부류의 학자들이 추구하는 교육목표에 찬성하기 때문에 나는 그들이 주장하는 교육방법에 적극적으로 반대한다. 학교에서 지식 교육을 축소하거나 경시하게 되면 우리 사회의 비민주성과 불평등성은 증가하게 될 것이다.

일부 이론가들이 생각하는 것과는 달리 지식과 역량은 쉽게 분리될 수 없다. 존 화이트는 학교가 지식 전수보다는 상상력, 다른 사람들과의 공감 능력, 미적 감성, 자신감 같은 자질 개발에 초점을 맞춰야 한다고 주장하였다. 그렇지만 앞에서 확인했듯이 그가 예상했던 것과는 달리 지식 전수는 이러한 자질이나 역량과 서로 뗄 수 없는 관계다.[26] 지식에 의지하지 않고도 실천 역량을 가르치는 것이 가능하다면 문제되지 않을 것이다. 그러나 그것은 불가능하다. 실제로 우리는 교육기준청의 수업 분석에서 특정 종류의 지식이 포함되어 있음을 확인했다. 학생들이 기존에 알고 있는 지식을 활용하는 것이다. 역량 전이가 쉽다면 기존에 가지고 있는 지식을 활용하는 것도 하나의 대안이 될 수 있다. 그러나 그것은 불가능하다. 만약 학생들이 자신들의 계층 관계에 대한 정치 역학 이해하기를 배운다고 하더라도, 이를 통해 영국의 의회민주주의 발전과 관련이 깊은 1640년대의 장기의회에 대한 정치 역학을 다룬 역사 기사를 이해할 수 있는 것은 아니다.

그러나 왕권과 의회의 권한에 대한 장기의회의 정치 역학에 관한 지식은 학생들에게 의미가 없다는 주장이 여전히 제기될 수 있다. 다음과 같은 질문도 나올 수 있다. 왜 학생들이 경험할 수 없고, 그들과 무관한 외부 세계에 관한 것을 알아야 하는가? 학생들의 생활과 관련이 없는 지식이 생활 주변에서 접할 수 있는 지식보다 더 고급스럽다거나 더 유효하다고 말할 수 있는가? 이와 관련하여 나는 민주주의와 평등에 관심 있는 사람에게 이러한 지식은 필수적이라고 생각한다. 민주주의를 제대로 추구하려면 모든 시민은 자신이 직접 경험한 것 이상으로 세계에 대한 지식을 소유하고 또 이해해야 한다. 마찬가지로 평등한 사회가 이뤄지려면 사람들 사이에 그리고 사회계층 간에 평등에 대한 인식에서 격차가 없어야 한다. 민주사회에서 능동적인 시민이 되려면 사람들은 역사, 세계, 과학, 예술에 대하여 알고 있어야 한다. 교사는 대부분의 학생들이 수업에 참여할 때 경험을 통해 얻지 못한 지식이 무엇인지를 알고 있어야 한다. 사회주의 역사학자인 리처드 토니는 이와 관련하여 다음과 같이 설명한다.

> 문학과 예술, 사회의 발전과 과학적 발견에 대한 어느 정도의 지식을 갖고 인류가 성취한 최상의 성공과 최악의 비극에 대해 충분히 알고 있는 사람만이 세상을 온전히 즐기며 살 수 있다.[27]

외부 세계에 대한 지식은 평등을 위해서도 중요하다. 만약 교사로서 학생들이 수업 이전에 알고 있는 지식을 활용하고 경험을 통해 얻을 수 있는 지식만을 가르친다면 그는 교육 불평등을 재생산하는 교사다. 부모가 교육을 많이 받은 가정의 출신 학생은 이미 많은 지식을 습득한 상태로 학교 수업을 받게 된다. 반면, 부모가 교육을 받지 못했다면 그 자녀는 훨씬 부족한 지식을 갖고 수업에 참여한다.

런던대학교 경제학 교수였던 윌리엄 베버리지는 민주주의 발전에 지식이 매우 중요하다고 주장했다. 그는 '무지는 궁핍, 질병, 불결, 나태와 함께 5대 사회악의 하나'라고 말했다. 아울러 "무지는 독재자가 맹목적인 추종자들 속에서 키우는 사악한 잡초와 같은 것으로 민주주의 사회의 시민들 속에서는 자랄 수 없다."고 말했다.[28] 미국 3대 대통령 토머스 제퍼슨도 자유를 위한 지식의 중요성을 강조했다. 그는 무지하지만 자유로운 문명국가를 기대한다는 것은 이제까지 존재한 적도 없고 앞으로도 결코 존재하지 않을 것을 기대하는 것과 같다고 했다.[29]

실제로 나는 학생들의 민주주의와 관련된 지식의 수준이 매우 낮다는 사실을 확인했다. 학교교육 전반에 걸쳐 최상위 성적을 받아 12학년과 13학년의 2년 동안 대학입시 전문과정에 재학 중인 학생들을 가르쳤는데, 그들 중 상당히 많은 학생들이 선거 등에서 시민으로서 결정해야 할 때 필요한 배경지식이 부족했다. 선거제도와 민주주의에 관한 토론에서 어떤 학생은 영국 여왕을 선거로 뽑을 수 있는지 질문하기도 했다. 가르쳤던 학생들 중 상당수가 누구에 대해서 그리고 무슨 일에 대해서 투표해야 하는지를 확실히 알지 못했다. 국회에서 발간하는 저널인 『한사드 소사이어티』의 연도별 정치 참여도 조사 결과는 나의 경험이 틀리지 않았다는 것을 보여 준다. 조사 결과 18세에서 24세 사이의 청년층 3분의 1만이 영국의 정치제도에 관한 단순한 OX 문제에서 66퍼센트 이상 득점한 것으로 나타났다.[30] 이 조사는 각 문항에 대해 연령대별로 득점 수준을 분석하지는 않았지만, 전 연령대의 3분의 1에 해당하는 비율의 응답자가 비선출직인 영국 상원의원을 국민투표로 선출한다고 답했다.[31] 이것은 지식이 고차원적 사고의 기본 바탕이라는 것을 분명하게 알려 준다. 상원의원을 선거로 뽑는다고 알고 있는 사람들이 상원의원 제도 개혁에 대한 극렬한 찬반 주장을 분석하거나 판단할 수 없다는 것은 자명하다. 그들이 상원의원 제도에 대한 핵심지식을 알지 못할 때 일반적인 질문 기법으로 그 핵심지식을 습득할 수 없다. 만약 그들이 민주주의 제도에 대하여 확실하게 이해하지 못하고 있다면 다른 사람들이 쉽게 잘못된 정보로 현혹시키거나 오도할 수 있다. 윌리엄 베버리지가 말했듯이 편견은 지식이 아니라 무지에서 나온다. 편견을 없애기 위한 가장 좋은 방법은 질문이 아니라 지식이다. 사실적 지식을 알고 있지 못하면 질문을 제대로 파악할 수 없다.

이렇듯 수업을 통해 학생들이 경험이나 관심과는 무관하지만 필요한 일반 지식을 가르치는 것이 중요하다는 것을 확인했다. 그러나 어떤 지식이 문제이고 누구의 지식이 오류인가에 대한 의문은 여전히 남아 있다. 지식이 본질적으로 편향되거나 주관적이지 않다거나 또는 소수 엘리트층을 대변해 주지 않는다는 것을 어떻게 확신할 수 있는가? 이를 확인할 수 있는 방법이 있을까? 대니얼 윌링햄은 이와 관련하여 하나의 방법을 제시했다. 어떤 지식이 보다 더 중요하고 또 교육과정에 어떤 지식을 포함시키는 것이 더 나은 것인지와 같은 가치판단을 하기보다 '어떤 지식이 인지에 가장 도움이 되는가?' 하고 질문해 보는 방법이다.[32] 특별히 독서와 관련하여 인지에 가장 도움이 되는 지식은 작가가 당연히 누구나 알고 있으리라고 판단해서 생략한 정보와 같은 것이다. 이것은 학생들이 추론하기 위해 이미 확보하고 있어야 할 지식과 같은 것이다. 만약 학생들에게 종합일간 신문이나 비전문가 독자도 이해할 수 있는 지적 수준의 도서를 읽도록 지도하려면 작가가 자신의 글을 읽을 독자들이 당연히 소유하고 있을 것으로 가정한 수준의 지식을 가르쳐 주어야 한다. 이에 대하여 윌링햄은 다음과 같이 설명한다.

실망스럽겠지만, 작가들이 독자의 기본적인 이해 수준으로 가정하는 대부분의 지식은 과거에 백인 남성들이 이뤄 놓은 문화에 기준을 두고 있다. 인지과학자의 관점에서 이러한 경우에 할 수 있는 유일한 대책은 종합일간 신문인 『워싱턴포스트』나 『시카고 트리뷴』 등에 기고하는 작가들과 편집자에게 다양한 수준의 독자들이 있다는 것을 가정하여 글을 쓰도록 설득하는 것이다.[33]

월링햄이 "작가들이 독자의 기본적인 이해 수준으로 가정하는 대부분의 지식은 과거의 백인 남성들이 이뤄 놓은 문화에 기준을 두고 있다."고 주장한 것은 맞는 말이다. 미국에서 신문에 사용된 어휘를 조사 분석한 연구 결과들이 이를 입증해 준다.[34] 신문 어휘 분석 연구들은 작가들이 기대한 기본 지식이 우리가 생각하는 만큼 그렇게 쉽게 변하지 않는 내용이며, 변화가 있더라도 핵심내용은 그대로 유지되고 주변적인 내용들만 바뀐다는 점을 밝히고 있다. 허시는 교사들과 학자들의 의견을 수렴하면서 이러한 연구 결과들을 활용하여 핵심지식 교육과정을 창안했다. 이는 유치원부터 8학년까지의 교육과정으로서 1993년부터 적용되기 시작한 이후 미국의 768개 학교에서 채택하고 있으며, 이를 채택한 매사추세츠주 공립학교들의 성공적인 학력향상 실적은 유명하다.[35]

영국에서는 작가들이 글을 쓸 때 일반 사람들이 당연히 알고 있을 것으로 생각하는 지식에 대한 분석이나 연구는 아직 없다. 영국의 그러한 지식이나 어휘는 당연히 미국의 그것과 다를 것으로 여겨진다. 아울러 영국 학자들도 곧 그러한 연구를 수행하기를 기대한다. 한편, 전통적 지식을 중시하고 포함시키는 미국의 사례를 참고하여 영국에서도 이와 유사한 방식으로 작가들이 당연시하는 지식을 정리할 수 있을 것이다.

윌링햄이 말했듯이, 과거 백인 남성들의 문화를 중시하는 것에 대해 불만을 제기할 수도 있겠지만 그 이유를 깊이 생각해 볼 필요도 있다. 셰익스피어의 연극, 등장인물, 언어는 아주 오랫동안 유지되고 있으며, 영어를 배우는 세계의 모든 국가에서 셰익스피어 작품에 관한 지식이 인지적인 측면에서 유용한 것으로 인정되고 있다. 이러한 인정이 단지 서구의 지배적인 권력에 따른 결과라고 주장할 수도 있다. 그러나 이는 전 세계의 보통 사람들이 셰익스피어의 작품에서 인간의 조건에 대한 독특하면서도 시대를 초월한 통찰을 발견한 결과라고 주장할 수도 있다. 미국 작가 마야 안젤루는 셰익스피어 작품을 처음 읽었을 때 그가 흑인 여성일 것이라고 확신할 정도로 흑인인 자신에게 공감이 되었다고 말했다.[36] 남아공 대통령이었던 넬슨 만델라는 로벤섬 교도소에 투옥된 시기에 비겁한 사람은 일생에 여러 번 죽는다는 셰익스피어의 대사를 읽고 감명을 받았다.[37] 폴란드 태생의 독일인 문학비평가이며 작가인 마르셀 라이히라니츠키는 바르샤바 게토의 유대인 강제수용소에서 절망적인 생활을 할 때 셰익스피어의 극중 대사가 자신에게 도움이 되었다고 말했다.[38]

어떻든 우리가 과거 서구의 백인 중심 문화에 거부감을 느끼면서 그들이 중심이 된 원인은 단순히 경제력과 군사력 때문이라고 폄하하더라도 그들의 문화를 학생들에게 가르칠 수밖에 없다. 우리가 그 지식을 가르치지 않는다고 해도 우리를 둘러싼 거대한 문화는 과거 서구의 백인 문화가 부당하다고 인식하지 않을 것이다. 우리가 학생들에게 사회적으로 공인된 지식을 가르치지 않으면 우리에게 배운 학생들은 그 사회의 문화를 알 수 없게 된다. 결과적으로 학생들은 그 문화에 관련된 토론에 참여할 수 없게 되고 나아가 다른 중요한 토론에서도 제외될 수밖에 없을 것이다. 윌링햄이 말한 바와 같이, 그러한 지식을 배우지 못하면 자기보다 아는 것이 많은 친구들이 쉽게 읽는 글을 아예 읽지 못하거나 내용을 깊이 이해하지 못하게 되는 것은 자명한 사실이다.[39]

각 교과에서 일반적인 독서에 필요한 지식을 어느 정도 범위까지 가르쳐야 할 것인가를 결정할 때 앞에서 논의한 접근방식이 유용할 것이다. 왜냐하면 독서에 필요한 지식은 그다지 깊지는 않아도 광범위한 것이기 때문이다. 그런데 일반적인 독서와는 달리 학생들에게 특정 교과의 역량을 길러 주기 위해서는 특정 개념에 대한 심층적인 지식을 가르쳐야 한다. 특정 개념을 무엇으로 봐야 하는가? 인지과학 연구에서는 각 교과에서 여러 번 등장하는 개념, 곧 한 교과에서 통일된 개념을 가르쳐야 한다고 강조한다.[40] 우리가 어떤 교과를 가르칠 것인지, 교과에서 가르칠 본질적인 개념들은 무엇인지를 어떻게 결정해야 하는가? 이 질문은 앞에서 논의한 것과는 다른 매우 논란을 일으키는 주제다. 많은 학자들은 학교에서 가르치는 교과란 본질적으로 빅토리아 시대의 중류 계층의 가치를 강요하기 위해 인위적으로 고안된 발명품이라고 여겼다. 이것이 사실일까? 그런데 조금 이상하게 생각될 만큼 문화가 매우 다른 다수의 국가들에서 채택하고 있는 교과들과 빅토리아 시대의 중류 계층의 문화를 가진 국가들에서 채택하고 있는 교과들이 매우 유사하다.[41] 나는 핀란드나 한국 같은 다양한 국가들이 빅토리아 시대의 중류 계층의 문화를 학교 교육과정으로 스스로 채택한 것이라고 생각하지는 않는다. 그보다는 유용한 교과들을 선택한 결과라는 설명이 더 타당하다고 생각한다. 그러한 교과들은 윌링햄의 말대로 중요한 개념들을 가르칠 수 있게 해 주는 실용적인 방법을 제시해 주는 매우 유용한 인간의 발명품이라고 생각된다. 영어교과에서 문장이라는 개념, 수학교과의 자릿수나 물리교과의 에너지 개념 등에서 알 수 있듯이 교과들은 개념을 가르치는 유용한 틀을 제공해 준다. 각 교과에서 개념은 인류가 좀 더 정확하게 의사소통할 수 있도록 해 주었고, 자연 세계를 이해하고 또 지배할 수 있도록 해 주었던 강력한 발명품이다. 마이클 영은 1970년대에 지식이란 본질적으로 사회적 구성체라고 주장했지만 지금은 다음과 같이 다르게 주장한다.

> 우리는 모든 유형의 지식이 사회적 특성을 가진다는 것을 부정하지는 않는다. 그러나 내가 유용한 지식이라고 언급했던 지식 유형이나 지식 그 자체라고 생각되는 지식 유형들은 사회적이고 역사적인 근거를 갖고 있지만 전적으로 그러한 근거들에 의존하지 않는 다른 특성도 있다.[42]

마이클 영은 경험으로 얻을 수 없지만 삶에 실제적인 도움을 주는 지식을 유용한 지식이라고 했다. 그는 모든 학생이 이러한 유용한 지식을 이해하고 실제로 활용할 수 있도록 교육함으로써 장기적으로 경제적 이득이 될 뿐 아니라 민주성과 평등성도 높일 수 있다고 주장했다.

이러한 유형의 교육과정을 엘리트 교육과정이라고 부를 수 있을까? 교사 및 강사 노조의 교육과정 보고서를 작성했던 마틴 존슨의 주장대로 이러한 교육과정은 노동계층의 학생들에게 부적절하고 관련성도 없는 상류 계층의 지식을 강요하는 것인가? 그러나 상류 계층의 지식이 따로 존재한다는 생각은 틀린 것이다. 역사학자인 조너선 로즈 교수는 이에 대해 "만약 지배 계층의 문화를 고급문화로 규정한다면 영국 귀족사회에 만연했던 반지식주의는 논외로 하더라도 노동 계층 독학자들이 치열하게 지식을 추구했던 현상을 어떻게 설명할 수 있는가?"라고 강하게 반문했다.[43] 실제로 귀족이었지만 반지식주의의 상징으로 회자되는 엘리자베스 2세 여왕의 어머니인 퀸 마더와 가난한 노동계층 출신으로 정식 교육을 받지 못했지만 독학으로 유명한 과학자가 된 마이클 패러데이는 사회 계층에 따라 문화와 지식이 다르다는 일반적인 관점을 실증적으로 반박하는 근거를 보여 주는 대표적인 역사적 인물들이다. 내 친구들 중에도 매우 가난한 가정 배경을 가졌지만 예를 들어 해리 왕자와 같은 귀족들보다 더 고급문화를 이해하는 친구들이 많다.

이렇게 몇 가지 사례들만 보더라도 고급문화가 어떤 특정 계층이나 문화에 속한다는 생각은 옳지 않다. 문명은 많은 개인들의 발명과 혁신을 통해서 발전한다. 매우 중요하고 획기적인 발명들 중에는 누가 어떻게 만들었는지를 알 수 없는 것도 있다. 이러한 문명은 특정 문화나 국가의 소유가 아닌 인류 공동의 유산이다. 숫자 체계와 십진법 개념이 힌두교도들에 의해 최초로 고안되고 아랍인들에 의해 유럽에 전달된 문화라고 해서 영국 태생의 학생들에게 계산하는 방법을 가르치지 않겠는가? 수천 년 전에 쓰여진 고전은 현대 영국사회의 상류 계층들만 향유할 수 있는 예술이라고 주장할 수 있는가? 마틴 존슨과 마찬가지로 노동조합 운동을 하면서 글을 썼던 로버트 트레셀은 이러한 주장이 틀렸다는 것을 그의 유작 『떨어진 바지를 입은 자선가』에서 다음과 같이 보여 주고 있다.

우리의 문명은 조상으로부터 물려받은 지식을 축적해 놓은 것으로서 수천 년 동안 인류가 생각하고 노력한 열매다. 그것은 지금과 같이 분리된 사회 계층 중 어느 한 계층 조상들의 노동의 결과가 아니라 바로 모든 인류의 공동 유산이다. 세상에 태어난 어린이는 영리하든 미련하든, 신체적으로 건강하거나 절름발이이거나 또는 맹인이거나, 어떤 부분에서 친구들보다 뛰어나거나 뒤처지거나 또는 동등하거나에 관계없이 과거 모든 인류의 상속자 중 한 사람이다.[44]

역사학자 조너선 로즈는 저서 『영국 노동 계층의 지적 생활』에서 19세기 후반부터 20세기 초반까지 영국 노동 계층의 자기주도적인 학습활동을 기록했다.[45] 공장의 노동자, 탄광의 광부, 꽃 파는 상인 등으로 일했던 노동자들은 셰익스피어 연극 공연을 하거나 고전문학 작품을 읽으면서 여가시간을 보냈다. 그들은 문학이 특정 계층 사람들만 누릴 수 있는 것이라고 생각하지 않았다. 그들은 사회계층과 문화를 오늘날의 학교에서처럼 좁게 그리고 분절적으로 생각하지 않아야 하며, 대신 훨씬 더 넓은 관련성을 가져야 한다고 여겼다. 그들은 또한 셰익스피어, 디킨스, 밀턴의 문학 작품도 자신들에게 의미가 있다고 생각했다. 영국에서 노동운동가이며 1903년 제4기 노동당 국회의원이었던 윌 크룩스는 고대 그리스의 서사시 『일리아드』를 처음으로 읽었던 경험을 다음과 같이 상기했다.

어느 토요일 오후 퇴근길에 나는 헌 책방에 들렀고 운 좋게 호메로스의 『일리아드』를 2펜스에 샀다. 저녁 식사 후 2층 방 침대에 누워 읽기 시작했다. 나는 책에서 엄청난 계시를 발견했다. 그때까지 생각도 못했던 사랑스럽고 아름다운 그림들이 내 앞에 펼쳐졌다. 나는 런던 동부 변두리에서 환상의 나라로 여행을 떠났다. 일터에서 집으로 오가는 것밖에 모르는 노동자인 내가 갑자기 고대 그리스의 영웅들, 그리고 신들과 함께할 수 있는 호사를 누릴 수 있었다.[46]

그런데 마틴 존슨의 관점에서 볼 때 『일리아드』와 같은 지식은 윌 크룩스와 같은 계층의 노동자들에게는 어울리지 않고 배울 수도 없어야 한다. 왜냐하면 마틴 존슨에 의하면 경험을 통해서는 배울 수 없는 유용한 지식을 배울 수 있느냐 없느냐의 여부는 부모의 사회적 계층에 의해 결정된다. 그는 실제적으로 고급문화는 상위 계층의 생활양식과 밀접하게 관련되어 있다고 주장했다.[47] 마틴 존슨이 20세기 대중교육을 비판하는 이유는 그것이 사회적으로 여유 있고 또 고급문화를 가진 엘리트 계층에게 필요한 교육과정을 그대로 복사하였기 때문이라고 한다.[48] 나는 오히려 이것을 20세기 대중교육의 성공이라고 생각한다. 과거엔 여유 있는 계층만 일반 교육을 받을 수 있었지만, 20세기엔 크룩스나 트레셀과 같은 사람들의 노력 덕분에 모든 사람들이 무상으로 초등교육과 중등교육을 받을 수 있게 된 것이다.

가끔 지식을 가르치기를 원하는 사람들을 부정적으로 보는 경우가 있다. 그들이 학생들을 19세기로 퇴보시킨다고 여기기 때문이다. 그러나 사실은 그 반대다. 지식을 가르치려고 하지 않는 사람이 학생들을 19세기로 퇴보시키기를 원하는 사람들이다. 왜냐하면 19세기를 돌이켜 보면 당시 사회 엘리트 계층이나 관료들 가운데 많은 사람들이 대중들에게 지식을 가르치기를 꺼렸다. 그 이유는 대중들이 지식을 배우게 되면 지배 계층이 그들을 다루기 힘들게 되고, 대중들이 권위주의에 반기를 들어 사회 불안이 야기될 수 있다고 생각했다. 다음은 이러한 관점을 볼 수 있는 것으로 영국 하원의원으로서 노동계층을 위한 대중교육을 반대했던 데이비스 기디가 국회에서 발간하는 저널인 『한사드 소사이어티』에 1807년 발표한 글이다.

가난한 노동계층에게 교육을 시키면 (중략) 그들의 도덕성과 행복에 해를 끼칠 수 있다. 그들에게 교육을 시키면 그들은 훌륭한 하인으로서 농사일을 잘 하거나 근면하게 일해야 하는 사회적 지위를 운명으로 받아들이기보다는 자신의 운명을 원망하게 될 것이다. 교육은 그들을 복종하기보다는 쉽게 대들도록, 즉 다루기 힘들게 만들 것이다. 다른 산업 국가들의 경험에서 나타났듯이 노동 계층에 글을 가르치게 되면 그들은 기독교에 반대하는 선동적인 문구의 유인물, 사악한 책이나 출판물들을 읽게 될 것이다.[49]

19세기 후반과 20세기 초를 돌이켜 보면, 대중교육을 제한하려 했던 극단적 보수주의자들은 대중들에게 지식을 가르치면 그들이 사회 불평등에 도전하게 될 것이라고 우려했다. 보수주의자나 진보주의자 모두 지식이 권한을 부여해 준다는 것에 동의했다. 교육은 사회를 변화키는 하나의 수단이다. 그래서 진보주의자들은 일반 대중들에게 지식을 확대시키려 했고, 반대로 보수주의자들은 지식 확대를 반대했다. 또한 초기 노동운동의 주요 목적 중의 하나가 무상 교육이었던 것도 이 때문이다. 경험을 통해 얻을 수 없는 유용한 지식과 엘리트주의는 관련이 없다. 엘리트주의는 이러한 지식이 엘리트들만 배워야 한다는 입장이다. 현대 영국의 노동운동을 하는 사람들이 왜 거의 200년 전에 나타났던 극단적 보수주의자들과 같은 관점을 갖고 있는지 그 이유를 이해하기 힘들다.

영국에서 그 이유를 찾아보기보다 미국의 경우를 살펴보고자 한다. 윌 크룩스와 로버트 트레셀에게 영감을 주었던 대중교육의 정신에 따라 지금도 진보주의 교육 원리가 활성화되어 있다. 미국 교육학자 허시는 모든 학생들이 지식에 접근할 수 있도록 보장해 주는 것이 사회 정의이며, 글을 읽고 쓸 수 있도록 해 주는 것이 사회와 정치 변화를 위한 가장 효과적인 수단이라고 말한다.[50] 이를 증명해 주는 것으로 그가 1970년대 시민권 운동을 가장 급진적으로 전개한 신문 『블랙 팬서』의 일부분을 인용한 것을 들 수 있다. 그는 신문에 게재된 급진적이고

혁명적인 글들이 대부분 공유된 지식체계를 바탕으로 쓰였으며, 표현 기법은 전적으로 보수적이라는 점에 주목했다. 허시는 많은 분량의 신문 내용을 자신이 직접 검토한 결과 철자가 틀린 단어를 단 하나도 발견할 수 없었다고 밝혔다.[51] 그는 보수주의적 의사소통 방법이 현대 생활에서 효과적이라고 결론지었다.[52]

허시는 학생들에게 가장 중요한 지식을 가르치기 위해 교육과정의 틀을 구축함으로써 자신의 이론을 실용화했다. 그가 개발한 핵심지식 교육과정은 유치원에서 8학년까지(영국 학제로는 1학년에서 9학년) 학생들이 각 학년에서 배워야 하는 내용을 계열화시킨 구체적인 지침을 담고 있다. 나는 3년간 영어교사로 학생들을 가르친 후에 정말 우연히 허시의 교육과정을 발견했다. 내가 그의 교육과정을 발견한 순간은 영국 시인 존 키츠가 채프먼이 번역한 호메로스의 시를 보고 시인의 길로 들어서게 된 충격적 경험 그 자체였다. 나는 교육과정 내용의 범위에 매우 감명을 받았다. 영어과(미국은 영문학, 영어학) 교육과정 내용을 보면 체호프, 호손 및 톨스토이의 단편소설; 에밀리 디킨슨, 칼 샌드버그 및 로버트 브라우닝의 시; 학생들이 철자를 확실하게 알아야 할 어휘 목록; 제대로 이해하고 사용해야 하는 문법 용어; 학생들이 일상생활에서 필수적으로 이해해야 하는 외국어 구문 등이 포함되어 있다. 역사과 교육과정은 일관되게 누적적으로 설계되었다. 즉, 무작위의 특정 시기별로 학습하는 대신 1학년의 최초 미국인에 대한 학습에서부터 8학년의 오늘날의 사회까지 차례로 배운다. 세계사도 병행해서 배우는데 고대 그리스에서부터 산업사회 도래, 프랑스 혁명, 라틴아메리카 독립운동까지 일관되게 배운다. 7학년부터 2년 동안 미국사와 세계사를 통합하여 최근 100년의 세계를 국제관계 측면에서 다루는데 제2차 세계대전, 유럽 식민주의 등을 배운다. 나는 이 교육과정으로 교육받은 미국의 14세 학생이 영국의 16세 학생보다 영국 역사에 대해 더 잘 이해할 수 있을 것이라는 충격적인 생각까지 하게 되었다.[53]

미국에서는 대부분의 주에서 개별 학교가 자유롭게 교육과정을 선정한다. 허시의 교육과정을 채택한 다양한 학교들은 대단한 성공을 거두고 있다.[54] 대표적인 성공 사례로 알려진 매사추세츠주는 1990년대 초에 교육과정 개혁을 통해 허시의 교육과정을 도입했다. 이에 관하여 솔 스턴은 한 저널의 논문에서 다음과 같이 기술하였다.

> 매사추세츠주 학생들의 기록적인 학력 향상을 나타내는 말인 '매사추세츠 기적'은 1993년 교육개혁법 제정의 결과였다. 이 법률을 통해 모든 학년에서 필수적으로 이수해야 하는 지식수준을 명료화했고, 새로운 성취수준과 연계한 평가체제를 구축했다. 매사추세츠 교육과정 개혁가들은 이러한 좋은 성과가 허시의 교육과정 덕택이라고 인정했다. 허시의 교육과정은 오랫동안 단지 설득력 있는 이론으로만 여겨졌지만 매사추세츠 교육개혁의 성공을 통해 확실한 실증적인 근거를 얻게 되었다. 주정부에서 교육개혁법을 제정하기 이전에는 학교구 단위에서 적용하는 표준 교육과정이 없었고 적용하는 교수방법도 각양각색이었으며, 특히 지식 교육을 경시했다. 그러나 1993년 교육개혁법에 따라 허시의 지식중심 교육과정을 각 학년에 적용함으로써, (중략) 2005년에 매사추세츠 학생들은 전국 4학년과 8학년 전체를 대상으로 2년 주기로 실시되는 국가학업성취평가[NAEP]에서 영어와 수학 과목에서 성적이 급상승하여 전국 1위를 차지했다. 참고로 이 평가는 주별, 학교구별, 학교별로 학력분포가 공개되기 때문에 교육관계자들은 이를 '국가 보고서'라고 부르기도 한다. 학업성취도 전국 1위의 위업은 2007년에도 계속되었다. 매사추세츠를 제외한 어느 주에서도 2회

연속은 고사하고 한번이라도 2개 학년의 영어와 수학 모든 과목에서 1위를 차지한 사례는 없었다. 또 다른 신뢰할 만한 평가인 2008년도 수학·과학 성취도 추이 변화 국제 비교연구^{TIMSS}에서도 4학년 학생들은 과학에서 세계 2위, 수학에서 세계 3위의 성적이었고, 8학년 학생들은 과학 1위, 수학 6위의 높은 성취수준을 기록했다.(TIMMS에는 국가단위로 참여하지만, 희망에 따라 매사추세츠와 같이 주단위로 참가할 수도 있다.) 참고로 이 국제평가에서 미국 전체의 학력 순위는 10위였다.[55]

2008년, 핵심지식재단$^{Core\ Knowledge\ Foundation}$은 핵심지식 교육과정에 근거하여 읽기 프로그램을 개발하였고, 이를 위한 교과서와 교사용 지도서도 함께 개발했다.[56] 이 프로그램은 뉴욕에서 유치원 시기부터 적용하여 2학년까지 3년간 시범 적용되었으며, 기존의 통합독서능력 증진 방식인 균형적 문해 프로그램을 이수한 학생들과 성취도를 비교하였다. 2012년 나온 비교 결과가 『뉴욕타임스』에 다음과 같은 기사로 보도되었다.

연구 결과에 따르면 핵심지식 교육과정에 따라 학습한 2학년 학생들의 독해력 평가 성적은 비교 대상 학생들에 비해 훨씬 높게 나타났다.[57]

시범 연구에 참여한 한 교장은 핵심지식 교육과정이 빈곤층 학생들에게 특히 효과가 컸다고 말했다.

그래디 교장은 경제적으로 불리한 여건에 있는 학생들은 보충지도가 필요한데 핵심지식 교육과정 적용으로 해결할 수 있었다고 말했다. 지난해 프로그램에 참여한 학생들은 700여 명인데 그들 중 88퍼센트가

뉴욕시의 기준에 따른 빈곤층에 해당된다.[58]

교육개혁에서 가장 어려운 과제 중 하나가 성적 상위 학생들과 하위 학생들 간의 학력격차를 줄이는 일이다. 매우 효과적인 프로그램이라고 해도 이 어려운 문제에 봉착할 수 있다. 그런데 핵심지식 읽기 교육과정을 3년 동안 적용하여 모든 학생들의 읽기 능력이 향상되었고, 특히 프로그램 적용 초기에 낮은 성적을 보였던 학생들에게 가장 큰 효과가 나타났다.[59]

핵심지식 교육과정 성공 결과 미국 진보진영에서 조차 허시의 교육과정 이론을 매우 긍정적으로 인정하게 되었다. 미국에서 제2의 교원노조인 미국교사연맹AFT은 허시의 이론과 교육과정을 전폭적으로 지지했다. 미국교사연맹은 보수를 지향하는 단체가 아니다. 미국교사연맹과 영국교원노조NUT는 영국의 자유학교free schools 정책과 미국의 차터스쿨charters 정책에 반대하는 전략을 공유한다. 2012년 6월 영국교원노조 부위원장 케빈 코트니는 미국교사연맹의 볼티모어와 필라델피아 조합원들과의 대화를 통해 많은 시사점을 얻었다고 밝히기도 했다.[60]

미국교사연맹은 차터스쿨 정책에 반대하면서 허시의 핵심지식 교육과정을 지지하는 데 많은 시간과 에너지를 쏟았다. 연맹 회장인 랜디 와인가르텐은 핵심지식 교육과정의 장점에 대해 자주 이야기했다. 그녀는 허시의 핵심지식 교육과정 관련 최신 저서의 추천사에서 "이제 그 어느 때보다도 허시의 교육과정이 우리 공동의 지혜로 인정되어야 한다."고 썼다.[61] 연맹의 사무총장 토니 코테스는 지식 기반 교육과정을 지원하는 단체인 공통핵심재단Common Core Foundation에서 이사로 활동하고 있다.[62] 연맹에서 발간하는 저널 『American Educator』는 종종 허시를 비롯하여 핵심지식재단 전문가들의 기고문을 게재하고 있다.[63] 뉴욕대 교육사 교수인 다이앤 라비치는 차터스쿨과 자유학교를 가장 극렬하게 비판하는 학자이지만 핵심지식 교육과정에 대해서는 열성적으로 지지한다. 그녀가 허시의 역작인 『문화적 소양』을 저술하도록 설득했다고 한다.[64] 민주당원인 허시는 자신을 '준사회주의자'라고 소개하고 있으며, 그의 저서 『우리에게 필요한 학교, 왜 만들 수 없는가?』의 1장 서문에서 자신에게 큰 영향을 끼친 사회주의자 안토니오 그람시에게 감사를 전했다.[65]

지식을 가르치는 것에 대해 진보주의적 관점은 강력한 지지를 보내고 있으며, 과거는 물론 현재의 진보주의자들도 이를 인정하고 있다. 지식은 결코 강요하지 않는다. 우리를 자유롭게 할 뿐이다.

결론

이 책을 통해, 나는 많은 사람들이 추구하는 목적에는 공감하지만 그들이 실제 실천하는 방법에는 동의하지 않는다는 것을 강조해서 밝혔다. 교육을 통해 당당하고, 창의적이며, 문제를 해결하는 비판적 사고력을 지닌 인간을 육성해야 한다는 데에는 동의한다. 학생들에게 21세기를 대비시켜 주어야 하고, 성적이 우수한 학생들만이 아니라 모든 학생을 위한 교육체제를 만들어야 한다는 데 동의한다. 나는 교육이 민주주의와 평등에 관심을 가져야 한다는 것에 동의한다. 학생들이 능동적으로 공부하고 수업에 적극 참여해야 한다는 데 동의한다. 이 모든 것을 중시하기에, 현재의 교육체제에 대해 매우 걱정스럽게 생각한다. 이러한 목적을 성취하기 위해 현재 우리가 사용하고 있는 교육방법들이 전혀 효과적으로 작동하지 않기 때문이다.

현재의 교육방법들이 효과적으로 작동하지 않는 주된 원인이 지식을 가르치는 것은 비논리적이며, 시대에 뒤처지고 과학적 근거도 없다는 편견 때문이다. 지식의 중요성을 밝혀 주는 증거는 명확하다. 왜 지식이 인지능력의 핵심인가를 설명해 주는 이론적 모형이 확립되어 있다. 지식을 성공적으로 가르칠 수 있도록 구성된 교육과정에 대한 증거 자료도 많다. 지식 전달의 효과 면에서 성공적인 교수법에 대한 많은 증거들도 있다. 우리가 지식을 성공적으로 가르치지 못하면 학생들은 성공적으로 배울 수 없다.

알다시피 영국의 교육체제 내에 이러한 증거가 거의 알려지지 않았고, 누군가 그 사실을 가르쳐 주지도 않는다. 생각해 보면 이는 무척 놀라운 사실이 아닐 수 없다. 우리가 몇몇 모호한 이론을 잘못 받아들인 것이라고 단순하게 처리할 수 있는 사안이 아니다. 『나쁜 과학』의 저자인 벤 골드에이커가, 과학적 근거가 없는 유사과학적인 뇌 체조가 매우 많은 학교에 도입된 과정을 공개했을 때 사람들은 충격을 받았다.[1] 그러나 우리가 영국 교육에서 보고 있는 현상들은 훨씬 더 충격적이다. 우리 교육체제의 바탕이 되는 기본 관점에 결함이 있다. 인간의 뇌가 학습하는 방법을 과학적 증거를 통해 알고 있는 사람이 우리 교육체제의 운영 방법을 보게 된다면 그는 교육체제가 교육을 애써 퇴보시키고 있다는 결론을 내릴 수밖에 없을 것이다. 만약 우리 교육과정이 학생들의 학습을 증진시키도록 만들려면 우리는 핵심적이고 일관되며 연속적인 지식체계를 갖춘 교육과정을 구축해야 할 것이다. 그럼에도 불구하고 현재의 교육과정은 지식을 상세화 하지도 않았을 뿐더러 가르칠 지식을 역량과 대비시켜 중요하지 않은 것으로 제시하고 있다. 만약 우리의 교수법이 학습을 향상시킬 수 있도록 하려면 교사 주도의 수업과 학생 활동에 대한 교사 개입의 중요성을 인정해야 할 것이다. 그럼에도 불구하고 현재의 교수법은 교사가 학생들을 직접 가르치지 않고 학생 주도의 프로젝트 학습을 지원하도록 권장하고 있다. 만약 모든 학생들이 후기 고등학교 진학 전인 16세까지 글을 제대로 읽고 이해할 수 있도록 하려면 모든 학교에서는 학생들이 알아야 할 중요한 문화적 지식의 양을 확대시키는 데 초점을 맞춰 교육해야 할 것이다. 그럼에도 불구하고 현재의 학교는 정보를 무작위로 가르치고, 종종 학생들이 상당 부분 이미 알고 있는 사소한 정보들을 가르치고 있다.

이렇게 틀린 이론을 권장한 교육체제에서 근무할 당시 내가 겪었던 개인적인 경험에 대해 좀 더 이야기하고 싶다. 7장에서 많은 이론가들이 하나의 제도에 소속된 사람들이 받아들이는 특정 이론이나 실천 방식을 설명할 때 사용하는 용어로서 주도권이나 패권으로 번역되는 헤게모니의 개념에 대하여 논의했다. 헤게모니란 개념은 매우 유용하다. 나는 이 책에서 논의했던 미신들이 교육체제 내에서는 헤게모니를 가진 이론이라고 주장하고 싶다. 교육에 대한 논의에서 언제나 이 미신들 가운데 하나는 빠지지 않고 다뤄진다. 헤게모니 이론가들이 말하듯이 헤게모니를 가진 이론의 가장 강력한 특징은 그것이 사람들에게 자연스러운 상식으로 보인다는 것이다. 헤게모니를 가진 이론이 바로 일상생활에서 정상적인 사고방식이다. 이러한 사고방식에 전혀 이의가 없는 것처럼 보이기 때문에 헤게모니를 가진 이론에 도전하기가 매우 어렵다.

그러나 헤게모니 이론가들도 인정하듯이 헤게모니를 가진 이론은 어떤 보이지 않는 과정들에 의존하고 있다. 하나의 전술은 기존의 헤게모니와 모순되는 모든 증거들을 억제하는 것이다. 나는 교사양성교육을 받았고, 3년 동안 학생들을 가르쳤고, 현직에 있을 때 많은 교사연수에 참여했고, 교육에 관한 에세이를 몇 편 쓰기도 했으며 교육정책을 충실히 따랐다. 그동안의 교직 근무기간 중에 나는 이 책에서 언급한 지식에 관해 어떠한 증거도 접할 수 없었고, 물론 지식을 옹호하는 의견을 어느 누구로부터도 듣지 못했다. 2장에서 존 하티는 직접교수법이 학업성취에 성공적이라는 강의를 들었던 연수생들이 분노를 표출했다는 말을 했다. 이와 관련하여 나 역시 분노를 느낀다. 교직 3년 동안 학생들을 위한 수업에 훨씬 더 효과적인 교수방법을 활용할 수 있었을 텐데 그것을 모르고 성적을 올리기 위해 고심했기 때문이다. 나는 수업시간 내내 학생들이 분단별로 완전히 잘못된 개념을 가지고 잡담 같은 토론을 하는 것을 조용히 지켜봐야 할 때도 있었고, 수업에 대하여 내가 너무 규범적이었던 것 같다고 스스로 생각하기도 했다. 이제 주요 교사 연수기관과 장학기관을 개혁하여 그들이 완전히 틀린 이론을 교사들에게 장려하는 것을 멈추게 하고, 훨씬 더 과학적인 근거를 가진 이론을 장려해야 한다.

하지만 문제의 핵심은 교육기관에 있는 것이 아니라 이론에 있다. 서문에서 케인스가 분석한 이론의 영향력에 대해 설명한 바 있다. 제도적이고 구조적인 개혁이 중요할 수도 있겠지만 무엇보다도 필요한 것은 이미 효력을 상실한 죽은 이론에 의존하는 우리의 관점을 바꾸는 일이다. 우리의 모든 학생들의 교육이 위기에 처해 있다. 특히 사회경제적으로 불리한 위치에 있는 우리 학생들의 교육이 위태롭다. 우리를 자유롭게 해 주는 지식의 강력한 위력을 교육의 중심에 놓지 않는다면 우리 학생들은 학습에서 실패를 계속할 수밖에 없고 교육 불평등은 지속될 수밖에 없다.

SEVEN
MYTHS
ABOUT
EDUCATION

역자 후기

지식 없으면 창의성도 없다

지식 없으면 창의성도 없다

학교 지식교육 경시에 대한 문제제기

학교교육은 교실에서 교사가 가르치고 학생이 배우는 수업을 기반으로 이뤄진다. 수업은 국가에서 정한 교육과정에 따라 학생들이 배워야 할 지식 내용이 체계적으로 정리된 교과서를 주된 매체로 한다. 교과서 내용은 기본적인 개념들이 반복 또는 보충적으로 제시되면서 점차 높은 수준의 지식으로 확산된다. 수업 과정에서 교사들은 학생들의 기본적인 지식 확보 여부를 지속적으로 확인하고, 교육 내용에 적합한 교수기법을 활용하여 보다 높은 수준의 새로운 내용을 학습할 수 있도록 지도한다. 수업 과정에서 기본 개념을 철저하게 이해시키고, 중요한 원리들에 대해서는 창의력과 문제 해결력 등 상위 단계의 학습에서 쉽게 응용할 수 있도록 암기시키기도 한다. 이것이 지식교육을 중시하는 학교교육의 일상적인 모습이다. 이와 함께 학교교육의 두 축 가운데 하나인 인성교육도 중시하여 수업 중에는 학습 주제 관련으로 조금씩, 그리고 학교행사나 생활지도를 통해서 체계적으로 실시하고 있다.

그런데 학교교육에 대한 관점이 많이 달라졌다. 교과서 중심의 체계적인 지식교육을 비판하는 사람들이 많다. 중요한 개념과 원리를 암기시켜서라도 확실하게 가르쳐 주려고 노력하는 교사들에 대해 21세기 지식사회를 대비한 인재육성 방향과 역행하는 입시위주 교육을 한다고 비난하기도 한다. 최근에는 4차 산업혁명 시기에 지식교육 대신 창의력과 인성교육만 오로지 중요하다고 말하는 사람들이 많아졌다. 우리의 일상적인 학교교육의 모습을 비판하는 분위기는 선진국들의 혁신적인 교육 사례가 소개될 때, 그리고 저명인사들이 한국의 전통적인 지식교육을 비판할 때 더욱 고조된다. 이제는 많은 사람들이 아니 거의 대부분의 사람들이 확신을 갖고 한국교육을 비판하는 분위기에 동조하는 것 같다.

세계적인 미래학자이며 뉴욕대학교 법학대학원에서 경제학을 가르친 엘빈 토플러는 우리나라를 방문하여 창의적인 인재 육성의 필요성을 언급하는 과정에서 "한국 학생들은 미래에 필요하지도 않은 지식과 존재하지도 않을 직업을 위해 하루 10시간 이상을 허비하고 있다."라고 말했다. 우리의 초·중·고교 지식교육을 비판하면서 창의력 교육에 집중해야 한다고 말하는 사람들이 자주 사용하는 말이다. 그런데 토플러는 의무교육이란 창의력을 허용하지 않으며, 한국 의무교육도 예외는 아닐 것이라 여겨 그렇게 말했다고 한다.

학교 지식교육을 비판하는 근거가 된 또 다른 사례는 취업난 시대에 학교교육에서 취업에 필요한 소프트 스킬soft skills이 중시되어야 한다는 사회적 분위기다. 기업의 핵심인재 관련 컨설턴트이며 대학에서 커뮤니케이션 기술을 강의한 페기 클라우스는 『소프트 스킬에 대한 불편한 진실』을 2007년 출간하였다. 취업 경쟁력을 높이고 성공적인 직장 생활을 위해서는 지식과 기술을 뜻하는 하드 스킬보다 자기관리, 인간관계, 의사소통, 비판적 사고력, 리더십 등을 뜻하는 소프트 스킬이 더 중요하다는 내용을 담고 있다. 이 책이 2009년에 『소프트 스킬 : 부드럽게 이겨라』로 번역되어 국내에 소개된 이후 우리의 학교 지식교육에 대한 비판의 강도는 매우 높아졌다. 학교에서 소프트 스킬을 교육시키지 못하면 지식교육은 취업이나 직장생활에서 무용지물일 뿐이라고 지적하는 사람들까지 나타났다.

앞의 비판 사례들은 기본적인 지식 습득을 주된 책임으로 하는 보통교육과 전공 영역의 학문 탐구를 통한 취업 준비를 담당하는 대학교육을 구분하지 않고 있다. 지식 면에서는 특출하여 명문대 대학원에 진학했거나 대기업 핵심인재로 채용된 사람들에게 강의할 때 이제 소프트 스킬이 필요하다고 강조한 것은 당연하다. 이들 학자들의 학교교육 비판을 뉴스로 접한 일반 사람들은 그들이 한국의 초 · 중등 교육을 비판한 것으로 받아들여 지식 위주 교육 자체를 자연스럽게 비판하고 있는 것이다.

그런데 토플러는 기본적인 지식교육이 매우 중요하다고 강조하였으며, 클라우스는 하드 스킬이 필요조건으로 가장 중요하지만 충분조건이 아니기에 소프트 스킬의 보완이 필요하다고 주장했다. 그녀는 소프트 스킬을 향상하기 위해 하드 스킬이 필요하며, 초 · 중 · 고에서 중점적으로 지도하는 지식인 기본적인 언어 능력과 계산 능력은 소프트 스킬 향상에 필수적이라고 언급하기도 했다(Klaus, 2007: 2). 학교교육에서 지식교육이 중요하지 않다거나 심지어 더 이상 필요하지 않을 것이라고 여기는 사람들이 참고해야 할 관점이라고 여겨진다.[1]

이것은 한 일간지에 기고한 역자의 칼럼 '지식교육과 소프트 스킬의 조화'이다. 소프트 스킬은 인성 측면의 역량[skills]을 뜻한다. 학교에서 지식은 경시되고 상대적으로 창의력과 문제 해결력과 같은 역량만이 지나치게 강조되는 사회적 분위기를 지적하고자 했다. 아울러 기본적인 지식교육만큼은 초 · 중 · 고에서 책임져야 한다는 교육적 신념으로 최선을 다하는 선생님들이 최소한 비판받지는 않기를 바라는 마음으로 썼던 글이다.

다음은 4차 산업혁명에 관한 논의가 활발하게 전개되면서 학교의 지식교육에 대한 비판이 심화되고, 이로 인하여 학교교육의 방향이 흔들리고 있다는 생각에서 교육전문지에 썼던 역자의 칼럼 '4차 산업혁명과 학교 무용론'이다. 이 책을 번역하게 된 직접적인 계기가 된 글이기도 하다.

10여 년 전에 광주 인근 고등학교에서 함께 근무했던 선생님들 몇 분과 회식을 하면서 학생지도의 어려움에 대하여 토론할 기회를 가졌다. 우리는 공부하지 않으려는 학생들의 수가 이전에 비해 점차 많아지고, 학력의 양극화가 심화되고 있는 점을 걱정했다. 특히, 학부모들조차 자녀가 공부하지 않는 것에 대해 걱정하거나 문제로 여기지 않는다는 점을 함께 우려했다.

학생들은 배우기 위해 학교를 다니고, 선생님들은 가르치기 위해 학생들을 만나는데 선생님들이 가르치려고 해도 학생들이 배우지 않으려는 이유는 무엇일까. 공부를 하려 해도 기초학력이 부족하여 이해할 수 없어서 결국 포기해 버리기 때문이라는 분석, 입학정원에 비해 대입 응시자가 부족한 상황에서 공부를 못해도 대학에 갈 수 있으니 편하게 학교 다니려 한다는 분석 등이 나왔다. 필자는 많은 학생과 학부모가 공부하지 않는 것에 대해 전혀 걱정하지 않는다는 것은 언론의 영향 때문일 가능성이 있다고 분석했다. 4차 산업혁명 시대에 현재의 학교교육은 취업에 도움이 되지 않을 것이라는 보도가 신문과 방송에 자주 나오고 있기 때문이다.

한동안 뉴스전문 채널에서 거의 매시간 방영된 혁신 관련 공익광

고는 4차 산업혁명을 잘 대비하자는 의도에서 제작된 것으로 보이나 학교 지식교육의 무용론을 내포하는 위험한 내용으로 시작한다. "현재 학교에 입학하는 초등학생들의 65퍼센트는 지금까지 존재하지 않은 전혀 새로운 직업을 갖게 될 것이다."라고 반복한다. 학교에서 배운 지식이 성인이 되었을 때 거의 쓸모없는 지식이 될 것이라는 뜻이다.

이 주장의 출처로 4차 산업혁명이란 용어를 전 세계에 퍼뜨린 2016년 세계경제포럼을 들고 있다. 보다 정확하게 따지면 그 말은 포럼 자료인 「미래의 일자리 보고서The Future of Jobs」 도입 부분(3쪽)에서 클라우스 슈밥 회장이 '한 유명한 통계에 의하면By one popular estimate'으로 재인용한 것이다. 인용한 통계치 65퍼센트는 학문적인 연구 결과가 아니라 'Did you know?'라는 유튜브에 제시된 것을 재인용한 것으로 근거가 매우 미흡하다. 학생과 학부모에게 공부의 가치를 약화시킬 수도 있는 위험한 주장의 근거가 이렇게 허술해도 되는 것일까? 이러한 주장을 확인 없이 재생산하는 언론에 대해 학교교육 담당자로서 매우 당황스럽고 아쉬움을 크게 느낀다.

최근에 발견한 것인데 외국에서도 앞의 통계치 65퍼센트에 대하여 의문을 제기한 사례가 있었다. 영국의 BBC 라디오 방송은 65퍼센트의 근거를 관련 학자들을 추적하여 찾고자 했으나 확인하지 못했고, 근거가 없는 통계라는 결론을 내렸다(2017.5.28. 미래 직업의 65퍼센트는 아직 알 수 없다? Have 65% of Future Jobs Not Yet Been Invented?). BBC는 65퍼센트라는 통계치가 미국 듀크대학교 교수인 캐시 데이비슨의 2011년 저서 『지금 보고 있는 것Now You See It』에서 최초로 사용되었다는 것을 확인했다. 그리고 그 책의 출판과 동시에 뉴욕타임스의 칼럼(2011.8.7. 디지털 시대의 교육 업그레이드, Education Needs a Digital-Age Upgrade)에 소개된 후 다른 여러 저서나 신문에서 계속 사용되고 있다는 것도 확인했다. 그래서 BBC 진행자는 직접 데이비슨 교수와 통화를 하여 그 통계치의 근거에 대해 확인하고자 했다. 그런데, 그녀는 통계치를 직접 연구한 것이 아니라 미래학자 짐 캐롤의 2007년 저서 『이제 준비하라(Ready, Set, Done)』에서 호주 정부의 혁신위원회 관련 웹사이트 통계를 재인용한 것을 사용했다고 답변했다. 그러면서 그녀는 짐 캐롤에게 확인하고자 연락을 취했으나 실패했고, 호주의 관련 웹사이트 조차 폐쇄되어 확인할 수 없게 되자 2012년부터 통계치 65퍼센트를 더 이상 사용하지 않는다고 답변했다. BBC 진행자는 호주 정부에 관련 웹사이트와 통계자료의 존재 여부를 확인했으나 역시 확인할 수 없었다고 밝혔다. 결론적으로 세계적으로 인용되는 65퍼센트는 근거가 없는 통계다. 한국에서 널리 인용되고 있는 세계경제포럼 보고서의 통계치 65퍼센트도 캐시 데이비슨 교수의 2011년 저서를 재인용한 것으로 근거가 없는 것이라고 봐야 한다.

BBC 진행자와 인터뷰를 했던 학자들은 65퍼센트의 사례와 같이 불확실한 통계를 근거로 하여 학교교육이 쓸모없다는 말을 자주 언급하는 것은 학생들에게 나쁜 영향을 미칠 수 있다고 우려를 표시했다. 즉, 학교에서 배운 지식과 기술이 미래의 직업생활과 전혀 관련이 없다는 말을 듣는다면 학생들은 학습의욕을 상실하고 무슨 공부를 해야 할지 혼란스러워할 것이라고 했다. 마지막으로 인터뷰한 평가전문가 데이지 크리스토둘루의 말을 우리도 한번 새겨 봐야 할 것 같다. "아이들이 미래에 담당할 직업의 종류에 대하여 잘 알지 못한다면, 우리는 전혀 알지 못하고 있는 미래의 일을 하는 데 필요한 지식이나 기술의 종류를 예측할 수 없다. 따라서 우리는 현재 체계화된 지식이나 사실들을 가르치는 것을 방해해서는 안 된다. 비록 그들이 직업생활을 할 때 그 지식이 시대에 뒤떨어진 것이 될지라도 현재는 그것을 배워야하기 때문이다."

우리나라에서 4차 산업혁명은 사회 모든 분야에 광풍을 일으키고 있다. 너도 나도 그것에 관한 전문가이고, 그것에 따른 변화와 혁신을 주장한다. 하지만, 4차 산업혁명은 그 많은 논의에도 불구하고 아직 명확한 개념 정의조차 이루어지지 못하고 있다. 이런 불확실성 속에서 4차 산업혁명에 대한 논의나 대응이 비판적 성찰 없이 이루어질 때 그 피해는 고스란히 국민에게 전가된다. 특히, 모든 학생들에게 불확실한 미래사회에 잘 적응할 수 있도록 기본 지식을 확보해 주어야 하고, 동시에 인성교육을 체계적으로 실시해야 할 학교교육이 중심을 잡지 못한다면 그 피해는 고스란히 학생들에게 전가될 것이다. 앞에서 언급한 데이지 크리스토둘루의 주장을 다시 한 번 강조하고 싶다.[2]

나는 왜 이 책을 번역하게 되었는가?

21세기는 지식사회라고 불릴 정도로 지식의 가치가 중요한 시기다. 21세기 학교는 학생들이 지식사회에 적응할 수 있도록 기본적인 지식을 가르쳐 주어야 하고, 평생 동안 스스로 학습할 수 있는 능력도 길러 주어야 한다. 그런데 기대와는 정반대로 학교 지식교육은 사회에서뿐만 아니라 교육계에서조차 경시되고 있는 실정이다. 지식교육을 경시한 결과는 심각한 학력 저하 현상으로 나타나고 있다. 많은 학생들이 스스로 학습할 수 있는 능력을 갖추지 못한 상태로 고등학교를 졸업하고 있으며, 기본적인 지식조차 습득하지 못하고 있다는 점을 심각하게 여기지도 않는다.

고등학교에 근무하는 동안 역자는 중학교 때 공부하지 않아, 아니 초등학교 때부터 기초학력이 확보되지 않아 공부를 하고 싶어도 포기할 수밖에 없는 학생들을 너무도 많이 만났다. 그들은 선생님의 수업을 듣고 공부의 재미를 느끼고 싶어도, 교과서를 읽고 체계적으로 새로운 지식을 쌓아가고 싶어도 뜻을 모르는 말이나 단어가 계속 나오면 포기해야 한다. 그래서 어쩔 수 없이 선생님께 실례가 되는 줄 알면서 도 잠을 잘 수밖에 없다. 고등학교 단계에서 기초부터 가르친다는 것이 너무 어렵다는 것을 잘 알고 있는 선생님들은 모든 학생들을 가르 치는 것을 어느 정도 노력해 보다가 쉽게 포기하게 된다.

학교 지식교육의 경시 풍조가 교육에 대한 잘못된 관점 때문에 발생한 문제라고 생각하며, 이와 관련된 책을 발간할 필요성을 느껴 자료를 정리하는 중이다. 지식교육이 중요하다고 말하면 사람들은 나를 21세기 그리고 4차 산업혁명 시대의 흐름을 제대로 파악하지 못하는 이상한 사람으로 여기기에 말 대신 글로 써야 한다. 교원연수나 교육청 회의에서 교육학자나 고위 행정가들이 '이제 지식의 시대는 지나갔고 역량의 시대가 왔다.'라고 공공연하게 소리를 높이고, 어느 누구도 그러한 주장에 이의를 제기하지 않는 상황이기 때문이다. 앞의 두 개의 칼럼은 이러한 지식교육의 의미를 다양한 관점에서 볼 필요가 있다는 점을 정리하는 과정에서 나온 것이다.

앞의 두 번째 칼럼에서 4차 산업혁명 시대에도 학교 지식교육이 중시되어야 한다는 크리스토둘루의 말은 평소 나의 주장과 일치했다. 그래서 그녀가 어떤 사람인지, 그녀에게서 다른 참고할 만한 자료들을 더 찾을 수 있는지를 검토해 보았다. 그녀는 2007년부터 3년 동안 중등학교에서 영어를 가르쳤고, 교직을 떠나 더 공부하면서 2013년에 자신의 수업 실패 경험에 관한 책을 발간했는데 바로 이 책이다. 그녀는 자신이 수업을 실패한 이유, 많은 영국의 교사들의 수업을 실패하게 만드는 이유, 그 결과 많은 학생들이 학습에서 실패하는 이유가 학교 지식교육을 경시하는 관점 때문이라는 것을 발견했다. 그녀는 학교 지식교육 경시 관점을 일곱 가지 미신으로 규정하고 각 미신의 이론적 배경과 실제 적용 사례, 그리고 교육적 대책에 대하여 논의했다. 그녀의 책은 소프트 스킬과 인성교육을 강조하는 당시 영국 교육계 분위기를 반대하여 학교 지식교육의 중요성을 강조한 만큼 큰 논쟁을 불러일으켰다. 크리스토둘루의 관점은 평소 지식교육의 중요성을 실감하면서도 사회적 분위기 때문에 주장하지 못하고 고민했던 많은 교사들에게 그들의 평소 생각이 틀리지 않았다는 이론적 배경을 제공해 주었다. 아울러 교육학자들, 정책담당자들, 그리고 학부모들에게 학교 지식교육의 중요성을 새롭게 인식시켜 주었다.

나는 저서 발간에 참고자료로 활용하기 위하여 크리스토둘루의 책을 분석하면서 읽기 시작했다. 지식보다 역량이 더 중요하다는 오해, 교사의 수업보다 학생들이 토론하는 것이 더 효과적이라는 주장 등 그동안 내가 의문을 가졌던 문제들이 교육미신으로 잘 정리되어 있었다. 책을 읽어 가면서, 나의 저서 발간 이전 단계로 번역서를 낼 필요가 있다고 여겼고 번역 작업에 착수했다. 5개월 동안 번역 작업을 하여 마지막 페이지를 끝냈던 올해 6월 10일 새벽에 저자 크리스토둘루에게 이메일을 보냈다. 좋은 책을 읽을 수 있도록 해 주어 고맙고, 가능하면 한국어로 번역하여 출판하고 싶다는 내용이었다.

며칠 후 저자로부터 답변을 받았다. 아직 한국에서는 번역 계약 요청이 없어 번역서 출판이 가능하다는 답변이었다. 그리고 일본어 번역서는 2019년 10월에 출판하기로 계약이 이뤄졌다고 알려 주었다. 지금도 번역서 출판이 가능하다는 답장을 받고 기뻐했던 순간을 잊을 수 없다.

영국의 교육과정 개정과 교육 현안

어느 나라건 간에 국가교육과정 개정 시에는 흔히 다른 나라, 특히 자국보다 좀 더 나아 보이는 교육 체제를 가진 나라들의 교육과정을 비교 검토하는 경우가 많다. 이것의 목적은 일종의 '정책 빌리기'에 해당하는 것으로, 논쟁이 되는 자국의 교육과정 쟁점과 관련하여 다른 나라의 해결책을 차용해 보려는 것이라고 할 수 있다. 우리나라에서 영국은 국가교육과정 개정 때마다 늘 비교 검토의 대상이 되었던 나라 가운데 하나다.[3]

영국의 국가교육과정은 보수당 집권 시기인 1988년에 도입된 이래, 1997년 노동당 집권 후 1999년과 2007년에 개정이 있었으며, 2010년 총선에서 다시 집권한 보수당 정부는 2013년에 다시 개정하여 2014년 9월부터 학교 현장에 적용하고 있다. 2010년 5월에 들어선 보수당 정부는 1999 개정 교육과정 이후 13여 년 동안 추구해온 노동당 정부의 학생중심 교육과정을 강하게 비판한다.[4]

2013 개정 교육과정은 국제학업성취도 평가 PISA에서 학생들의 성취도 순위가 하락하고 있다는 문제의식에서 비롯된 것이다.[5] 영국의 PISA 순위는 2000년 평가에서 읽기 15위, 수학 8위, 과학 4위이었지만 2012년 평가에서는 각각 23위, 26위, 20위로 추락했다. 이와 관련하여 교육부장관 니키 모건은 2020년까지 읽기와 수학을 각각 5위로 끌어올리겠다는 목표를 발표하기도 했다.[6] 영국의 학력 하락에 대한 고민과 논의는 유사한 고민을 안고 있는 우리에게 시사하는 바가 크다고 할 수 있다.

영국의 2013 개정 교육과정은 학생들의 낮은 학업성취도와, 이를 야기한 원인으로 역량 중심의 접근, 그리고 교수법 중심의 과다한 처방이 문제시되면서 제기된 것이라고 할 수 있다. 이러한 문제를 해결하기 위한 국가교육과정의 주요 개정 방향으로, 학교에서 반드시 다루어야 할 교과의 핵심적인 내용 지식을 명료하게 제시하되, 과다한 처방을 축소하는 것을 내세웠다. 이를 좀 더 자세히 살펴보면 다음과 같다.

먼저, 영국이 2013 개정 교육과정을 통해 하고자 했던 것 중의 하나는 교과의 핵심 내용 지식을 명료하게 규정해 주자는 것이었다. 이것은 영국 학생들의 낮은 학업성취를 야기한 역량 중심 교육과정의 한계를 극복하기 위한 것이다. 새 정부의 초대 교육부장관 마이클 고브는 취임 당시 시행되고 있던 교육과정이 교과 내용의 사실적 지식의 학습보다는 창의력, 사고력, 의사소통 능력과 같은 애매한 역량 개발에 집중하고 있다고 지적했다.[7]

또 하나의 중요한 과제는 학교의 운영과 교실 수업에 대한 국가의 처방을 축소 혹은 완화하는 것이었다. 2007 개정 교육과정에 제시된 교과지도 방법과 교육기준청의 장학지도 관점은 학생 주도의 참여형 학습을 지나치게 강조함으로써 교사들이 부담을 느낄 수밖에 없었다. 이로 인해 교사들이 혁신적이고 창의적인 수업이나 심화된 학습을 위한 여지가 없다고 보았으며, 교육과정 개정을 통해 이를 개선하고자 했다.

데이지 크리스토둘루는 이 책을 썼던 2010년 전후의 영국의 학교 교육이 지식교육 대신 핵심역량 개발 중심으로, 교사 주도의 수업 대신 학생 주도의 참여형 학습으로 운영되어 학생들의 학력, 특히 기초 · 기본학력의 저하가 초래되었다고 비판했다. 출간 직후 저자의 견해에 대한 찬반 논쟁이 심화되었지만 교육개선 성과는 컸다. 교육기준청은 그해 12월 23일 학생 주도 학습만을 바람직한 수업방법으로 평가하지 않고, 교사가 학생 및 교과의 특성에 따라 자유롭게 수업방법을 선택할 수 있도록 하겠다고 발표했다. 교사들은 이를 크리스마스 선물이라고 하면서 환영했다.[8] 교육부의 학교교육 담당 차관인 닉 깁은 2017년 10월 30일 중등학교 관리자 협회ASCL 회원 대상의 연설 '학교 지식교육의 중요성'에서 저자의 업적을 높이 평가하기도 했다. 그는 크리스토둘루가 『아무도 의심하지 않는 일곱 가지 교육 미신』을 통해 '역량교육이 바람직하고 또 가능하다.'는 당시 교육계의 상식을 논리적으로 반박해 줌으로써 새로운 지식기반 교육과정이 안착되어 학력 향상 효과로 나타나고 있다고 칭찬했다.[9]

노동당 정부는 2007 개정 교육과정을 수립하면서 국제학업성취도 평가에서 높은 성취를 보인 핀란드의 사례를 적극 수용했다. 핀란드 교육의 성공은 학력수준에 따른 구분 없는 평등한 교육, 표준화 평가와 숙제 폐지, 학교와 교사의 높은 자율성 등에 기인한다고 알려져 있다. 여기에 더하여 핀란드가 최고 수준의 학력 성취에 만족하지 않고 지속적인 발전을 위해 추진한 교육개혁 방안인 지식 전수 중심에서 창의성과 의사소통 능력 같은 역량을 개발하는 방향으로, 학생 개인의 필요와 요구를 반영한 교육으로, 그리고 개별 교과에서 교과 융합으로 교육과정을 개혁하는 것에 다른 나라들은 주목하였고, 영국의 과거 정부는 이를 도입했다.

새 정부는 2010년 교육과정 개선안을 수립하면서 케임브리지대학교 팀 오츠 교수의 국제 비교 분석 보고서 「더 잘할 수 있었다Could do better」를 적극 참고했다. 오츠 교수는 핀란드가 세계적으로 우수한 성적을 낸 국가라고 해서 모방하려는 것은 위험한 일이며, 철저하게 분석할 필요가 있다고 하면서 핀란드 교육의 진면목을 분석했다. 그는 핀란드의 평소 학교생활에서 시험과 숙제가 없는 것은 사실이지만 15세에 대학진학계열과 직업계열로의 진로 결정에 중요한 역할을 하는 국가시험을 치르는데, 이것이 학생들로 하여금 공부를 열심히 하도록 만드는 효과가 크다고 밝혔다. 능력별 반편성이 없는 대신에 결석한 학생들이 결석 기간 동안 배우지 못한 내용을 철저하게 공부시켜 주는 보충학습 시스템이 이를 보완해 주고 있으며, 가정에서 독서와 토론을 강조하는 문화도 효과가 큰 것으로 밝혔다. 실제로 핀란드 교실 수업을 참관해 보면 다른 나라에 비해 교사 주도의 전통적인 수업이 주로 이뤄지며, 학생 중심의 토론 수업이 많지 않다고 분석했다. 또한 루터교의 영향으로 1686년부터 법적 결혼 조건으로 일정 수준의 문해력 시험을 통과해야 한다는 점도 다른 나라에 잘 알려져 있지 않은 것이라고 분석했다.[10]

닉 깁 차관은 영국 보수 성향의 연구기관인 정책연구센터에서 책임연구원으로 있는 가브리엘 살그렌의 논문「핀란드 교훈의 실상Real Finnish Lessons: The True Story of an Educational Superpower. Center for Policy Sudies」에 나온 자료를 인용하여 학업성취도를 높이기 위해서는 교육과정이 역량중심에서 지식중심으로 바꿔져야 한다고 주장했다.[11]

살그렌은 많은 국가들이 핀란드 교육성공을 모델로 여겨 역량 중심 교육개혁을 받아들이고 있는데, 핀란드의 교육성공은 최근의 교육개혁으로는 설명할 수 없다고 했다. 더욱이 역량 중심으로 교육과정을 개정한 결과 교육성공을 거둘 수 있었다는 분석은 완전히 잘못된 것이라고 밝혔다. 그는 핀란드가 교육성공 국가로 인정받은 계기가 된 2000년 제1차 PISA와 2003년 PISA 결과는 이를 만든 그 이전의 전통적인 교사 주도 교육 덕택이며, 마침 그때 역량 중심의 교육개혁이 이뤄진 것 때문이라고 했다. 그리고 2015년 PISA에서 읽기 4위, 수학 13위, 과학 5위까지 추락한 것은 교사주도의 수업 등 전통적인 교육문화에서 학생 주도의 수업 방식으로 바뀐 결과라고 분석했다.[12] 우리나라에서 학교교육이 역량 중심으로 바뀌어져야 한다는 주장의 근거로 영국과 핀란드의 교육과정 개정 사례를 드는 경우가 많은데, 살그렌의 분석을 참고하여 보다 신중할 필요가 있다고 여겨진다.

21세기 지식기반사회의 도래와 함께 지식의 위상, 성격, 가치에 대한 인식이 달라져야 한다는 요구가 대두되었고, 핵심역량에 대한 관심이 전 세계적으로 확대되었다. 핵심역량에 대한 논의에서 가장 먼저 등장하는 이론은 '핵심역량의 정의 및 선정DeSeCo: Defining and Selecting of Key Competencies' 프로젝트다. 경제협력개발기구OECD는 DeSeCo 프로젝트를 1997년부터 2003년까지 7년 동안 수행하였으며, 12개 OECD 회원국이 참여하여 직업 및 생애 역량 요인을 조사하였다. 경제 관련 국제기구인 OECD에서 주관했다는 점에서 짐작할 수 있듯이 역량 개념은 주로 기업이나 직무 단위에서 요구되는 능력의 의미로 활용되었다.

국가별로도 DeSeCo 프로젝트에서 제안한 핵심역량을 자국의 맥락에서 재개념화하여 이를 토대로 새로운 국가교육과정을 설계하고자 했다. 우리나라에서도 DeSeCo 프로젝트 이후 전통적인 교육과정 설계 방식에 대한 대안적인 교육과정 설계의 틀인 역량 기반 교육과정에 대한 연구가 개인적, 국가적 차원에서 다양하게 이루어졌다. 한국교육과정평가원에서 2007년부터 3개년 계획으로 수행된 세 가지 연구가 대표적이며,[13] 그 이후 2015 개정 교육과정 적용시기까지 다양한 연구가 수행되었고, 최근엔 이를 학교 현장에 적용시키기 위한 연구와 연수가 계속되고 있다.

우리나라는 핵심역량을 설정하기 위해 외국의 역량 기반 교육과정 개혁 동향을 분석하였는데 특별히 영국의 1999 개정 및 2007 개정 교육과정에서 제시된 여섯 가지 핵심역량에 대한 관심이 컸고, 영국의 교육정책에 대해 상당히 구체적으로 분석하였다.[14] 우리의 2009 개정 교육과정에 도입된 영국의 제도에는 앞으로 논의할 핵심역량 중심의 교육과정, 학생 참여형 교수법 외에 학년군제도 해당된다. 미군정 때

도입된 '6-3-3-4'의 기본학제를 급속한 사회변화에 대응한다는 배경에서 영국의 학교체제를 도입한 것이다. 영국의 5개 학년군제(1-2, 3-6, 7-9, 10-11, 12-13학년)와 유사하게 초등단계를 1-2학년, 3-4학년, 5-6학년으로, 중학교를 7-9학년, 고등학교를 10-12학년군으로 구성하였으며 현재 교육과정 개발 및 운영의 틀로 유지되고 있다.

핵심역량은 미래형 교육과정이라고도 하는 2009 개정 교육과정에서 도입을 위한 논의가 전개되기는 했으나 교육과정 총론 및 각론에 포함되지는 못했다. 대신 비교과 영역인 창의적 체험활동을 통해 인성 영역의 핵심역량인 창의성, 배려, 공동체 의식, 개방성, 봉사 등을 체계적으로 교육하고자 했다. 2015년 9월 23일 고시된 2015 개정 교육과정은 역량중심 교육과정이라고 불릴 정도로 핵심역량을 핵심 개념으로 하고 있는데, 교육과정 역사상 처음으로 역량의 개념을 총론 문서에 명시적으로 반영하였다. 교육과정이 추구하는 인간상으로 자주적인 사람, 창의적인 사람, 교양 있는 사람, 더불어 사는 사람 이렇게 네 가지를 들고[15] 이를 구현하기 위한 핵심역량으로 자기관리 역량, 지식정보처리 역량, 창의적 사고 역량, 심미적 감성 역량, 의사소통 역량, 공동체 역량의 여섯 가지를 제시했다.[16]

2015 개정 교육과정은 2013년 출범한 박근혜 정부의 모토인 창조경제, 창조경제를 위한 국정목표인 창의융합교육, 창의융합형 인재를 육성하기 위한 핵심역량 개발의 위계를 갖기 때문에 학교교육의 목표가 지식교육에서 핵심역량 개발로 전환된 것으로 설명하기도 한다.[17] 2009 개정 교육과정까지는 총론의 교육과정 구성의 방향에서 '1. 추구하는 인간상, 2. 교육과정 구성의 방침'의 순서이었지만, 2015 개정 교육과정에서는 '추구하는 인간상'과 '교육과정 구성의 중점' 사이에 새롭게 "이 교육과정이 추구하는 인간상을 구현하기 위해 교과교육을 포

함한 학교교육 전 과정을 통해 중점적으로 기르고자 하는 핵심역량은 다음과 같다."를 추가하였다.[18] 따라서 교육목적의 체제는 추구하는 인간상, 핵심역량, 각급 학교 교육목표의 순으로 구성되어 핵심역량을 학교교육 목표의 상위 요소로 강조하고 있다.[19]

2009 개정 교육과정에 대한 연구 과정에서 핵심역량 개발을 위한 교수법에 대해서도 상당한 연구가 이뤄졌다. 국가교육과학기술자문회의는 미래형 교육과정을 구상하면서 인터넷이라는 괴물이 모든 지식과 정보를 쉽게 알려 주는 21세기에 교사 중심의 설명식 수업은 끝내야 한다고 제안했다. 교육은 단순 지식이나 정보를 전달하고 학생들에게 주입시키는 체제로부터 벗어나 자기스스로 지식을 찾아 만들어 내는 능력을 길러줄 수 있는 체제로 전환되지 않으면 안 된다는 주장이다.[20]

2015 개정 교육과정은 핵심역량을 기르기 위한 교수법에 대해서도 총론 문서에 제시하였다. 미래사회가 요구하는 창의융합형 인재를 양성하기 위한 교육과정의 구성 중점 사항의 하나로 '다. 교과 특성에 맞는 다양한 학생 참여형 수업을 활성화하여 자기주도적 학습능력을 기르고 학습의 즐거움을 경험하도록 한다.'라고 명시한 것이다.[21] 교육과정 총론 해설서는 학생 참여형 수업을 보다 구체적으로 설명하고 있다. 교육과정 개정의 기본 방향에 대한 해설에서 단순한 지식 습득에서 벗어나 실제적인 역량의 함양이 가능하도록 협력학습, 토의 · 토론 학습 등의 학생 참여 중심 수업과 과정 중심 평가를 확대하는 등의 구체적인 수업개선 방안 등을 제시하였다.[22] 교육과정 고시일에 배포된 교육부 보도 자료에 제시된 '지식위주의 암기식 교육에서 배움을 즐기는 행복교육으로 교육 패러다임 전환', '학습의 전이를 높이는 심층적인 학습 추진', '학생 중심 교육으로 수업 개선', '프로젝트 수업 제시', '실생활 학습으로 흥미 있게' 등에서 다양한 학생 참여 수업의 유형을

확인할 수 있다.[23]

핵심역량의 개념과 이의 개발을 위한 학생 참여형 수업은 시·도 교육청 단위의 교육과정 연수를 통해 각급 학교에 전달되고 있다. 핵심역량과 학생 참여형 수업은 혁신학교 운동에서 추구하는 새로운 학력관과 배움 중심 수업과 거의 일치한다. 이에 따라 진보교육감 소속의 시·도교육청들은 핵심역량을 참된 학력(경기), 신학력(강원), 참학력(전북, 충남), 미래 학력(충북) 등으로 재개념화하여 적용하고 있다. 교수법 측면에서는 하브루타나 토론학습, 협력 학습 형태의 '질문이 있는 교실'을 모든 교육청에서 강조하고 있다.[24] 학생 참여형 수업은 우수 교육과정 표창, 수업탐구 교사공동체 우수사례 공모전, 수석교사 연수, 수업선도교사 선정 등을 통한 교육부와 시·도교육청의 정책적 지원으로 추진되고 있다. 이와 함께, 교사들이 배움의공동체연구회, 하브루타교사연구회, 거꾸로 수업을 추진하는 미래교육네트워크, 융합인재교육STEAM교사연구회, 스마트교육학회 등에 참여하여 참여형 수업 연구 활동을 전개하고 있다.[25]

하브루타, 질문이 있는 교실 등을 통해 보다 효과적인 수업방법을 교사들이 함께 연구하고 배울 수 있도록 지원하고 또한 자발적으로 참여하는 것은 바람직한 일이다. 교사들은 다양한 수업상황에 따라 다양한 교수법을 활용할 수 있는 능력을 구비해야 하기 때문이다. 그런데, 학생 참여형 수업 강조가 상대적으로 교사의 수업 지도성을 약화시킬 위험이 있다. 하브루타나 질문이 있는 수업의 배경 이론인 학습 피라미드 이론은 강의를 들으면 5퍼센트를 기억할 수 있고, 읽으면 10퍼센트만 기억할 수 있는 반면, 질문하면서 가르치면 90퍼센트를 기억할 수 있기 때문에 교사의 설명식 수업이 매우 비효과적이라는 논리다.

그러나, 학습 피라미드 이론은 에드가 데일의 '경험의 원추'를 오용한 것으로 10퍼센트 단위로 실험 결과가 제시된 근거가 없을뿐더러 과학적인 실험 연구에서 나올 수 없는 통계라고 한다. 또한 학문적 권위를 의미하는 미국행동과학연구소 또는 국립교육연구소로 번역되고 있는 연구수행 기관명NTL, National Training Laboratory 은 실제로는 국책연구기관이 아니며, 성인들의 의사소통 훈련을 전문으로 하는 사설단체이다.

이와 관련하여 미국의 교육공학 저널인 『Educational Technology』에서는 2014년 11월-12월호 특집판 '기억 유지율 미신과 데일의 경험의 원추 변The Mythical Retention Chart and the Corruption of Dale's Cone of Experience: Special Issue of Educational Technology'에서 4명의 교수들이 근거 없는 이론인 학습 피라미드를 조목조목 비판했다. 그들은 이 사이비 이론이 인터넷을 통해 무비판적으로 확산되는 것을 21세기 인터넷 세상의 대표적인 문제라고 여기면서 학계나 현장에서 이를 적용할 경우 학생들이 피해를 볼 수 있다고 우려하기도 했다.26) 참고로 다수의 학자들이 학습 피라미드 이론의 근원과 변형 과정을 연구하여 인터넷에 공개하고 있으며, 그들은 이를 미신myth 또는 사기fraud로 표현하고 있다.

이 책의 저자 크리스토둘루를 비롯하여 일부 교사들이 당시의 역량중심 교육과정과 학생 주도 교수법에 대해 비판했던 것과 마찬가지로 우리나라에서도 현재 추진되고 있는 교육과정과 교수법에 대한 비판이 나타나고 있다. 새로운 교육과정의 현장 적용을 대비한 교원연수에서 핵심역량과 학생중심 교수법을 특별히 강조하면서 기존의 체제를 배타적으로 여기는 관점을 우려하는 것으로 파악된다. 2015 개정 교육과정은 2017학년도에 초등학교 1-2학년을 대상으로 적용되었고, 2018학년도에는 초등학교 3-4학년, 중학교 1학년, 고등학교 1학년을 대상으로 실시되고 있다.

교육을 바꾸는 사람들(교바사) 이찬승 대표는 시행 첫해에 진행된 시·도교육청별 교육과정 전문가 양성을 위한 직무연수 자료를 분석한 후 몇 가지 문제제기를 하였다. 먼저, 학교교육의 목표를 핵심역량 함양으로 대체하는 것은 기존의 지식기반 교육에서 역량기반 교육으로의 대전환을 의미하는데 우리 사회는 아직 그런 대전환의 준비를 제대로 하지 못한 상태라고 보고 있다. 다음으로, 역량교육을 지식교육의 대안처럼 포장하는 것은 잘못된 접근이라고 비판한다. 특정 역량의 발휘는 그 역량과 관련된 기반 지식이 충분히 습득되어 있을 때만 가능하기 때문이다. 또한, 학생중심 학습 방식이 교사중심 수업 방식보다 더 효과적인 것은 분명하지만 수업 대상 학생이나 교과 내용에 따라 서로의 장단점이 있기 때문이다.[27]

『최고의 교수법』의 저자인 광주교대 박남기 교수는 미래 핵심역량 개발을 위해 학생 주도적, 학생 참여적 수업을 해야 한다는 공감대가 널리 형성되고 있지만, 교사 주도의 설명식 강의식 수업마저 주입식으로 매도되면서 주로 이 방법에 의존해 온 교사들이 큰 혼란을 겪고 있다고 파악했다. 새로운 사실적 지식을 전달 및 이해시키려고 할 때 효과적인 강의법에 대한 오해를 극복하지 못하면 자칫 '빈대 잡으려다 초가삼간 태우는' 식의 우를 범할 가능성이 있다. 따라서 교수법은 수업의 내용과 목표, 가르치는 사람의 특성, 학생의 특성, 그리고 수업 환경에 따라 달라져야 한다고 주장한다.[28]

앞에서 역자는 영국의 2013 개정 교육과정은 국제학업성취도 평가 PISA에서 학생들의 성취도 순위가 하락하고 있다는 문제의식에서 비롯된 것이라는 점을 밝혔다. 이에 따라 학력 저하 문제가 심각한 수준에 이른 한국 교육이 영국의 교육개혁 사례에서 유익한 시사점을 찾을 수 있을 것이라고 언급했다. 한국 학생들의 학력은 세계 최고 수준으로 인정받고 있는 것으로 알고 있는 사람들은 국제학업성취도 평가 결과가 실제로는 세계 7위 또는 12위라는 순위에 의아해할지도 모른다.

PISA는 OECD에서 핵심역량에 관한 DeSeCo 프로젝트를 수행하면서 핵심역량의 가장 중요한 요소인 지적 도구 활용 능력을 측정하기 위한 지필평가 방식의 평가이다. 그래서 PISA는 지식보다는 실생활에 필요한 역량, 즉 지식을 상황과 목적에 맞게 활용할 수 있는 능력을 중시한다.[29] PISA는 2000년부터 3년 주기로 읽기, 수학, 과학의 3과목에 대해 고1학년에 해당하는 만 15세 학생들을 대상으로 실시된다. OECD 회원국 35개국에 비회원국을 포함하여 70개국이 참여하며, 성적 순위를 회원국 내의 순위와 전체 참가국 순위의 두 가지로 발표한다.

우리나라는 핀란드 다음으로 일본과 경쟁하면서 2위 또는 3위라고 알려져 있다. 이는 OECD 회원국 내의 순위로서 우리와 순위를 다투는 싱가포르, 홍콩, 대만, 중국(상하이) 등 비회원국들이 제외된 결과다. 비회원국을 포함할 때 우리의 순위는 당연히 회원국 내의 순위보다 낮아지겠지만 여전히 높은 편에 속한다. 2000년에 읽기 7위, 수학 3위, 과학 1위로 상위 수준을 보인 후로 꾸준히 3위 또는 4위를 기록했다. 그러나 점차 순위가 떨어지고 있는 것이 문제다. 2012년에 읽기 5위, 수학 5위, 과학 7위로 하락한 후 2015년 결과에서는 읽기 7위, 수학 7위, 과학 12위로 하락했다. 수학의 경우 싱가포르, 홍콩, 마카오, 대만, 일본, 중국에 이은 7위이며, 과학에선 베트남보다도 낮은 순위이다. 더욱 문제가 심각한 것은 상위권 학생들의 하락 정도는 소폭이었으나 하위권 학생들이 대폭 증가하고 있다는 점이다. 하위 1수준에서 상위 6수준까지로 성적수준을 구분할 때 최하위 1수준 학생들의 비율이 3년전 시행된 2012 PISA 결과와 비교하여 국어는 7.6퍼센트에서 13.6퍼센트로, 수학은 9.1퍼센트에서 15.4퍼센트로, 과학은 6.7퍼센트에서 14.4퍼센트로 증가했다(교육부 보도 자료, 2016.12.06.)[29]

PISA 2015 결과가 교육부 보도 자료로 발표된 직후 많은 언론들은 한국교육의 비상 상황을 우려하는 분석 기사를 실었다. 2016년 12월 8일자에 관련 기사 제목은 '한국의 PISA 순위 추락, 공교육 전면 혁신해야', '교육경쟁력에도 경고등, 누가 고민하고 있나', '박근혜 정부 교육실패 보여준 PISA 성적' 등으로 나왔다. 이러한 학력 저하 상황에서도 사람들이 위기의식을 느끼지 못하는 이유는 무엇일까? 교육에 대한 불신에 따른 여론의 불만을 우려하여 책임을 회피한 정부의 홍보 전략이 하나의 원인이라고 볼 수 있다. 2015 PISA 결과에 대한 교육부 보도 자료에서 '대한민국, OECD PISA에서 상위 성취 수준 유지'라고 제목이 나오고, '우리나라 학생들은 상위 수준의 성취를 보였으며, 성취도가 전 영역에서 OECD 평균 점수보다 높게 나타났다.'로 설명한 것에서 정부의 의도를 확인할 수 있다. 우리와는 반대로 영국은 정부 차원에서 학력 저하 추세를 인정하고, 이에 대한 대책으로 지식 교육을 강화하는 교육과정 도입, 교사의 수업 주도성을 강화하는 교수법 권장 등 전통적인 방법일지라도 새롭게 채택하고 있다. 문제 공유 없이 비전을 공유할 수 없다는 말을 생각해 보게 만드는 대목이다.

영국 교육을 통해 배울 수 있는 것

우리는 혁신의 시대, 질문이 필요한 시대에 살고 있다. 혁신은 외부의 좋은 사례를 수동적으로 받아들이지 않고 비판적으로 판단하여 수용하는 것이다. 혁신은 또한 자신이 살고 있는 익숙하고 당연한 것들에 대해 의문을 갖고 필요할 땐 과감하게 자신의 울타리를 탈출하는 것이다.

이 책에서 저자 데이지 크리스토둘루는 현재 대부분의 사람들이 옳은 것으로 믿고 있는 교육적 관점에 대하여 진지하게 달리 생각해 볼 수 있는 기회를 제공하고 있다. 저자는 최근까지 3년 동안 대도시 런던에서 열악한 여건의 중학교 영어교사로 일했고, 광범위한 수업 사례들을 관찰하면서 수업방법과 수업평가 연구를 수행했다. 이러한 경험을 통해 저자는 교실에서 이뤄지고 있는 많은 실제 수업들이 과학적인 교육원리와 모순된다는 점을 발견했다. 저자는 널리 인정받고 있는 교육적 신념들을 검토했고, 아무도 의심하지 않고 당연히 맞는 것으로 여기고 있는 신념들을 미신으로 규정했다.

저자는 일곱 가지 미신을 각 장으로 구성한 후 먼저 미신이라고 명명할 만큼 잘못된 신념의 배경 논리를 정리하고, 그 틀린 이론의 영향으로 우려되는 현상이 만연한 교육현장을 구체적으로 드러내 보여 준다. 그리고 나서 저자는 현대 인지과학 등의 이론을 참고하여 왜 그것이 미신인지를 명확하게 설명하고 있다. 저자는 전 세계적으로 정부와 교육관련 기관들이 근거가 미흡한 이론과 잘못된 관행을 조장하고 심지어 강요하고 있다고 주장한다. 저자는 이 때문에 교사들은 자신들이 원하는 방식의 수업을 할 수 없어 힘들어 하고, 학생들의 학력은 심각하게 저하되었다고 지적한다.

저자가 말하고자 한 것을 다음과 같이 요약할 수 있다. 역량은 중요하지만 지식이 없으면 역량을 개발할 수 없다고 본다. 다양한 교수법 중에서 교사가 설명해 주면서 질문과 확인 그리고 환류해 주는 직접교수법이 가장 효과적이라는 근거를 제시하고 있다. 인터넷에서 정보를 쉽게 찾을 수 있지만 찾고자 하는 영역에 대한 기본 지식이 있어야 정확한 정보를 찾아 활용할 수 있다고 주장한다. 또한 학생들은 지식을 가진 전문가가 아니라 전문가가 되기 위해 필요한 내용을 교사로부터 먼저 배우고 있는 존재임을 인정해야 한다고 강조한다.

이 책은 영국의 교육상황을 다룬 것이다. 시기적으로 1999년부터 2012년까지의 교육상황을 비판적으로 분석하고 있다. 이 시기에는 교육과정 내용 측면에서 지식보다는 역량이 강조되고, 방법 측면에서 교사가 수업하는 것보다 학생들이 스스로 지식을 터득하는 것이 더 바람직하다고 여겨졌다. 그 결과 학력 저하 등의 문제들이 나타났다. 2013년부터는 교육과정 개정을 통해 새로운 교육상황이 전개되었다. 이전과 정반대로 역량보다 지식이 강조되고, 수업의 주도권이 학생으로부터 교사에게 환원되었다. 그 결과 학력 향상 효과, 학생들의 공부에 대한 자신감 제고 등 바람직한 교육성과가 가시적으로 나타나기 시작했다.

우리나라는 영국의 교육과정을 상당 부분 참고하고 있다. 우리의 2009 개정 및 2015 개정 교육과정에서 지식보다 핵심역량을 강조하는 것과 교사 주도의 수업보다 학생 주도의 활동 중심 수업을 강조하는 것은 영국의 1999년부터 2012년까지의 교육과정이 강조한 것과 동일하다. 따라서 과거 영국의 교육 문제들을 우리도 겪고 있는 이유가 바로 영국의 교육과정을 모방한 결과일지도 모른다. 대부분의 교사들이 권장하는 교육과정 목표와 교수법을 실제 수업에 적용하기 힘들어 하고, 기초·기본 학력 미달 학생들의 증가에 부담을 느끼고 있다. 국제 학업성취도 평가에서 점차 학력이 저하되고 있다는 증거도 나타나고 있다. 이 책을 통하여 우리의 교육현상에 대해 의문을 드러내고, 함께 혁신적으로 문제를 해결하는 방안을 찾아볼 수 있을 것이다.

이 책은 현재 주류로 여겨지는 이론에 대해 팩트를 체크하면서 비판하는 내용이 많은 만큼 학문적으로 근거를 분명하게 제시해야 했다. 그렇게 하다 보니 교육학자, 교사 등 전문가 외에 학부모 등 일반인들이 읽을 때 학문적 특성으로 다소 불편할 수 있다. 번역에서도 마찬가지다. 번역하면서 읽기 쉬운 문장으로 의역할 것인지, 어색하더라도 원문에 충실할 것인지에 대해서 고민했다. 학문적 글쓰기는 진실성을 중시해야 한다는 점을 고려하여 문장을 치장하기보다 정확성을 최우선으로 하였다. 그렇지만 초보 번역자의 한계로 어색한 부분이 많은 점에 대하여 독자의 아량을 기대한다.

김승호

〈참고 문헌〉

1) 김승호, "지식교육과 소프트 스킬의 조화", 『한국일보』, 2015.1.1. http://www.hankookilbo.com/v/5d963f0fe1684ad785cefbb911d32576 Klaus, P.. The Hard Truth about Soft Skill: Workplace Lessons Smart People Wish They'd Learned Sooner, New York: HarperCollins Publishers. 2007. 소프트 스킬 : 부드럽게 이겨라, 저자: 페기 클라우스 지음 ;박범수 옮김 발행처: 해냄출판사 발행연도: 2009

2) 김승호, "4차 산업혁명과 학교 무용론", 『한국교육신문』, 2017.9.1. http://www.hangyo.com/news/article.html?no=82524 BBC Radio World Service, Have 65% of Future Jobs Not Yet Been Invented? (2017.5.28.) https://www.bbc.co.uk/programmes/p053ln9f

3) 소경희, "영국의 '2013 개정 교육과정'에서 의도한 것과 구현한 것: 의의와 한계", 『교육과정연구』, 2015, 33(3), p. 200.

4) 위의 책, p. 201.

5) 정영근 외, "교육과정 · 교육평가 국제동향 연구 사업: 독일 · 러시아 · 영국 · 프랑스 · 핀란드. (한국교육과정평가원, 2011)", p. 177.

6) "Nicky Morgan announces 'war on illiteracy and innumeracy'", BBC News. February 1, 2015. https://www.bbc.co.uk/news/uk-31079515

7) 정영근, 앞의 책, p. 171.

8) A Christmas Miracle – OFSTED Get It Right For Once, Scenes from the Battle Ground, https://teachingbattleground.wordpress.com/2013/12/23/a-christmas-miracle-ofsted-get-it-right-for-once/

9) Gibb, N. "The importance of knowledge-based education", Department for Education, https://www.gov.uk/government/speeches/nick-gibb-the-importance-of-knowledge-based-education

10) Oates, T. Could do better: using international comparisons to refine the National Curriculum in England. University of Cambridge, 2010. pp. 132-133. http://www.cambridgeassessment.org.uk/Images/112281-could-do-better-using-international-comparisons-to-refine-the-national-curriculum-in-england.pdf

11) Nick Gibb, 앞의 글.

12) Sahlgren, G. Real Finnish Lessons: The True Story of an Education Superpower. Center for Policy Sudies. 2015, pp. 54-55.https://www.cps.org.uk/files/reports/original/150410115444-RealFinnishLessonsFULLDRAFTCOVER.pdf

13) 윤현진 외, 미래 한국인의 핵심 역량 증진을 위한 초ㆍ중등학교 교육과정 비전 연구(Ⅰ) - 핵심 역량 준거와 영역 설정을 중심으로. (한국교육과정평가원 2007); 이광우 외, 미래 한국인의 핵심 역량 증진을 위한 초ㆍ중등학교 교육과정 비전 연구(Ⅱ) - 핵심 역량 영역별 하위 요소 설정을 중심으로. (한국교육과정평가원 2008); 이광우 외, 미래 한국인의 핵심 역량 증진을 위한 초ㆍ중등학교 교육과정 설계 방안 연구: 총괄 보고서. (한국교육과정평가원 2009).

14) 이광우, 위의 책, pp. 56-60.

15) 교육부, 초ㆍ중등학교 교육과정 총론. 교육부 고시 제2015-80호[별책1]., p. 1.

16) 위의 책, p. 2.

17) 박창언, "2015 개정 교육과정의 창의융합형 인재상과 역량 중심의 교육목적 체제 분석". 『예술인문사회융합멀티미어논문지』 2017, 7(1), p. 750; 이찬승,. "학교교육의 목표 = 핵심역량 함양'에 대한 긴급 문제제기", (교육을 바꾸는 사람들, 2018.1.18.) http://21erick.org/bbs/board.php?bo_table=11_5&wr_id=100660

18) 교육부, 앞의 책, p. 3.

19) 박창언, 앞의 글, p. 747.

20) 허숙 외. 북유럽 교육선진국의 학교교육과정 편성 및 운영 실태 조사 연구, (교육과정평가원, 2010).

21) 교육부, 앞의 책, p. 3.

22) 교육부, 2015 개정 교육과정 총론 해설-초등학교. 서울: 교육부.

23) 교육부, 2015 개정 교육과정 총론 및 각론 확정 발표, (보도 자료 2015.9.23.) https://moe.go.kr/boardCnts/view.do?boardID=294&boardSeq=60753&lev=0&searchType=S&statusYN=W&page=1&s=moe&m=0503&opType=N

24) 충남교육연구정보원, "충남 참학력 정책 연구: 개념 정립과 신장 방안".『교육정책연구』, 2016.

25) 이주호 편, 프로젝트 학습을 통한 교육개혁. (한국개발연구원 2016), p. 36.　https://papers.ssrn.com/sol3/papers.cfm?abstract_id=2853160

26) Subramony, D. et al., "The Mythical Retention Chart and the Corruption of Dale's Cone of Experience," Educational Technology, Vol.54. No.6. (2017) http://www.academia.edu/25466229/The_Mythical_Retention_Chart_and_the_Corruption_of_Dales_Cone_of_Experience_Special_Issue_of_Educational_Technology_-_Nov_Dec_2014

27) 이찬승, 앞의 글, pp. 2-5.

28) 박남기, "최고의 교수법: 가르치는 사람이 반드시 배우고 익혀야 할 것" (쌤앤파커스. 2018), pp. 323-324.

29) 김기헌 외, "아동ㆍ청소년기 핵심역량 : 개념과 적용 사례,"『미래세대 리포트』, (한국청소년정책연구원 2008), p. 7.

미주

서론

1. Equalities and Human Rights Commission. How fair is Britain? Equality, human rights and good relations in 2010. The first triennial review (2011), pp. 300, 325, 340, www.equalityhumanrights.com/uploaded_files/triennial_review/how_fair_is_britain_-_complete_report.pdf (accessed 3 March 2013).

2. The Sutton Trust. *Increasing Higher Education Participation Amongst Disadvantaged Young People and Schools in Poor Communities: Report to the National Council for Educational Excellence.* London: Sutton Trust, 2008, p. 5.

3. Blanden, J. and Machin, S. Educational inequality and the expansion of UK higher education. Scottish Journal of Political Economy 2004; 51: 230-249.

4. Brooks, G. and Rashid, S. The levels of attainment in literacy and numeracy of 13- to 19-year-olds in England, 1948-2009 (2010), p. 6, www.nrdc.org.uk/publications_details.asp?ID=181# (accessed 3 March 2013).

5. Ibid., p. 8.

6. Ibid., p. 52.

7. Ibid., p. 64.

8. Welsh Joint Education Committee (CBAC). GCSE, 150/02, English Foundation Tier Paper 2, P.M. Thursday, 4 June 2009 (2009), www.sprowstonhigh.org/cms/resources/revision/English/2009%20Summer%20Foundation%20-%20RNLI.pdf (accessed 3 March 2013).

9. Welsh Joint Education Committee (CBAC). GCSE examiners' reports, English and English Literature, Summer 2009 (2009), p. 18, www.wjec.co.uk/uploads/publications/9063.pdf (accessed 3 March 2012).

10. Brooks, G. and Rashid, S. The levels of attainment in literacy and numeracy of 13- to 19-year-olds in England, 1948-2009 (2010), p. 64, www.nrdc.org.uk/publications_details.asp?ID=181# (accessed 3 March 2013).

11. Matthews, D. The strange death of history teaching (fully explained in seven easy-to-follow lessons) (2009), p. 33, www.heacademy.ac.uk/assets/documents/subjects/history /br_matthews_deathofhistory_20090803.pdf (accessed 3 March 2010).

12. Shayer, M., Ginsburg, D. and Coe, R. Thirty years on–a large anti-Flynn effect? The Piagetian test Volume & Heaviness norms 1975-2003. British Journal of Educational Psychology 2007; 77 (Pt 1): 25-41.

13. Anderson, J.R., Reder, L.M. and Simon, H.A. Applications and misapplications of cognitive

psychology to mathematics education. Texas Education Review 2000; 1: 29–49.

14. Keynes, J.M. *The General Theory of Employment, Interest, and Money.* New York: Harcourt, Brace & World, 1964, p. 383.

15. Hofstadter, R. *Anti-Intellectualism in American Life.* New York: Vintage Books, 1973, p. 361.『미국의 반지성주의』(리처드 호프스태터 지음, 유강은 옮김, 교유서가 펴냄, 2017)

1장_첫 번째 미신, 지식보다 역량이 더 중요하다

1. Rousseau, J.-J. *Emile, or Education.* Translated by Barbara Foxley. London: Dent, 1921, 1911, p. 56.『에밀』(장 자크 루소 지음, 정병희 옮김, 동서문화사 펴냄, 2007)

2. Ibid., p. 76.

3. Ibid., p. 72.

4. Ibid., p. 76.

5. Hickman, L.A. and Alexander, T.M. (eds). *The Essential Dewey. Volume 1, Pragmatism, Education, Democracy.* Bloomington: Indiana University Press, 1998, p. 233.

6. Ibid.

7. Pedagogy of the Oppressed. About Pedagogy of the Oppressed, www.pedagogyoftheoppressed. com/about/ (accessed 6 March 2013).

8. The Teacher (January–February 08). Best books (2008), p. 18, www.teachers.org.uk/files/teacher_feb08w.pdf (accessed 3 March 2013).

9. Freire, P. *Pedagogy of the Oppressed.* London: Penguin, 1996, p. 52.『페다고지:억눌린 자를 위한 교육』(파울로 프레이리 지음, 성찬성 옮김, 한마당 펴냄, 1995)

10. Ibid., p. 53.

11. Dickens, C. *Hard Times.* London and New York: Penguin, 2003, p. 9.

12. Originally broadcast on 21 June 2012. Barely a month can go by without an article in the educational press mentioning Gradgrind. Here are a few selections from 2012: Garner, R. Back to basics: Will Gove's National Curriculum overhaul prepare children for the future? (2012), www.independent.eo.uk/news/education/schools/back-to-basics-will-goves-national-curriculum-overhaul-prepare-children-for-the-future-7848765.html (accessed 3 March 2013); Penny, L. To hell with the Gradgrinds – go to university (2012), www.independent.co.uk/voices/commentators/laurie-penny-to-hell-with-the-gradgrinds-go-to-university-8050313.html (accessed 3 March 2013); Deary, T. History is about people, not 1066 and all that (2012), www.telegraph.co.uk/news/politics/david-cameron/9570845/History-is-about-people-not-1066-and-all-that.html (accessed 3 March 2013); Jenkins, S. Michael Gove's centralism is not so much socialist as Soviet (2012), www.guardian.co.uk/commentisfree/2012/oct/11/michael-gove-more-soviet-than-socialist (accessed 3 March 2013).

13. UNICEF Innocenti Research Centre (Report Card 7). Child poverty in perspective: An overview of child well-being in rich countries. A comprehensive assessment of the lives and well-being of

children and adolescents in the economically advanced nations (2007), www.unicef.org/media/ files/ChildPovertyReport.pdf (accessed 3 March 2013); Ipsos MORI Social Research Institute and Nairn, A. Children's well-being in UK, Sweden and Spain: The role of inequality and materialism (2011), www.unicef.org.uk/Documents/Publications/IPSOS_UNICEF_Child WellBeingreport. pdf (accessed 3 March 2013).

14. Qualifications and Curriculum Authority. *The National Curriculum*. London: Qualifications and Curriculum Authority, 2007, p. 114.

15. Ibid., p. 209.

16. Qualifications and Curriculum Authority. The new secondary curriculum: What has changed and why (2007), p. 4, http://dera.ioe.ac.uk/6564/1/qca-07-3172-new_sec_curric_changes.pdf (accessed 3 March 2013).

17. Qualifications and Curriculum Authority. Intended outcomes of the secondary curriculum (2013), http://webarchive.nationalarchives.gov.uk/20100823130703/ http://curriculum.qcda.gov.uk/key-stages-3-and-4/About-the-secondary-curriculum/Intended-outcomes/index.aspx (accessed 3 March 2013).

18. Qualifications and Curriculum Authority. The new secondary curriculum: What has changed and why (2007), p. 2, http://dera.ioe.ac.uk/6564/1/qca-07-3172-new_sec_curric_changes.pdf (accessed 3 March 2013).

19. Wilby, P. Mick Waters, curriculum guru, takes stock. Guardian (2010), www.guardian.co.uk/ education/2010/sep/07/mick-waters-qualifications-curriculum-authority (accessed 3 March 2013).

20. Johnson, M. *Subject to Change: New Thinking on the Curriculum*. London: ATL, 2007.

21. Association of Teachers and Lecturers. No silver bullet (2012), www.atl.org.uk/publications-and-resources/report/2012/2012-march-no-silver-bullet.asp (accessed 3 March 2013).

22. Bloom, B.S. *Taxonomy of Educational Objectives: The Classification of Educational Goals. Handbook I: Cognitive Domain*. New York: Longman, 1956, pp. 201-207. 『벤저민 블룸: 완전 학습의 길』(토마스 거스키 지음, 임재환 옮김, 유비온 펴냄, 2015)

23. McCorduck, P. *Machines Who Think: A Personal Inquiry into the History and Prospects of artificial Intelligence*. 2nd edn. Natick: AK Peters, 2004.

24. Frantz, R. Herbert Simon. Artificial intelligence as a framework for understanding intuition. *Journal of Economic Psychology*. 2003; 24: 265-277.

25. See, for example: Rumelhart, D.E. and Ortony, A. The representation of knowledge in memory. In: Anderson, R.C., Spiro, R.J. and Montague, W.E. (eds) *Schooling and the Acquisition of Knowledge*. Hillsdale: Lawrence Erlbaum Associates, 1977; Anderson, R. C. and Pearson, P.D. A schema-theoretic view of basic processes in reading comprehension. In: Pearson, P.D. (ed.) *Handbook of Reading Research*. New York: Longman, 1984, pp. 255-291; Atkinson, R. and Shiffrin, R. Human memory: A proposed system and its control processes. In: Spence, K.W. and Spence, J.T. (eds) *The Psychology of Learning and Motivation: Advances in Theory and Research*.

Volume 2. New York: Academic Press, 1968, pp. 89-195; Ericsson, K.A. and Kintsch, W. Long-term working memory. *Psychological Review* 1995; 102: 211-245; Baddeley, A. *Working Memory, Thought and Action.* London: Oxford University Press, 2007.

26. Kirschner, P.A., Sweller, J. and Clark, R.E. Why minimal guidance during instruction does not work: An analysis of the failure of constructivist, discovery, problem-based, experiential, and inquiry-based teaching. *Educational Psychologist* 2006; 41: 75-86.

27. Sweller J., van Merrienboer, J.J.G. and Paas, F.G.W.C. Cognitive architecture and instructional design. *Educational Psychology Review* 1998; 10: 251-296.

28. Cowan, N. The magical number 4 in short-term memory: A reconsideration of mental storage capacity. *Behavioral and Brain Sciences* 2001; 24: 87-114; Cowan, N. *Working Memory Capacity: Essays in Cognitive Psychology.* Hove: Psychology Press, 2005. See also Miller, G.A. The magical number seven, plus or minus two: Some limits on our capacity for processing information. *Psychological Review* 1956; 63: 81-97.

29. These examples are adapted from Hirsch, E.D. *Cultural Literacy: What Every American Needs to Know.* Boston: Houghton Mifflin, 1987, pp. 34-35.

30. Anderson, J.R. ACT: A simple theory of complex cognition. *American Psychologist* 1996; 51: 355-365.

31. Johnson Laird, P.N. *Mental Models: Towards a Cognitive Science of Language, Inference and Consciousness.* Cambridge, MA: Harvard University Press, 1983; Anderson, R.C. and Pearson, P.D. A schema-theoretic view of basic processes in reading comprehension. In: Pearson, P.D. (ed.) *Handbook of Reading Research.* New York: Longman, 1984, pp. 255-291.

32. Willingham, D.T. *Why Don't Students Like School?* San Francisco: Jossey-Bass, 2009, p. 28.『왜 학생들은 학교를 좋아하지 않을까?: 학교수업이 즐거워지는 9가지 인지과학 처방』(대니얼 T. 윌리햄 지음, 문희경 옮김, 부키 펴냄, 2011)

33. Hirsch, E.D. The 21st century skills movement. *Common Core News* (2011), http://commoncore.org/pressrelease-04.php (accessed 3 March 2013).

34. Gibson, R. *Teaching Shakespeare.* Cambridge: Cambridge University Press, 1998, pp. 46-47.

35. Willingham, D.T. *Why Don't Students Like School?* San Francisco: Jossey-Bass, 2009, pp. 48-49.

2장_두 번째 미신, 학생 주도의 수업이 효과적이다

1. Rousseau, J.-J. *Emile, or Education.* Translated by Barbara Foxley. London: Dent, 1921, 1911, p. 127.

2. Ibid., p. 81.

3. Hickman, L.A. and Alexander, T.M. (eds). *The Essential Dewey. Volume 1, Pragmatism, Education, Democracy.* Bloomington: Indiana University Press, 1998, p. 232.

4. Freire, P. *Pedagogy of the Oppressed.* London: Penguin, 1996, p. 53.『페다고지:억눌린 자를 위한 교육』(파울로 프레이리 지음, 성찬성 옮김, 한마당 펴냄)

5. Ibid.

6. Archer, D. 'Philosopher's legacy of love'. *Times Educational Supplement* (1997), www.tes.eo.uk/ article.aspx?storycode=67376 (accessed 3 March 2013).

7. Slater, J. Drill-and-kill spells death to lifelong learning. *Times Educational Supplement* (2005), www.tes.co.uk/article.aspx?storycode=2070945 (accessed 3 March 2013); Ward, H. Rote learning equals maths confusion. *Times Educational Supplement* (2012), www.tes.co.uk/article. aspx?storycode=6263284 (accessed 3 March 2013).

8. Rousseau, J.-J. *Emile, or Education.* Translated by Barbara Foxley. London: Dent, 1921, 1911, p. 77.

9. Freire, P. *Pedagogy of the Oppressed.* London: Penguin, 1996, p. 52.

10. King, A. Making a transition from 'sage on the stage' to 'guide on the side'. *College Teaching* 1993; 41: 30-35.

11. Cunnane, S. To spoon-feed is not to nurture. *Times Higher Education Supplement* (2011), www.timeshighereducation.co.uk/news/to-spoon-feed-is-not-to-nurture/ 418217.article (accessed 3 March 2013).

12. Ibid.

13. Ibid.

14. Frankel, H. Too tough at the top. *Times Educational Supplement* (2010), www.tes.co.uk/ article.aspx?storycode=6034506 (accessed 3 March 2013); Stewart, W. More from the Ofsted school of hard knocks. *Times Educational Supplement* (2012), www.tes.co.uk/article. aspx?storycode=6294044 (accessed 3 March 2013); Britland, M. No notice Ofsted inspections? Bring 'em on! *Guardian* (2012), www.guardian.co.uk/ teacher-network/teacher-blog/2012/ apr/07/ofsted-inspection-week (accessed 3 March 2013).

15. See, for example: *Times Educational Supplement.* Ebay: great for concert tickets ... and Ofsted cheats (2009), www.tes.eo.uk/article.aspx?storycode=6029108 (accessed 6 March 2013); Times Educational Supplement Online Resources. Ofsted Guidance (2012), www.tes.co.uk/ TaxonomySearchResults.aspx? parametrics=52108,52170,52173&event=23&mode=browse (accessed 6 March 2013); Beere, J. and Gilbert, I. *The Perfect Ofsted Lesson.* Bancyfelin: Crown House Publishing, 2010; Weatheroak Inspections. Helping you make the most of your Ofsted Inspections (2013), www.weatheroakinspections.co.uk/consultancy.htm (accessed 6 March 2013).

16. SeethislinkfortheAppendix.http:l/routledge.com/books/details/9780415746823.

17. These lesson descriptions are taken from the following Ofsted subject reports: Making a mark: art, craft and design education 2008-11, March 2012; Moving English forward: Action to raise standards in English, March 2012; Excellence in English: What we can learn from 12 outstanding schools, May 2011; Geography: Learning to make a world of difference, February 2011; History for all: History in English schools 2007/10, March 2011; Mathematics: Made to measure, May 2012; Modern languages: Achievement and challenge 2007-2010, January 2011; Transforming religious education: Religious education in schools 2006-2009, June 2011; Successful science: An

evaluation of science education in England 2007-2010, January 2011.

18. Office for Standards in Education, Children's Services and Skills. Moving English forward: Action to raise standards in English (2012), pp. 52-53, www.ofsted.gov.uk/resources/moving-english-forward (accessed 3 March 2013).

19. Ibid.

20. Office for Standards in Education, Children's Services and Skills. Transforming religious education: Religious education in schools 2006-09 (2010), p. 46, http://dera.ioe.ac.uk/110/1/Transforming%20religious%20education.pdf (accessed 3 March 2013).

21. Office for Standards in Education, Children's Services and Skills. Moving English forward: Action to raise standards in English (2012), p. 45, www.ofsted.gov.uk/resources/moving-english-forward (accessed 3 March 2013).

22. Office for Standards in Education, Children's Services and Skills. Geography: Learning to make a world of difference (2011), p. 43, www.ofsted.gov.uk/resources/geography-learning-make-world-of-difference (accessed 3 March 2013).

23. Office for Standards in Education, Children's Services and Skills. Successful science: An evaluation of science education in England 2007-2010 (2011), pp. 17-18, www.ofsted.gov.uk/resources/successful-science (accessed 3 March 2013).

24. Office for Standards in Education, Children's Services and Skills. Geography: Learning to make a world of difference (2011), p. 46, www.ofsted.gov.uk/resources/geography-learning-make-world-of-difference (accessed 3 March 2013).

25. Office for Standards in Education, Children's Services and Skills. Modern languages: Achievement and challenge 2007-2010 (2011), p. 11, www.ofsted.gov.uk/resources/ modern-languages-achievement-and-challenge-2007-2010 (accessed 3 March 2013).

26. Ibid.

27. Office for Standards in Education, Children's Services and Skills. Making a mark: art, craft and design education 2008-11 (2012), p.21, www.ofsted.gov.uk/resources/making-mark-art-craft-and-design-education-2008-11 (accessed 3 March 2013).

28. Ibid.

29. Ibid., p. 8.

30. Office for Standards in Education, Children's Services and Skills. Transforming religious education: Religious education in schools 2006-09 (2010), p. 15, www.ofsted.gov.uk/resources/transforming-religious-education (accessed 6 March 2013).

31. Office for Standards in Education, Children's Services and Skills. Mathematics Made to measure (2012), p. 26, www.ofsted.gov.uk/resources/mathematics-made-measure (accessed 3 March 2013).

32. Coughlan, S. Ofsted plans to scrap 'satisfactory' label for schools. BBC News (2012), www.bbc.co.uk/news/education-16579644 (accessed 3 March 2013).

33. Office for Standards in Education, Children's Service and Skills. Mathematics: Made to measure

(2012), p. 23, www.ofsted.gov.uk/resources/mathematics-made-measure (accessed 3 March 2013).

34. Ibid., p. 24.

35. Ibid., p. 33.

36. Hirsch, E.D. *The Knowledge Deficit: Closing the Shocking Education Gap for American Children.* Boston: Houghton Mifflin, 2006, pp. 7-8.

37. Bruner, J.S. Some elements of discovery. In: Shulman, L.S. and Keislar, E.R. (eds) *Learning by Discovery: A Critical Appraisal.* Chicago: Rand McNally, 1966, p. 101.

38. Office for Standards in Education, Children's Services and Skills. Geography: Learning to make a world of difference (2011), p. 43, www.ofsted.gov.uk/resources/geography-learning-make-world-of-difference (accessed 3 March 2013).

39. Ibid.

40. Newton, I. *Oxford Dictionary of Quotations.* Oxford: Oxford University Press, 2009, p. 574.

41. Ilyich, I. *Deschooling Society.* London: Marion Boyars, 1971.

42. Office for Standards in Education, Children's Services and Skills. Modem languages: Achievement and challenge 2007-2010 (2011), p. 11, www.ofsted.gov.uk/resources/modem-languages-achievement-and-challenge-2007-2010 (accessed 3 March 2013).

43. Kirschner, P.A., Sweller, J. and Clark, R.E. Why minimal guidance during instruction does not work: An analysis of the failure of constructivist, discovery, problem-based, experiential, and inquiry-based teaching. *Educational Psychologist* 2006; 41: 75-86.

44. Ibid.

45. Ibid., p. 79.

46. Hattie, J. *Visible Learning: A Synthesis of Over 800 Meta-Analyses Relating to Achievement.* New York: Routledge, 2009, p. 206.

47. Ibid., p. 205.

48. Ibid., p. 204.

49. Adams, G. Project Follow Through: In-depth and beyond. *Effective School Practices* 1996; 15: 43-56.

50. Churchill, W. *A Roving Commission: My Early Life.* New York: C. Scribner's Sons, 1939, p. 16. 『처칠, 나의 청춘기』(윈스턴 처칠 지음, 강우영 옮김, 청목사 펴냄, 1991)

51. Office for Standards in Education, Children's Services and Skills. Excellence in English: What we can learn from 12 outstanding schools (2011), pp. 15-16, www.education.gov.uk/publications/eOrderingDownload/100229.pdf (accessed 3 March 2013).

3장_세 번째 미신, 21세기는 새로운 교육을 요구한다

1. Christensen, C.M., Hom, M.B. and Johnson, C.W. *Disrupting Class: How Disruptive Innovation Will Change the Way the World Learns.* New York: McGraw-Hill, 2008, p. 97.

2. Wheeler, S. Content as curriculum? (2011), http://steve-wheeler.blogspot.co.uk/2011/12/content-as-curriculum.html (accessed 3 March 2013). As a side note, it is worth pointing out here that tin miners most certainly still do exist. Tin mining employs thousands of people in China and Indonesia and much modern technology could not exist without tin; it 'is so crucial to electronics that tin is the most common metal used by Apple suppliers, according to data Apple made public earlier this year'. From Simpson, C. The deadly tin inside your smartphone (2012), www.businessweek.com/articles/2012-08-23/the-deadly-tin-inside-your-ipad#p1 (accessed 6 March 2013).

3. Department for Education and Skills. *21st Century Skills: Realising Our Potential: Individuals, Employers, Nation.* Norwich: HMSO, 2003, p. 11.

4. National Advisory Committee on Creative and Cultural Education. All our futures: Creativity, culture and education (1999), p. 14, http://sirkenrobinson.com/skr/pdf/allourfutures.pdf (accessed 4 March 2013).

5. Ibid., p. 16.

6. Robinson, K. Changing education paradigms (2012), www.youtube.com/watch?v=zDZFcDGpL4U (accessed 4 March 2013).

7. TED. Ken Robinson says schools kill creativity (2006), www.ted.com/talks/ken_robinson_says_schools_kill_creativity.html (accessed 4 March 2013).

8. Fisch, K. and McLeod, S. Shift happens (2007), www.youtube.com/watch?v=ljbl-363A2Q (accessed 3 March 2013).

9. Hobby, R. Russell Hobby stops biting his tongue with the CBI (2010), www.naht.org.uk/welcome/news-and-media/blogs/russell-hobby-general-secretary/?blogpost=362 (accessed 3 March 2013).

10. Association of Teachers and Lecturers. Subject to change: New thinking on the curriculum (2007), www.atl.org.uk/Images/Subject%20to%20change.pdf (accessed 4 March 2013).

11. Organisation for Economic Co-operation and Development. The knowledge-based economy (1996), p. 13, www.cercetareservicii.ase.ro/resurse/Documente/ THE%20KNOWLEDGE-BASED%20ECONOMY.pdf(accessed 4 March 2013).

12. Royal Society of Arts' Opening Minds. Why was RSA Opening Minds developed? (2013), www.rsaopeningminds.org.uk/about-rsa-openingminds/why-was-opening- minds-developed/ (accessed 4 March 2013).

13. Royal Society of Arts Opening Minds. What is RSA Opening Minds? (2013), www.rsaopeningminds.org.uk/about-rsa-openingminds/ (accessed 4 March 2013); in 2010, there were 3,332 maintained secondary schools, city technology colleges and academies in England. Department for Education. Statistical first release: Schools, pupils, and their characteristics, January 2010 (provisional), Table 2a (2010), www. education.gov.uk/rsgateway/DB/SFR/s000925/sfr09-2010.pdf (accessed 6 March 2013).

14. Royal Society of Arts Opening Minds. What is RSA Opening Minds? (2013), www.

rsaopeningminds.org.uk/about-rsa-openingminds/ (accessed 4 March 2013).

15. Royal Society of Arts Opening Minds. RSA Opening Minds competence framework (2013), www.rsaopeningminds.org.uk/about-rsa-openingminds/competences/ (accessed 4 March 2013).

16. Cardinal Heenan Catholic High School. The curriculum: Key Stage 3 (2012), www.cardinal-heenan.org.uk/index.php?option=com_content&view=article&id=77&Itemid=87&lang=en (accessed 4 March 2013).

17. Royal Society of Arts Opening Minds. RSA Opening Minds Training School network (2013), www.rsaopeningm.inds.org.uk/accreditation-of-opening-minds/training-school-network/ (accessed 4 March 2013).

18. New Statesman. What we should teach children (2012), www.newstatesman.com/politics/politics/2012/07/what-we-should-teach-children (accessed 4 March 2013).

19. Office for Standards in Education, Children's Services and Skills. English at the crossroads: an evaluation of English in primary and secondary schools 2005/08 (2009), p. 54, www.ofsted.gov.uk/resources/english-crossroads-evaluation-of-english-primary-and-secondary-schools-200508 (accessed 4 March 2013).

20. Ibid., p. 22.

21. Ibid., p. 26.

22. *Guardian*. Teachers' union calls for lessons in walking (2007), www.guardian.co.uk/education/2007/mar/30/schools.uk (accessed 4 March 2013).

23. Sacks, D. *Language Visible: Unravelling the Mystery of the Alphabet From A-Z*. Toronto: Alfred A Knopf, 2003, pp. xiv, 37.

24. Association of Teachers and Lecturers. *Subject to change: New thinking on the curriculum* (2006), www.atl.org.uk/Images/Subject%20to%20change%20-%20curriculum%20PS%202006.pdf (accessed 6 March 2013).

25. Fisch, K. and McLeod, S. Shift happens (2007), www.youtube.com/watch?v=ljbI-363A2Q (accessed 3 March 2013).

26. Goldacre, B. *Bad Science*. London: Harper Perennial, 2009, p. 237.

27. Asimov, I. Foreword to the second edition. In: Merzbach, U.C. and Boyer, C. *A History of Mathematics*. 3rd edn. Hoboken: John Wiley & Sons, 2011, p. xi.

28. Sacks, D. *Language Visible: Unravelling the Mystery of the Alphabet From A-Z*. Toronto: Alfred A Knopf, 2003, pp. xiv, 37; Merzbach, U.C. and Boyer, C. *A History of Mathematics*. 3rd edn. Hoboken: John Wiley & Sons, 2011, p. 10.

29. Jones, B.F. and National Bureau of Economic Research. Age and great invention. *Review of Economics and Statistics* 2010; 92: 1-14; Jones, B.F. The burden of knowledge and the death of the Renaissance man: Is innovation getting harder? *Review of Economic Studies* 2009, 76: 283-317.

30. Roberts, J.M. *Ancient History: From the First Civilisations to the Renaissance,* London: Duncan Baird, 2004, p. 64.

31. Ibid., p. 11.

32. Sanger, L. An example of educational anti-intellectualism (2011), http://larrysanger. org/2011/12/an-example-of-educational-anti-intellectualism/ (accessed 4 March 2013).

33. Ravitch, D. 21st century skills: An old familiar song (2013), http://commoncore. org/_docs/ diane.pdf (accessed 4 March 2013).

34. Ravitch, D. *Left Back: A Century of Battles over School Reform*. New York: Touchstone, 2000.

35. Common Core Foundation. Why we're behind: What top nations teach their students but we don't (2009), www.commoncore.org/_docs/CCreport_whybehind.pdf (accessed 4 March 2013); Ruddock, G. and Sainsbury, M. Comparison of the core primary curriculum in England to those of other high performing countries (2008), www.education.gov.uk/publications/ eOrderingDownload/DCSF-RW048v2.pdf (accessed 6 March 2013).

4장_네 번째 미신, 인터넷에서 모든 것을 찾을 수 있다

1. Quote Investigator. You don't have to know everything. You just have to know where to find it (2012), http://quoteinvestigator.com/2012/04/02/know-where-to-find/ (accessed 4 March 2013).

2. Wheeler, S. Content as curriculum? (2012), http://steve-wheeler.blogspot. co.uk/2011/12/ content-as-curriculum.html (accessed 4 March 2013).

3. Telegraph. Learning by heart is 'pointless for Google generation' (2008), www. telegraph.co.uk/ education/primaryeducation/3540852/Learning-by-heart-is- pointless-for-Google-generation. html (accessed 3 March 2013).

4. Association of Teachers and Lecturers. ATL conference 2012 - Cover story (2012), www.atl.org. uk/publications-and-resources/report/2012/2012-may-cover-story- conference.asp (accessed 4 March 2013).

5. *Telegraph*. Primary school league tables: Top head attacks 'pub quiz'-style schooling (2011), www.telegraph.eo.uk/education/primaryeducation/8958808/Primary- school-league-tables-top- head-attacks-pub-quiz-style-schooling.html (accessed 4 March 2013).

6. Royal Society of Arts Opening Minds. RSA Opening Minds competence framework (2013), www.rsaopeningminds.org.uk/about-rsa-openingminds/competences/ (accessed 4 March 2013).

7. Ibid.

8. Payton, S. and Williamson, B. Enquiring minds: Innovative approaches to curriculum reform (2008), p. 33, http://archive.futurelab.org.uk/resources/documents/proj ect_reports/Enquiring_ Minds_year4_report.pdf (accessed 4 March 2013).

9. Ibid.

10. Office for Standards in Education, Children's Services and Skills. History for all: History in English schools 2007/10 (2011), p. 54, www.ofsted.gov.uk/resources/history-for-all (accessed 4 March 2013).

11. Office for Standards in Education, Children's Services and Skills. Geography:Learning to make

a world of difference (2011), p. 16, www.ofsted.gov.uk/resources/geography-learning-make-world-of-difference (accessed 4 March 2013).

12. Office for Standards in Education, Children's Services and Skills. Making a mark: art, craft and design education 2008-11 (2012), p. 19, www.ofsted.gov.uk/ resources/making-mark-art-craft-and-design-education-2008-11 (accessed 4 March 2013).

13. Office for Standards in Education, Children's Services and Skills. Curriculum innovation in schools (2008), pp. 15-16, www.ofsted.gov.uk/resources/ curriculum-innovation-schools (accessed 4 March 2013).

14. Miller, G.A. and Gildea, P.M. How children learn words. *Scientific American* 1987; 257: 94-99.

15. Hirsch, E.D. You can always look it up ... Or can you? *American Educator* Spring 2000 (2000), p. 2, www.aft.org/pdfs/americaneducator/spring2000/LookItUpSpring2000.pdf (accessed 4 March 2013).

16. Payton, S. and Williamson, B. Enquiring minds: Innovative approaches to curriculum reform (2008), p. 33, http://archive.futurelab.org.uk/resources/documents/project_reports/Enquiring_Minds_year4_report.pdf (accessed 4 March 2013).

17. Laufer, B. The lexical plight in second language reading: Words you don't know, words you think you know, and words you can't guess. In: Coady, J. and Huckin, T. (eds) *Second Language Vocabulary Acquisition: A Rationale for Pedagogy.* Cambridge: Cambridge University Press, 1997, pp. 20-34.

18. Hirsch, E.D. You can always look it up ... Or can you? *American Educator* Spring 2000 (2000), p. 2, www.aft.org/pdfs/americaneducator/spring2000/LookItUp Spring2000.pdf (accessed 4 March 2013).

19. Office for Standards in Education, Children's Services and Skills. History for all: History in English schools 2007/10 (2011), p. 54, www.ofsted.gov.uk/resources/ history-for-all (accessed 4 March 2013).

20. Office for Standards in Education, Children's Services and Skills. Curriculum innovation in schools (2008), pp. 15-16, www.ofsted.gov.uk/resources/curriculum-innovation-schools (accessed 4 March 2013).

21. Payton, S. and Williamson, B. Enquiring minds: Innovative approaches to curriculum reform (2008), p. 33, http://archive.futurelab.org.uk/resources/documents/proj ect_reports/Enquiring_Minds_year4_report.pdf (accessed 4 March 2013).

22. The answer to the cricket question can be found by searching Statsguru, http://stats.espncricinfo.com/ci/engine/stats/index.html. The answer to the baseball question can be found on Baseball Reference.com, http://tiny.cc/kofjtw (both accessed 6 March 2013).

5장_다섯 번째 미신, 전이 가능한 역량을 가르쳐야 한다

1. *Guardian.* Teaching in the 21st century (2003), www.guardian.co.uk/education/2003/jan/08/

itforschools.schools (accessed 4 March 2013).

2. Claxton, G. *Building Leaming Power: Helping Young People Become Better Learners.* Bristol: TLO, 2002: Office for Standards in Education, Children's Services and Skills. Geography: Learning to make a world of difference (2011), p. 34, www.ofsted.gov.uk/resources/geography-learning-make-world-of-difference (accessed 4 March 2013).

3. Claxton, G. Expanding the capacity to learn: A new end for education? (2006), p. 2, www.guyclaxton.com/documents/New/BERA%20Keynote%20Final.pdf (accessed 4 March 2013).

4. Ibid.

5. Claxton, G. Learning to learn: A key goal in a 21st century curriculum (2013), p. 1, www.cumbria.ac.uk/Public/Education/Documents/Research/ESCalateDocuments/QCAArticlebyGuyClaxton.pdf (accessed 4 March 2013).

6. Ibid.

7. Ibid., p. 2.

8. Royal Society of Arts Action and Research Centre. Opening minds (2013), www.thersa.org/action-research-centre/education/practical-projects/opening-minds (accessed 4 March 2013).

9. Association of Teachers and Lecturers. Subject to change: New thinking on the curriculum (2007), p. 9, www.atl.org.uk/Images/Subject%20to%20change.pdf (accessed 3 March 2013).

10. National Teacher Research Panel: Engaging Teacher Expertise. Opening Minds: A competency-based curriculum for the twenty first century (2006), p. 3, www.ntrp. org.uk/sites/all/documents/HBSummary.pdf (accessed 4 March 2013).

11. Ibid.

12. Boyle, H. Opening minds: A competency based curriculum at Campion School (2007), www.teachingexpertise.com/articles/opening-minds-a-competency-based-curriculum-at-campion-school-2512 (accessed 4 March 2013).

13. Chris Quigley Education Limited. Key skills in National Curriculum subjects (2011), www.chrisquigley.co.uk/products_keyskills.php (accessed 4 March 2013).

14. Office for Standards in Education, Children's Services and Skills. Good practice resource – Innovative curriculum design to raise attainment: Middlestone Moor Primary School (2012), p. 2, www.ofsted.gov.uk/resources/good-practice- resource-innovative-curriculum-design-raise-attainment-rniddlestone-moor- primary-school (accessed 7 March 2013).

15. Office for Standards in Education, Children's Services and Skills. Curriculum innovation in schools (2008), p. 8, www.ofsted.gov.uk/resources/curriculum-innovation-schools (accessed 4 March 2013).

16. Ibid., pp. 9 and 10.

17. Gomall, S., Chambers, M. and Claxton, G. *Building Learning Power in Action.* Bristol: TLO Ltd, 2005, p. 24.

18. Ibid.

19. Ibid., p. 38.

20. Independent Thinking Ltd. Lessons in learning to learn (2013). www.independentthinking. co.uk/media/42369/lessons-in-learning-to-learn.pdf (accessed 4 March 2013).

21. Brown, A.L., Palincsar, A.S, University of Illinois at Urbana-Champaign, et al. *Reciprocal Teaching of Comprehension Strategies: A Natural History of One Program for Enhancing Learning (Technical Report No. 334)*. Cambridge, MA: Bolt Beranek and Newman Inc., 1985.

22. Office for Standards in Education, Children's Services and Skills. Moving English forward: Action to raise standards in English (2012), p. 30, www.ofsted.gov.uk/ resources/moving-english-forward (accessed 4 March 2013).

23. Willingham, D.T. *Why Don't Students Like School?* San Francisco: Jossey-Bass, 2009, p. 29.

24. Simon, H. and Chase, W. Skill in chess. *American Scientist* 1973; 61: 394-403, p. 395; de Groot, A.D. Thought and Choice in Chess. The Hague: Mouton, 1978.

25. Simon, H. and Chase, W. Skill in chess. *American Scientist* 1973; 61: 394-403, p. 395.

26. Hirsch, E.D. *Cultural Literacy: What Every American Needs to Know.* Boston: Houghton Mifflin, 1987, p. 61.

27. Simon, H.A. and Gilmartin, K. A simulation of memory for chess positions. *Cognitive Psychology* 1973; 5: 29-46.

28. Hirsch, E.D. The 21st century skills movement. *Common Core News* (2009), http://commoncore.org/pressrelease-04.php (accessed 4 March 2013).

29. Larkin, J., McDermott, J., Simon, D.P. and Simon, H.A. Expert and novice performance in solving physics problems. *Science,* 1980; 208(4450), 1335-1342, p. 1335.

30. Ibid.

31. Ibid, p. 1342.

32. Simon, H. and Chase, W. Skill in chess. *American Scientist* 1973; 61: 394-403, p. 403.

33. Anderson, J.R. ACT: A simple theory of complex cognition. *American Psychologist* 1996; 51: 355-365.

34. For a summary of Brain Gym, see Goldacre, B. *Bad Science.* London: Fourth Estate, 2008, pp. 13-20. For a summary of learning styles, see Willingham, D.T. *Why Don't Students Like School?* San Francisco: Jossey-Bass, 2009, pp. 147-168. For further information on Brain Gym, see Hyatt, K.J. Brain Gym®-Building stronger brains or wishful thinking? *Remedial and Special Education* 2007; 28: 117-124. For further information on learning styles, see Coffield, F. Learning and Skills Research Centre (Great Britain), et al. *Should we be Using Learning Styles? What Research has to say to Practice.* London: Learning and Skills Research Centre, 2004; Sharp, J.G., Bowker, R. and Byrne, J. VAK or VAK-uous? Towards the trivialisation of learning and the death of scholarship. *Research Papers in Education* 2008; 23: 293-314; Kratzig, G.P. and Arbuthnott, K.D. Perceptual learning style and learning proficiency: A test of the hypothesis. *Journal of Educational Psychology* 2006; 98: 238-246.

35. Hirsch, E.D. *The Knowledge Deficit.* Boston: Houghton Mifflin, 2006, p. 68.

36. Ibid.

37. Recht, D.R. and Leslie, L. Effect of prior knowledge on good and poor readers' memory of text. *Journal of Educational Psychology* 1988; 80: 16-20.

38. Willingham, D.T. *Why Don't Students Like School?* San Francisco: Jossey-Bass, 2009, p. 35.

39. Recht, D.R. and Leslie, L. Effect of prior knowledge on good and poor readers' memory of text. *Journal of Educational Psychology* 1988; 80: 16-20, p. 19.

40. See, for example, Pearson, P.D. The effect of background knowledge on young children's comprehension of explicit and implicit information. *Journal of Reading Behavior* 1979; 11: 201-209; Taft, M.L. and Leslie, L. The effects of prior knowledge and oral reading accuracy on miscues and comprehension. *Journal of Reading Behavior* 1985; 17: 163-179; Taylor, B.M. Good and poor readers' recall of familiar and unfamiliar text. *Journal of Reading Behavior* 1979; 11: 375-380; McNamara, D. and Kintsch, W. Learning from texts: Effect of prior knowledge and text coherence. *Discourse Processes* 1996; 22: 247-288; Caillies, S., Denhiere, G. and Kintsch, W. The effect of prior knowledge on understanding from text: Evidence from primed recognition. ()European Journal of Cognitive Psychology() 2002; 14: 267-286.

41. Hirsch, E.D. *Cultural Literacy: What Every American Needs to Know.* Boston: Houghton Mifflin, 1987, p. 19.

42. Welsh Joint Education Committee (CBAC). GCSE, 150/05, English Higher Tier Paper 1, A.M. Tuesday, 6 June 2006 (2006). This exam paper is no longer available online, although the examiners' report on it is (see below). The exam extract was taken from the short story 'The Forgotten Enemy' by Arthur C. Clarke which can be found in *Reach for Tomorrow.* New York: Ballantine Books, 1956.

43. Welsh Joint Education Committee (CBAC). GCSE Examiners' Report Summer 2006: English & English Literature (2006), p. 19, www.wjec.co.uk/uploads/publications/g-xr-english-s-06.pdf (accessed 4 March 2013).

44. *Guardian.* Eurozone crisis: Germany and France agree rescue package (2011), www.guardian.co.uk/business/2011/dec/05/germany-france-euro-merkel-sarkozy (accessed 4 March 2013).

6장_여섯 번째 미신, 프로젝트와 체험 활동이 최고의 학습법이다

1. Wheeler, S. Content as curriculum (2012), http://www.steve-wheeler.co.uk/2011/12/content-as-curriculum.html#!/2011/12/content-as-curriculum.html (accessed 6 March 2013).

2. *Times Higher Education Supplement.* To spoon-feed is not to nurture (2011), www.tirneshighereducation.co.uk/story.asp?storycode=418217 (accessed 6 March 2013).

3. Royal Society of Arts Opening Minds. Opening Minds (2013), www.thersa.org/action-research-centre/education/practical-projects/opening-minds (accessed 7 March 2013).

4. Royal Society of Arts Opening Minds. Why was RSA Opening Minds developed? (2013), www.rsaopeningrninds.org.uk/about-rsa-openingrninds/why-was-opening- rninds-developed/ (accessed 6 March 2013).

5. de A'Echevarria, A. Exploring subject-specific enquiry skills (2008), www.teaching expertise.com/e-bulletins/subjects-specific-thinking-skills-3837 (accessed 6 March 2013).

6. Royal Society of Arts Opening Minds. RSA Opening Minds competence framework (2013), www.rsaopeningminds.org.uk/about-rsa-openingminds/competences/ (accessed 6 March 2013).

7. Office for Standards in Education, Children's Services and Skills. Curriculum innovation in schools (2008), p. 13, www.ofsted.gov.uk/resources/curriculum- innovation-schools (accessed 6 March 2013).

8. Office for Standards in Education, Children's Services and Skills. Transforming religious education: Religious education in schools 2006-09 (2010), p. 27, www.ofsted.gov.uk/resources/transforming-religious-education (accessed 6 March 2013).

9. Office for Standards in Education, Children's Services and Skills. Geography: Learning to make a world of difference (2011), p. 30, www.ofsted.gov.uk/resources/ geography-learning-make-world-of-difference (accessed 6 March 2013).

10. Office for Standards in Education, Children's Services and Skills. Good practice resource: Making English real-creating independent learners in English: The Peele Community College October (2011), p. 2, www.ofsted.gov.uk/resources/good- practice-resource-making-english-real-creating-independent-learners-english-peele-community-col (accessed 6 March 2013).

11. Ibid., pp. 2-3.

12. Office for Standards in Education, Children's Services and Skills. Excellence in English: What we can learn from 12 outstanding schools (2011), pp. 27-28, www.ofsted.gov. uk/resources/excellence-english (accessed 6 March 2013).

13. Office for Standards in Education, Children's Services and Skills. Good practice resource: Making English real-creating independent learners in English: The Peele Community College October (2011), p. 3, www.ofsted.gov.uk/resourccs/ good-practice-resource-making-english-real-creating-independent-learners- english-peele-community-col (accessed 6 March 2013).

14. Association of Teachers and Lecturers. Subject to change: new thinking on the curriculum (2007), p. 35, www.atl.org.uk/Images/Subject%20to%20change.pdf (accessed 6 March 2013).

15. de A'Echevarria, A. Y10 model of the creative process (2008), www.teachingexpertise.com/files/Y10 model of the creative process.pdf (accessed 6 March 2013).

16. Office for Standards in Education, Children's Services and Skills. Moving English forward: Action to raise standards in English (2012), pp. 32-33, www.ofsted.gov. uk/resources/moving-english-forward (accessed 6 March 2013).

17. Office for Standards in Education, Children's Services and Skills. History for all: History in English schools 2007/10 (2011), p. 14, www.ofsted.gov.uk/resources/history-for-all (accessed 6 March 2013).

18. Office for Standards in Education, Children's Services and Skills. Geography: Learning to make a world of difference (2011), p. 36, www.ofsted.gov.uk/ resources/geography-learning-make-world-of-difference (accessed 6 March 2013).

19. ActiveHistory.co.uk. Testimonies (2013), www.activehistory.co.uk/testimonies.htm (accessed 6 March 2013).

20. ActiveHistory.co.uk. Design Your Own Coat of Arms (2013), www.activehistory.co.uk/main_ area/games/yr7_heraldry/frameset.htm (accessed 6 March 2013).

21. ActiveHistory.co.uk (2013). The Black Death, www.activehistory.co.uk/Miscellaneous/menus/ Year_7/Black_Death.htm (accessed 7 March 2013).

22. Simon, H. and Chase, W. Skill in chess. *American Scientist* 1973; 61: 394-403; Ericsson, K.A., Krampe, R.T. and Tesch-Romer, C. The role of deliberate practice in the acquisition of expert performance. *Psychological Review* 1993; 100: 363-406; Ericsson, K.A., Chamess, N., Hoffman, R.R. and Feltovich, P.J. *The Cambridge Handbook of Expertise and Expert Performance.* New York: Cambridge University Press, 2006.

23. Willingham, D.T. *Why Don't Students Like School?* San Francisco: Jossey-Bass, 2009, p. 127.

24. Ibid., p. 137.

25. Kirschner, P.A., Sweller, J. and Clark, R.E. Why minimal guidance during instruction does not work: an analysis of the failure of constructivist, discovery, problem-based, experiential, and inquiry-based teaching. *Educational Psychologist* 2006; 41: 75-86.

26. Feynman, R. *'Surely You're joking, Mr. Feynman?'* London: Vintage, 1992, p. 340.

27. BBC Radio Four Current Affairs. School of hard facts:transcript of a recorded documentary (originally broadcast on 22 October 2012) (2012), http://news.bbc.co.uk/1/shared/spl/hi/ programmes/analysis/transcripts/221012.pdf (accessed 6 March 2013).

28. Department for Education. Early entry to GCSE examinations (2011), p. 3, www. education. gov.uk/publications/eOrderingDownload/D FE-RR208.pdf (accessed 7 March 2013); Oates, T. Could do better: Using international comparisons to refine the National Curriculum in England (2010), p. 7, www.cambridgeassessment.org.uk/ca/digitalAssets/188853_Could_do_better_ FINAL_inc_foreword.pdf (accessed 7 March 2013).

29. *The Signal-Man* by Charles Dickens (2013), p. 6, www.teachit.co.uk/attachments/1573.pdf (accessed 6 March 2013); The duality of Dr Jekyll and Mr Hyde (2005), p. 2, www.teachit.co.uk/ attachments/4001.pdf (accessed 6 March 2013).

30. Kirschner, P.A., Sweller, J. and Clark, R.E. Why minimal guidance during instruction does not work: An analysis of the failure of constructivist, discovery, problem-based, experiential, and inquiry-based teaching. *Educational Psychologist* 2006; 41: 75-86.

31. Willingham, D.T. *Why Don't Students Like School?* San Francisco: Jossey-Bass, 2009, p. 54.

32. Ibid., p. 53.

33. Ibid., p. 79.

34. Churchill, W. *A Roving Commission: My Early Life.* New York: C. Scribner's Sons, 1939, p. 16.

35. *Guardian.* FA votes for smaller-sided matches for young footballers (2012), www.guardian. co.uk/football/2012/may/28/fa (accessed 6 March 2013).

36. The FA.com. The history of futsal (2013), www.thefa.com/my-football/player/futsal/history-of-

futsal (accessed 6 March 2013).

37. BBC Sport Football. Gareth Southgate reveals FA youth football initiative (2011), www.bbc. co.uk/sport/O/football/13634800 (accessed 6 March 2013).

38. Office for Standards in Education, Children's Services and Skills. Excellence in English: What we can learn from 12 outstanding schools (2011), p. 27, www.education.gov. uk/publications/ eOrderingDownload/100229.pdf (accessed 3 March 2013).

39. Hudson, R. and Walmsley, J. The English patient: English grammar and teaching in the twentieth century. *Journal of Linguistics* 2005; 41: 593-622.

40. See: Williamson, J. and Hardman, F. Time for refilling the bath? A study of primary student-teachers' grammatical knowledge. *Language and Education* 1995; 9: 117-134; Cajkler, W. and Hislam, J. Trainee teachers' grammatical knowledge: The tension between public expectations and individual competence. *Language Awareness* 2002; 11: 161-177.

7장 일곱 번째 미신, 지식을 가르치는 것은 의식화 교육이다

1. Berger, P.L. and Luckmann, T. *The Social Construction of Reality: A Treatise in the Sociology of Knowledge.* London: Penguin Books, 1991. 『실재의 사회적 구성: 지식사회학 논고』(피터 버거, 토마스 루크만 지음, 하홍규 옮김, 문학과지성사 펴냄, 2014)

2. Young, M. (ed.). *Knowledge and Control: New Directions for the Sociology of Education.* London: Collier Macmillan, 1971.

3. Young, M. An approach to the study of curricula as socially organised knowledge. In: Young, M. (ed.) *Knowledge and Control: New Directions for the Sociology of Education.* London: Collier Macmillan, 1971, p. 32.

4. Apple, M. *Ideology and Curriculum.* 3rd edn. New York: RoutledgeFalmer, 2004, p. 4. 『교육과 이데올로기』(마이클 W. 애플 지음, 이혜영 · 박부권 옮김, 한길사 펴냄)

5. Kelly, A.V. *The Curriculum: Theory and Practice.* 6th edn. London: SAGE, 2009, p. 40.

6. Ibid., p. 41.

7. Whitty, G. *Sociology and School Knowledge: Curriculum Theory, Research, and Politics.* London: Methuen, 1985, p. 2.

8. White, J. What schools are for and why. Impact No. 14 (2007), pp. 2 and 22, www.philosophy-of-education.org/uploads/14_white.pdf (accessed 6 March 2013).

9. Association of Teachers and Lecturers. Subject to change: new thinking on the curriculum (2007), pp. 72 and 101, www.atl.org.uk/Images/Subject%20to%20change.pdf (accessed 6 March 2013).

10. Ibid., p. 61

11. *Telegraph.* Schools should teach skills, not subjects (2008), www.telegraph.co.uk/news/ uknews/2071224/Schools-should-teach-skills-not-subjects.html (accessed 6 March 2013); White, J. What schools are for and why. Impact No. 14 (2007), pp. 2, 20-23, www.philosophy-of-education.org/uploads/14_white.pdf (accessed 6 March 2013).

12. Apple, M. *Ideology and Curriculum*. 3rd edn. New York: RoutledgeFalmer, 2004. 13.

13. From information about the sixth edition: 'A very well-respected book [and a] Curriculum classic ... [which offers] balance to current official publications ... One of its strengths is the coherent argument that runs throughout. It is very much a product of the wide knowledge and experience of the author.' Jenny Houssart, Senior Lecturer, Department of Learning, Curriculum & Communication, Institute of Education, University of London, UK.

14. *Telegraph*. Schools should teach skills, not subjects (2008), www.telegraph.eo.uk/news/uknews/2071224/Schools-should-teach-skills-not-subjects.htrnl (accessed 6 March 2013)

15. Kelly, A.V. *The Curriculum: Theory and Practice*. 6th edn. London: SAGE, 2009, p. 40.

16. White, J. What schools are for and why. Impact No. 14 (2007), p. 47, www.philosophy-of-education.org/uploads/14_white.pdf (accessed 6 March 2013).

17. Brown, M. and White, J. An unstable framework – Critical perspective on the framework for the National Curriculum (2012), www.newvisionsforeducation.org.uk/2012/04/05/an-unstable-framework/ (accessed 6 March 2012).

18. Office for Standards in Education, Children's Services and Skills. Moving English forward: Action to raise standards in English (2012), p. 23, www.ofsted.gov.uk/resources/moving-english-forward (accessed 6 March 2013).

19. Office for Standards in Education. Children's Services and Skills. Making a mark: art, craft and design education 2008-11 (2012), p. 38, www.ofsted.gov.uk/resources/making-mark-art-craft-and-design-education-2008-11 (accessed 6 March 2013).

20. Office for Standards in Education, Children's Services and Skills. Transforming religious education: Religious education in schools 2006-09 (2010), p. 15, www. ofsted.gov.uk/resources/transforming-religious-education (accessed on 6 March 2013).

21. Office for Standards in Education, Children's Services and Skills. Excellence in English: What we can learn from 12 outstanding schools (2011), p. 16, www. ofsted.gov.uk/resources/excellence-english (accessed 6 March 2013).

22. Office for Standards in Education, Children's Services and Skills. Moving English forward: Action to raise standards in English (2012), p. 23, www.ofsted.gov.uk/resources/moving-english-forward (accessed 6 March 2013).

23. Office for Standards in Education, Children's Services and Skills. Moving English forward: Action to raise standards in English (2012), pp. 4, 23, 32, 52, www.ofsted.gov.uk/resources/moving-english-forward (accessed 6 March 2013).

24. See the book's Appendix, available at: http://www.routledge.com/books/details/9780415746823. The lessons or units numbered 2-6, 8, 9, 11, 14, 19, 22, 25, 26 and 32 involve some mention of literary or grammatical content.

25. White, J. What schools are for and why. Impact No. 14 (2007), p. 12, www. philosophy-of-education.org/uploads/14_white.pdf (accessed 6 March 2013).

26. Brown, M. and White, J. An unstable framework – Critical perspectives on the framework for

the National Curriculum (2012), www.newvisionsforeducation.org.uk/2012/04/05/an-unstable-framework/ (accessed 6 March 2012).

27. Tawney, R.H. *The Radical Tradition: Twelve Essays on Politics, Education and Literature.* Harmondsworth: Penguin, 1966, pp. 87–88.

28. Beveridge, W. *Full Employment in a Free Society: A Report.* London: George Allen and Unwin, 1944, p. 380.

29. Jefferson, T. Letter to Charles Yancey (6 January 1816) (2012), www.monticello.org/site/jefferson/quotations-education (accessed 6 March 2013).

30. Hansard Society. Audit of Political Engagement 10: The 2013 Report (2013), p. 35, http://tinyurl.com/lvc6mlf (accessed 20 May 2013).

31. Ibid., p. 33.

32. Willingham, D.T. *Why Don't Students Like School?* San Francisco: Jossey-Bass, 2009, p. 47.

33. Ibid.

34. Willinsky, J. The vocabulary of cultural literacy in a newspaper of substance. Paper presented at the Annual Meeting of the National Reading Conference, 29 November–3 December 1988, Tucson, Arizona, USA; Hirsch, E.D., Kett, J.F and Trefil, J.S. *The New Dictionary of Cultural Literacy.* Boston: Houghton Mifflin, 2002.

35. Core Knowledge Foundation. Core Knowledge at a Glance (2013), http://www.coreknowledge. org/media (accessed 6 March 2013); Stem, S.E.D. Hirsch's curriculum for democracy (2009), www.city-journal.org/2009/19_4_hirsch.html (accessed 6 March 2013).

36. Transcription of an address delivered by Maya Angelou at the 1985 National Assembly of Local Arts Agencies, Cedar Rapids, Iowa, USA, 12 June 1985; Garber, M. *Profiling Shakespeare.* New York: Routledge, 2008, p. 117.

37. *Guardian.* British Museum Shakespeare exhibition to include prized Robben Island copy (2012), www.guardian.co.uk/culture/2012/jul/17/british-museum-shake speare-exhibition-robben-island (accessed 6 March 2013).

38. BBC Radio Four. Shakespeare's Restless World: Shakespeare Goes Global (2012), www.bbc. co.uk/radio4/features/shakespeares-restless-world/transcripts/shakespe010global/ (accessed 6 March 2013).

39. Willingham, D.T. *Why Don't Students Like School?* San Francisco: Jossey-Bass, 2009, p. 48.

40. Ibid.

41. Common Core Foundation. Why we're behind: What top nations teach their students but we don't (2009), www.commoncore.org/_docs/CCreport_whybehind.pdf (accessed 4 March 2013); Ruddock, G. and Sainsbury, M. Comparison of the core primary curriculum in England to those of other high performing countries (2008), www.education.gov.uk/publications/ eOrdering Download/DCSF-RW048v2.pdf (accessed 6 March 2013).

42. Young, M. Curriculum theory and the problem of knowledge: a personal journey and an unfinished project. In: Short, E.C. and Waks, L.J. *Leaders in Curriculum Studies: Intellectual Self-*

Portraits. Rotterdam: Sense Publishers, 2009, p. 220.

43. Rose, J. *The Intellectual Life of the British Working Classes.* New Haven: Yale University Press, 2002, p. 4.

44. Tressell, R. *The Ragged Trousered Philanthropists.* Oxford: Oxford University Press, 2005, p. 23.

45. Rose, J. *The Intellectual Life of the British Working Classes.* New Haven: Yale University Press, 2002, p. 4.

46. Haw, G. *From Workhouse to Westminster: The Life Story of Will Crooks, M.P.* London: Cassell, 1907, p. 23.

47. Association of Teachers and Lecturers. Subject to change: new thinking on the curriculum (2007), p. 101, www.atl.org.uk/Images/Subject%20to%20change.pdf (accessed 6 March 2013).

48. Ibid.

49. Davies, G. Parochial Schools Bill. Hansard, 9: cc798-806, 13 June 1807 (2013), http://hansard.millbanksystems.com/commons/1807/aug/04/parochial-schools-bill (accessed 6 March 2013).

50. Hirsch, E.D. *Cultural Literacy: What Every American Needs to Know.* Boston: Houghton Mifflin, 1987, p. 22.

51. Ibid., p. 23.

52. Ibid.

53. Core Knowledge Foundation. Core Knowledge Sequence: Content and Skill Guidelines for Grades K-8, Core Knowledge Foundation, 2010 (2010), www.coreknowledge.org/mimik/mimik_uploads/documents/480/CKFSequence_Rev.pdf (accessed 6 March 2013).

54. Core Knowledge Foundation. How Do We Know This Works? An Overview of Research on Core Knowledge (2004), www.coreknowledge.org/mimik/mimik_uploads/documents/106/How%20Do%20We%20Know%20This%20Works.pdf (accessed 6 March 2013).

55. Stern, S.E.D. Hirsch's curriculum for democracy (2009), www.city-journal.org/2009/19_4_hirsch.html (accessed 6 March 2013).

56. Education News. An Interview with Matthew Davis: Core Knowledge in New York City (2008), www.educationnews.org/articles/28832/1/An-Interview-with-Matthew-Davis-Core-Knowledge-in-New-York-City/Page1.html (accessed 6 March 2013).

57. *The New York Times.* Nonfiction curriculum enhanced reading skills, study finds (2012), www.nytimes.com/2012/03/12/nyregion/nonfiction-curriculum-enhanced-reading-skills-in-new-york-city-schools.html?_r=3&ref=education&%20Accessed& (accessed 6 March 2013).

58. Ibid.

59. Research and Policy Support Group. *Evaluating the NYC Core Knowledge Early Literacy Pilot: Year 3 Report.* New York: New York Department of Education, p. 10.

60. American Federation of Teachers. International Update: The AFT at work in the world (2012), www.aft.org/pdfs/international/AFT_NUT_report0912.pdf (accessed 6 March 2013).

61. Hirsch, E.D. *The Making of Americans: Democracy and our Schools.* New Haven Yale University Press, 2009, back cover.

62. Common Core. Profile of Antonia Cortese (2011), www.commoncore.org/wwa-trust-ac.php (accessed 6 March 2013).

63. American Federation of Teachers. *American Educator.* Index of Authors, (F-J) (2013), www.aft. org/newspubs/periodicals/ae/authors2.cfin (accessed 6 March 2013).

64. The Core Knowledge Blog. The Sharpton-Klein education reform agenda. Guest blogger: Diane Ravitch (2008), http://blog.coreknowledge.org/2008/06/23/the- sharpton-klein-education-reform-agenda/ (accessed 6 March 2013).

65. Education Sector. Core convictions: An interview with E.D. Hirsch (2006), www.educationsector. org/publications/core-convictions (accessed 6 March 2013); Hirsch, E.D., *The Schools We Need and Why We Don't Have Them.* New York: Anchor, 1999, pp. 6-7.

결론

1. Goldacre, B. *Bad Science.* London: Fourth Estate, 2008, pp. 13-20.

색인

아무도 의심하지 않는 일곱 가지 교육 미신

초판 1쇄 발행   2018년 9월 18일
초판 10쇄 발행 2023년 5월 25일

지은이	데이지 크리스토둘루
옮긴이	김승호
펴낸이	최용범

펴낸곳	페이퍼로드
출판등록	제10-2427호(2002년 8월 7일)
주소	서울시 동작구 보라매로5가길 7 1322호
이메일	book@paperroad.net
블로그	blog.naver.com/paperroad
페이스북	www.facebook.com/paperroadbook
전화	(02)326-0328
팩스	(02)335-0334
ISBN	979-11-88982-69-1(03370)